普通高等教育“十三五”规划教材

土地资源管理应用型转型发展试点专业系列教材

# 土地管理学

王　玥　田　珅　主　编
王国申　李洪兴　副主编

中国农业大学出版社
·北京·

**图书在版编目(CIP)数据**

土地管理学/王玥,田珅主编.—北京:中国农业大学出版社,2018.1
ISBN 978-7-5655-1943-7

Ⅰ.①土…　Ⅱ.①王…②田…　Ⅲ.①土地管理-高等学校-教材　Ⅳ.①F301.2

中国版本图书馆 CIP 数据核字(2017)第 277609 号

**书　　名**　土地管理学
**作　　者**　王　玥　田　珅　主编

**策划编辑**　王笃利　孙　勇　　**责任编辑**　王笃利
**封面设计**　郑　川
**出版发行**　中国农业大学出版社
**社　　址**　北京市海淀区圆明园西路2号　　**邮政编码**　100193
**电　　话**　发行部 010-62818525,8625　　读者服务部 010-62732336
　　　　编辑部 010-62732617,2618　　出　版　部 010-62733440
**网　　址**　http://www.caupress.cn　　**E-mail** cbsszs @ cau.edu.cn
**经　　销**　新华书店
**印　　刷**　北京鑫丰华彩印有限公司
**版　　次**　2018年1月第1版　2018年1月第1次印刷
**规　　格**　787×1 092　16开本　15印张　365千字
**定　　价**　48.00元

# 总　　序

2015年10月21日，教育部、国家发展改革委、财政部联合发布了《关于引导部分地方普通本科高校向应用型转变的指导意见》(教发〔2015〕7号)，该《指导意见》要求，各地各高校要从适应和引领经济发展新常态、服务创新驱动发展的大局出发，切实增强对转型发展工作重要性、紧迫性的认识，摆在当前工作的重要位置，以改革创新的精神，推动部分普通本科高校转型发展。推动转型发展高校把办学思路真正转到服务地方经济社会发展上来，转到产教融合校企合作上来，转到培养应用型技术技能型人才上来，转到增强学生就业创业能力上来，全面提高学校服务区域经济社会发展和创新驱动发展的能力。

辽宁省本科高校向应用型转变试点工作自2015年启动，首批支持了10所高校、116个专业开展学校和专业向应用型转变试点工作，2016年又有11所高校、84个专业遴选确定为第二批转型试点学校和专业。沈阳建筑大学土地资源管理专业则作为辽宁省第二批转型发展试点专业于2016年开始进行建设。

土地资源管理专业是一个实践性、应用性很强的专业，其人才培养必须适应社会和市场实际需求，既要掌握专业理论知识，又要具有实际操作能力，该专业本身的特点特别适合于向应用型转变。但真正实现向应用型转变，需要在专业培养方案制定、师资队伍建设、教学资源保障、校企合作发展、教学模式改革、创新创业教育等多方面进行调整、改革和转变。其中应用型教材建设是专业转型发展的重要基础和保证。为此，我们联合了辽宁省土地整理中心、辽宁省国土资源调查规划局、辽宁省建设用地事务局、沈阳市地产咨询评估中心等单位策划编写了这套土地资源管理应用型转型发展试点专业系列教材。

本系列教材编写团队成员具有较强的专业理论知识和实践经验，充分结合了高校教师的强理论与行业单位的强实践的优势，教材内容在全面介绍专业基本知识和理论的同时，特别重视方法应用、案例分析和实践能力的培养。本系列教材作为土地资源管理转型发展试点专业建设的重要成果，希望能为应用型土地资源管理人才培养发挥重要作用。

孔凡文

2017年9月

# 前　言

# 前　言

土地是人类赖以生存的资源，土地资源可持续利用与管理是各国政府的共同议题。土地资源管理专业的人才培养是输送专业管理人才的重要途径。土地管理学是土地资源管理专业的主干课程，是介于土地科学与管理科学的交叉学科，兼具理论性和实践性。土地管理学与国家宏观调控政策、土地管理政策、土地管理行政体系密切相关，具有非常强的时效性。近年来，国家建立了不动产统一登记制度，更新了《地籍调查规程》《城镇土地分等定级规程》《城镇土地估价规程》等行业标准，编制了新一轮国土规划、土地整治规划等。在国家土地资源管理政策和制度不断创新、国土技术日新月异的背景下，土地管理教材的更新也变得迫切。2015 年，辽宁省本科高校向应用型转变试点工作启动，本科教育提出了新思路，《土地管理学》的现有教材难以适应新的教学要求。为此，我们编写了这本集新概念、新技术、新规范的应用型《土地管理学》教材。

本教材以土地行政管理职能为主线，介绍了各管理职能应具备的基本知识和技能。教材设计了导入案例、讨论、学习任务、知识内容、基本知识练习、延伸阅读等模块。其基本思路是以与社会生活相关的案例引入章节，讨论对相关知识点的初步理解；然后，通过基本知识和理论阐述以及相关知识练习加深对知识点的认识；最后，通过延伸阅读增强读者对文中提出的概念和工作有直观或深入的了解。教材编写过程中在突出应用型特点的基础上，也注重了内容的广度和深度。本书可供普通高等院校和高职院校土地管理、城市管理、房地产管理等专业的学生使用，同时可供土地管理人员、土地科技从业人员作为自学或参考书使用。

全书共分 9 章，各章编写分工如下：第 1 章，绪论（王玥）；第 2 章，土地权属管理（王玥，田珅）；第 3 章，地籍管理（王玥，袁晓静）；第 4 章，不动产登记（王玥，田珅）；第 5 章，规划管理（王国申，石水莲）；第 6 章，耕地保护管理（李洪兴，石水莲）；第 7 章，土地利用管理（王国申，王思琢）；第 8 章，土地市场管理（田珅，李洪兴）；第 9 章，土地法制管理（王玥，王思琢）。

本书在编写过程中，除参考引用了最新的土地管理法规、规范和政策等外，还参阅了大量专业教材、著作和论文，在此向所有作者表示深深的谢意！由于编者水平有限，书中纰漏和不妥之处在所难免，恳请广大读者和同行赐教指正。

编　者

2017 年 6 月

# 目　　录

Chapter 1

# 第1章 绪 论

## 【导入案例】

### 土地“三位一体”属性及其管理

国土资源部原部长徐绍史在全国国土资源工作会议上强调，要持续探索创新，破解发展难题，要求认真研究土地矿产的资源、资产、资本“三位一体”的新属性特点，树立新型的资源观和资源管理观，从单纯的数量管理走向数量、质量、生态的综合管理，从单纯的满足需求走向需求和供给双向调节，使资源管理向更加理性、更加综合和更加平衡的方向发展。

资源、资产、资本三重属性的统一是社会主义市场经济下土地的本质特性。资源是物质基础，资产是权属显现，资本是经济运行手段。因此，土地“三位一体”的属性在社会再生产过程的不同环节，对不同主体具有不同的功能和特点。

首先，土地是一种自然资源，表现出资源属性。其次，我国土地所有权与使用权的分离，使土地使用权特别是建设用地使用权成为可增值的权属、可交易的商品进入市场，既是有形资产，也是无形资产。再次，土地一旦进入市场，就能发挥其杠杆效应，成为融资手段，具有增值性、返还性、流动性、风险性和社会性等资本的特点，具备资本属性。

随着社会主义市场经济的建立和发展，土地资源、资产和资本“三位一体”的功能越来越突出，对宏观经济的影响也不断加深：土地的占有数量和区位直接影响财富的分配；土地流向和杠杆率直接影响流动性的配置（杠杆率即负债风险与资产之比，是一个衡量公司负债风险的指标）；土地抵押成为融资手段，放大了市场流动性，增加了金融风险；企业高价拿地后，通过股票增发的形式募集资金，然后再用募集到的资金去购买更多的土地，影响土地市场和证券市场的正常秩序。为此，土地管理要逐步由资源管理向资源、资产、资本管理并重转变，由重实物量向实物量与价值量并重转变，推进土地使用管理制度的改革创新。

目前制约土地管理和调控的主要因素为:土地调控工具不完善,土地市场不成熟,土地政策传导工具不健全,土地政策与其他政策的协调联动不足。这些问题需要将理论与实践结合起来,将研究成果转化为可操作的政策建议。对此,重点应解决以下问题:构建土地的公允价值的评价体系,确定土地资本市场的价值;通过价值流向、增值导向来实现对产业结构的调控;针对住房需求的不同属性调控房地产市场运行;在土地收益中明确界定各方经济关系,在经济主体和各级政府间分配使用土地收益;确定物业税的课税对象和征收标准;加强和改善农村土地管理,特别是用资产、资本的理论去设计能充分显化土地价值的流转模式。

重点以土地资源、资产、资本“三位一体”属性及相互转化的理念为指导,深入剖析土地行政管理过程当中遇到的实际问题,配合快速调研,及时形成阶段研究成果,推进土地管理从单一的总量向总量与质量并重,从单一的数量向数量与结构并重,从单一的资源向资源、资产、资本并重,从单一的一级市场向一、二级市场并重转变,推进成果转化,提出可操作的政策建议,为国土资源管理决策提供支撑和服务。

资料来源:http://www.guotuzy.cn/html/1201/n-92263.html.



## 【讨论】

1. 人类在长期生存中,与土地形成的关系的演变。在中国现今自然资源紧张的背景下,如何定位人类与土地的关系。

2. 从案例中可以总结出土地具有自然和资产的双重性质,从各自属性分析土地的特性。

## 【学习任务】

1. 掌握土地的含义和特性。
2. 了解土地利用现状分类。
3. 了解我国土地管理体制的变迁。

## 【知识内容】

## 1.1 土地的含义与特性

### 1.1.1 土地的含义

对于“土地”一词,由于对其认识的角度不同,古今中外多有其说。从不同学科研究角度,人们对土地所下的定义也各有不同。从地学的角度出发,对于土地所包括的范围主要有以下几种观点:①土地即土壤,也就是地球陆地表面疏松的、有肥料的、可以生长植物的表层部分。②土地即地球的纯陆地部分,不包括陆地的水面。③土地即陆地及其水面,也就是地球表面除海洋之外的陆地及其江河、湖泊、水库、池塘等陆地水面。④土地即地球表面，亦即地球的陆地部分和海洋部分都包括在内。

我国《土地基本术语》(GB/T 19231—2003)中规定：土地是地球陆地表面具有一定范围的地段，包含垂直于它上下的生物圈的所有属性，是由近地表气候、地貌、表层地质、水文、土壤、动植物以及过去和现在人类活动的结果相互作用而形成的物质系统。

因此，土地的概念不仅是平面的，而且是立体的。从平面角度看，土地的范围最狭窄的指的是土壤，最宽泛的指的是整个地球表面，但多数比较认可的范围是指地球上的陆地(包括陆地上的水面)。从立体角度看，土地的范围虽然可界定为下至地心上至无限的天空(如包括光、热等宇宙因素)，但还应以人类生产、生活以及土地利用技术所能涉及的空间为限。

## 1.1.2 土地的特性

土地的特性，包括自然特性和经济特性。土地的自然特性是指不以人的意志为转移的自然属性；土地的经济特性则指人们在利用土地的过程中，在生产力和生产关系方面表现的特性。

1. 土地的自然特性

土地的自然特性包括：土地面积的有限性、土地位置的固定性、土地质量的差异性、土地永续利用的相对性等。

(1)土地面积的有限性。土地是自然的产物，人类不能创造土地。广义土地的总面积，在地球形成后，就由地球表面积所决定。人类虽然能移山填海，扩展陆地，或围湖造田，增加耕地，但这仅仅是土地用途的转换，并没有增加土地面积。

(2)土地位置的固定性。土地最大的自然特性是地理位置的固定性，即土地位置不能互换，不能搬动。人们通常可以搬运一切物品，房屋及其他建筑物虽然移动困难，但可拆迁重建。只有土地固定在地壳上，占有一定的空间位置，无法搬动。这一特性决定了土地的有用性和适用性随着土地位置的不同而有着较大的变化，这就要求人们必须因地制宜地利用土地；同时，这一特性也决定了土地市场是一种不完全的市场，即不是实物交易意义上的市场，而只是土地产权流动的市场。

(3)土地质量的差异性。不同地域，由于地理位置及社会经济条件的差异，不仅使土地构成的诸要素(如土壤、气候、水文、地貌、植被、岩石)的自然性状不同，而且人类活动的影响也不同，从而使土地的结构和功能各异，最终表现在土地质量的差异上。

(4)土地永续利用的相对性。土地作为一种生产要素，"只要处理得当，土地就会不断改良。"在合理使用和保护的条件下，农用土地的肥力可以不断提高，非农用土地可以反复利用，永无尽期。土地的这一自然特性，为人类合理利用和保护土地提出了客观的要求与可能。土地是一种非消耗性资源，它不会随着人们的使用而消失，相对于消耗性资源而言，土地资源在利用上具有永续性。

2. 土地的经济特性

土地资源的自然特性决定了土地具有以下的经济特性。

(1)土地供给稀缺性。土地供应在总量上虽然具有扩张的可能,但由于受土地自然供给制约以及城市用地需求的不断增加,城市土地供应必然呈现出稀缺性。首先,由于土地面积的有限性,土地的自然供给是稀缺的。其次,土地供给的稀缺性,不仅仅表现在土地供给总量与土地的需求总量的矛盾上,还表现在土地由于面积的固定性和区位的唯一性,使其在特定地段会出现土地经济供给的相对稀缺。再次,土地供应的稀缺性会引发许多矛盾。例如,在我国,不仅农用地和非农用地的争地矛盾十分突出,由于城市土地供给稀缺,还会出现地价不断上涨,土地投机等现象,从而导致社会经济发展成本的上升。

(2)土地用途多样性。土地的使用价值有很多种,即可以用作农业耕地、工业建设用地、住宅用地等。由于这一特性,对一块土地的利用,常常同时产生两个以上用途的竞争,并可以从一种用途转换到另一种用途。这种竞争常使土地趋于最佳用途和最大经济效益。人们在利用土地时,考虑土地的最有效利用原则,使土地的用途和规模、利用方法等均为最佳。

(3)城市土地利用的空间性。土地有两大类基本用途,一是作为农业的物质生产资料和生产要素;二是作为城市的空间位置和活动场所。农村土地主要以农用地为主,城市土地主要以建设用地为主。农用地与建设用地在土地利用的相互关系上,有着显著的本质的区别。农用地一般来说只能是平面的和单层的利用,不存在多层化、高层化进行种植的可能性,而建设用地不仅可以平面利用,同时还可以多层、高层或超高层利用。例如,城市房屋建筑可向几十米上百米的高空发展,城市道路交通可以立体交叉布局,城市工厂可以立体化建设,形成所谓的“工业大厦”或“工业综合体”。同时,城市用地的空间性不仅限于地面上的立体开发利用,还可以进行地面下的空间领域开发利用,发展地下建筑、地下城市等。因此,城市土地仅作为承载空间,不直接作为生产要素。城市各种社会经济活动对土地空间的利用是立体多维的。除了城市土地的利用方式是平面结构开发外,重要的是还能充分利用地上和地下立体空间。我国《物权法》第一百三十六条规定,“建设用地使用权可以在土地的地表、地上或者地下分别设立。”有关人士也提出了加快我国土地空间管理立法的建议。



(4)城市土地用途逆转的困难性。从理论上讲,土地的用途是可以改变的,但用途改变是有成本的,有时成本是相当高昂的;在不同用途间转换时,有的成本高,有的成本低;有的可逆转性好,有的可逆转性差,甚至不可逆转。

一般来说,从农用地变为建设用地或城市用地较为容易,而从建设用地或城市用地重新变为农用地则是困难的,甚至是不可能的。例如,将农用地变为工业、居住、交通等城市用地,欲改变其利用方向,一般来说是很困难的。首先,某一土地的利用方式是社会经济发展过程中历史选择的结果,有其自然的适宜性和社会经济的合理性,如果变更用途就可能面临不适宜的危险。其次,由于土地在利用中与周围环境已经形成了一定的协调关系,如果改变用途就可能引起社会经济链、生态生物链等的稳定。再次,在土地利用过程中已经进行了大量的投入,如果改变用途,可能造成大量的投资无法收回。最后,有些用途会造成难以将土地用于其他用途。例如,一个地方建设成高层建筑后,很难再用于农业生产。要把一个废弃的飞机场重新垦为农田,则相当困难,需要清除所有的沥青、石子、水泥等，有时还可能包括一些特殊的有毒物质。

(5)土地利用的社会性。在土地利用过程中，形成各种各样的土地生产关系。土地生产关系是社会关系的重要组织部分，其他社会关系影响土地生产关系，土地生产关系也影响了其他社会关系；土地生产力作用于土地生产关系，土地生产关系也反作用于土地生产力。在这种交互作用中，土地的社会性表现得很明显。例如，在一块土地上建设一座有污染的工厂，就会给周围地区带来环境污染；在一个城市中心的繁华地段建设一座占地很多而单位面积效益较低的仓库，不仅使该地段的土地效益不能充分发挥，而且还影响城市繁华地段综合效益的提高，等等。正是由于土地利用的社会性，任何国家都会以社会代表的身份，制定和实施相关的土地法律法规，对土地的利用进行宏观的规划管理、监督和调控等，以保证土地利用不仅形成巨大的经济效益，而且能够带来更好的环境效益和更大的社会效益。

(6)土地利用区位性。农业土地的优劣主要取决于土地的肥沃程度，这种肥沃程度以土壤层的深度、结构、质量为主要指标，城市土地的优劣主要取决于土地的区位特征。区位对城市土地非常重要，城市土地的质量主要取决于城市土地的位置及其该位置下的区位条件，如繁华(集聚)程度、交通条件、设施状况和环境质量等。

区位是一个相对的概念，这种相对表现在两方面，一方面是对一种用地是好区位的土地，对于另一种用地则可能是不好的区位。如临街的土地对于商业服务业是很好的区位，但对于居住地则很差。另一方面是区位可以通过周围环境的改变而改变，经济活动对于区位本身的影响也是巨大的，一个简单的例子就是交通改善可以将一块区位不好的土地变成区位较好的土地。



(7)土地的资产性。土地具有资源和资产的双重内涵，前者是指土地作为自然资源，是人类生产和生活的根本源泉；后者是指土地作为财产，其有了经济(价值)和法律(独占权)意义。对于城市土地来说，由于其以非生态利用为主，开发改造投入巨大，人口密集，产业集中，土地利用效益高，以及供给稀缺等因素，决定了城市土地价值巨大，资产性突出，保值增值性明显。

## 1.2 土地利用现状分类

土地分类是根据土地性状地域差异的规律而进行的。根据不同的目的和依据，可有不同的分类体系。如按土地的自然属性(地貌、植被、土壤等)分类，形成土地自然分类体系；按土地利用现状划分，形成土地利用分类体系；按土地质量或生产力水平划分，形成土地评价分类体系，等等。我国土地管理实践中采用土地利用现状分类。我国土地利用现状分类在实践中，经历了不断调整变化。

1984年全国区划委员会和农牧渔业部完善了《土地利用现状分类及含义》，并作为一章纳入了全国的《土地利用现状调查技术规程》。完善后的《土地利用现状分类及含义》，依据土地用途、经营特点、利用方式和覆盖特征等因素，采用二级分类，对土地利用现状进行了分类。其中，一级类包括耕地、园地、林地、牧草地、居民点及工矿用地、交通用地、水域、未利用土地等8个，二级类共有46个，各地类编有统一的编码。

1998年修订的《中华人民共和国土地管理法》中，将土地分为农用地、建设用地和未利用地。其中，农用地是指直接用于农业生产的土地，包括耕地、林地、草地、农田水利用地、养殖水面等；建设用地是指建造建筑物、构筑物的土地，包括城乡住宅和公共实施用地、工矿用地、交通水利设施用地、旅游用地、军事设施用地等；未利用地是指农用地和建设用地以外的土地。

2001年，为适应社会主义市场经济发展和实施土地用途管制制度的需要，有效实施城乡地政统一管理，国土资源部在1984年制订的《土地利用现状调查技术规程》中的“土地利用现状分类及含义”和1989年制订的《城镇地籍调查规程》中的“城镇土地分类及含义”基础上，经广泛征求意见后，制定并印发了城乡统一的《土地分类(试行)》标准。该土地现状分类标准(试行)，将原有两级分类变成三级分类，在一级分类中将全国土地利用现状分为三大类，即农用地、建设用地、未利用地，与现行的土地管理法衔接起来。其中，一级类设3个，即《土地管理法》规定的农用地、建设用地、未利用地。二级类设15个，原土地利用现状分类8个一级类中的耕地、园地、林地、牧草地及新设的其他农用地等5个地类共同构成农用地；原城市土地分类的商服、工矿仓储、公用设施、公共建筑、住宅等5个一级类及原来两个分类中都有的特殊用地、交通用地(除农村道路)和从土地利用现状分类的水域中分离出来的水利建设用地等共8个地类构成了建设用地；原土地利用现状分类的未利用土地(除田坎)和未进入农用地、建设用地的其他水域共同构成2个未利用地类。三级地类设71个，是在原来2个土地分类的二级地类基础上调整、归并、增设的。该城乡统一的土地分类体系定于2002年1月1日起在全国试行，原《土地利用现状调查规程》中的土地利用现状分类及含义和《城镇地籍调查规程》中的城镇土地分类及含义同时停止使用。



2007年8月10日，中华人民共和国质量监督检验检疫总局和中国国家标准化管理委员会联合发布了《土地利用现状分类》，这意味着土地利用现状分类标准从过去的“行业标准”上升到“国家标准”，也标志着我国土地资源分类第一次拥有了全国统一的国家标准。这次土地利用分类国家标准的一大特点，就是体现城乡一体化原则，按照统一的指标，城乡土地同时划分，实现土地分类的“全覆盖”。《土地利用现状分类》国家标准采用一级、二级两个层次的分类体系，共分12个一级类、57个二级类。其中一级类包括：耕地、园地、林地、草地、商服用地、工矿仓储用地、住宅用地、公共管理与公共服务用地、特殊用地、交通运输用地、水域及水利设施用地、其他土地，具体见表1-1。

**表1-1　土地利用现状分类标准(GB/T 21010—2007)**

| 一级类 | | 二级类 | | 含义 |
| --- | --- | --- | --- | --- |
| 编码 | 名称 | 编码 | 名称 | |
| 01 | 耕地 | | | 指种植农作物的土地，包括熟地，新开发、复垦、整理地，休闲地(含轮歇地、轮作地)；以种植农作物(含蔬菜)为主，间有零星果树、桑树或其他树木的土地；平均每年能保证收获一季的已垦滩地和海涂。耕地中包括南方宽度<1.0 m，北方宽度<2.0 m固定的沟、渠、路和地坎(埂)；临时种植药材、草皮、花卉、苗木等的耕地，以及其他临时改变用途的耕地 |

续表 1-1

| 一级类 | | 二级类 | | 含义 |
|---|---|---|---|---|
| 编码 | 名称 | 编码 | 名称 | |
| 01 | 耕地 | 011 | 水田 | 指用于种植水稻、莲藕等水生农作物的耕地。包括实行水生、旱生农作物轮种的耕地 |
| | | 012 | 水浇地 | 指有水源保证和灌溉设施，在一般年景能正常灌溉，种植旱生农作物的耕地。包括种植蔬菜等的非工厂化的大棚用地 |
| | | 013 | 旱地 | 指无灌溉设施，主要靠天然降水种植旱生农作物的耕地，包括没有灌溉设施，仅靠引洪淤灌的耕地 |
| 02 | 园地 | | | 种植以采集果、叶、根、茎、汁等为主的集约经营的多年生木本和草本作物，覆盖度大于50%和每亩株数大于合理株数70%的土地。包括用于育苗的土地 |
| | | 021 | 果园 | 指种植果树的园地 |
| | | 022 | 茶园 | 指种植茶树的园地 |
| | | 023 | 其他园地 | 指种植桑树、橡胶、可可、咖啡、油棕、胡椒、药材等其他多年生作物的园地 |
| 03 | 林地 | | | 指生长乔木、竹类、灌木的土地，及沿海生长红树林的土地。包括迹地，不包括居民点内部的绿化林木用地、铁路、公路征地范围内的林木，以及河流、沟渠的护堤林 |
| | | 031 | 有林地 | 指树木郁闭度≥0.2的乔木林地，包括红树林地和竹林地 |
| | | 032 | 灌木林地 | 指灌木覆盖度≥40%的林地 |
| | | 033 | 其他林地 | 包括疏林地(指0.1≤树木郁闭度<0.2的林地)、未成林地、迹地、苗圃等林地 |
| 04 | 草地 | | | 指生长草本植物为主的土地 |
| | | 041 | 天然牧草地 | 指以天然草本植物为主，用于放牧或割草的草地 |
| | | 042 | 人工牧草地 | 指人工种植牧草的草地 |
| | | 043 | 其他草地 | 指树木郁闭度<0.1，表层为土质，生长草本植物为主，不用于畜牧业的草地 |
| 05 | 商服用地 | | | 指主要用于商业、服务业的土地 |
| | | 051 | 批发零售用地 | 指主要用于商品批发、零售的用地。包括商场、商店、超市、各类批发(零售)市场，加油站等及其附属的小型仓库、车间、工场等的用地 |

续表 1-1

| 一级类 | | 二级类 | | 含义 |
|---|---|---|---|---|
| 编码 | 名称 | 编码 | 名称 | |
| 05 | 商服用地 | 052 | 住宿餐饮用地 | 指主要用于提供住宿、餐饮服务的用地。包括宾馆、酒店、饭店、旅馆、招待所、度假村、餐厅、酒吧等 |
| | | 053 | 商务金融用地 | 指企业、服务业等办公用地,以及经营性的办公场所用地。包括写字楼、商业性办公场所、金融活动场所和企业厂区外独立的办公场所等用地 |
| | | 054 | 其他商服用地 | 指上述用地以外的其他商业、服务业用地。包括洗车场、洗染店、废旧物资回收站、维修网点、照相馆、理发美容店、洗浴场所等用地 |
| 06 | 工矿仓储用地 | | | 指主要用于工业生产、采矿、物资存放场所的土地 |
| | | 061 | 工业用地 | 指工业生产及直接为工业生产服务的附属设施用地 |
| | | 062 | 采矿用地 | 指采矿、采石、采砂(沙)场,盐田,砖瓦窑等地面生产用地及尾矿堆放地 |
| | | 063 | 仓储用地 | 指用于物资储备、中转的场所用地 |
| 07 | 住宅用地 | | | 指主要用于人们生活居住的房基地及其附属设施的土地 |
| | | 071 | 城镇住宅用地 | 指城镇用于生活居住的各类房屋用地及其附属设施用地。包括普通住宅、公寓、别墅等用地 |
| | | 072 | 农村宅基地 | 指农村用于生活居住的宅基地 |
| 08 | 公共管理与公共服务用地 | | | 指用于机关团体、新闻出版、科教文卫、风景名胜、公共设施等的土地 |
| | | 081 | 机关团体用地 | 指用于党政机关、社会团体、群众自治组织等的用地 |
| | | 082 | 新闻出版用地 | 指用于广播电台、电视台、电影厂、报社、杂志社、通讯社、出版社等的用地 |
| | | 083 | 科教用地 | 指用于各类教育,独立的科研、勘测、设计、技术推广、科普等的用地 |
| | | 084 | 医卫慈善用地 | 指用于医疗保健、卫生防疫、急救康复、医检药检、福利救助等的用地 |
| | | 085 | 文体娱乐用地 | 指用于各类文化、体育、娱乐及公共广场等的用地 |
| | | 086 | 公共设施用地 | 指用于城乡基础设施的用地。包括给排水、供电、供热、供气、邮政、电信、消防、环卫、公用设施维修等用地 |
| | | 087 | 公园与绿地 | 指城镇、村庄内部的公园、动物园、植物园、街心花园和用于休憩及美化环境的绿化用地 |
| | | 088 | 风景名胜设施用地 | 指风景名胜(包括名胜古迹、旅游景点、革命遗址等)景点及管理机构的建筑用地。景区内的其他用地按现状归入相应地类 |

续表 1-1

| 一级类 | | 二级类 | | 含义 |
|---|---|---|---|---|
| 编码 | 名称 | 编码 | 名称 | |
| 09 | 特殊用地 | | | 指用于军事设施、涉外、宗教、监教、殡葬等的土地 |
| | | 091 | 军事设施用地 | 指直接用于军事目的的设施用地 |
| | | 092 | 使领馆用地 | 指用于外国政府及国际组织驻华使领馆、办事处等的用地 |
| | | 093 | 监教场所用地 | 指用于监狱、看守所、劳改场、劳教所、戒毒所等的建筑用地 |
| | | 094 | 宗教用地 | 指专门用于宗教活动的庙宇、寺院、道观、教堂等宗教自用地 |
| | | 095 | 殡葬用地 | 指陵园、墓地、殡葬场所用地 |
| 10 | 交通运输用地 | | | 指用于运输通行的地面线路、场站等的土地。包括民用机场、港口、码头、地面运输管道和各种道路用地 |
| | | 101 | 铁路用地 | 指用于铁道线路、轻轨、场站的用地。包括设计内的路堤、路堑、道沟、桥梁、林木等用地 |
| | | 102 | 公路用地 | 指用于国道、省道、县道和乡道的用地。包括设计内的路堤、路堑、道沟、桥梁、汽车停靠站、林木及直接为其服务的附属用地 |
| | | 103 | 街巷用地 | 指用于城镇、村庄内部公用道路(含立交桥)及行道树的用地。包括公共停车场、汽车客货运输站点及停车场等用地 |
| | | 104 | 农村道路 | 指公路用地以外的南方宽度≥1.0 m、北方宽度≥2.0 m 的村间、田间道路(含机耕道) |
| | | 105 | 机场用地 | 指用于民用机场的用地 |
| | | 106 | 港口码头用地 | 指用于人工修建的客运、货运、捕捞及工作船舶停靠的场所及其附属建筑物的用地,不包括常水位以下部分 |
| | | 107 | 管道运输用地 | 指用于运输煤炭、石油、天然气等管道及其相应附属设施的地上部分用地 |
| 11 | 水域及水利设施用地 | | | 指陆地水域,海涂、沟渠、水工建筑物等用地。不包括滞洪区和已垦滩涂中的耕地、园地、林地、居民点、道路等用地 |
| | | 111 | 河流水面 | 指天然形成或人工开挖河流常水位岸线之间的水面,不包括被堤坝拦截后形成的水库水面 |
| | | 112 | 湖泊水面 | 指天然形成的积水区常水位岸线所围成的水面 |
| | | 113 | 水库水面 | 指人工拦截汇集而成的总库容≥10 万 $m^3$ 的水库正常蓄水位岸线所围成的水面 |
| | | 114 | 坑塘水面 | 指人工开挖或天然形成的蓄水量<10 万 $m^3$ 的坑塘常水位岸线所围成的水面 |

续表 1-1

| 一级类 | | 二级类 | | 含义 |
|---|---|---|---|---|
| 编码 | 名称 | 编码 | 名称 | |
| 11 | 水域及水利设施用地 | 115 | 沿海滩涂 | 指沿海大潮高潮位与低潮位之间的潮浸地带。包括海岛的沿海滩涂。不包括已利用的滩涂 |
| | | 116 | 内陆滩涂 | 指河流、湖泊常水位至洪水位间的滩地;时令湖、河洪水位以下的滩地;水库、坑塘的正常蓄水位与洪水位间的滩地。包括海岛的内陆滩地。不包括已利用的滩地 |
| | | 117 | 沟渠 | 指人工修建,南方宽度≥1.0 m、北方宽度≥2.0 m用于引、排、灌的渠道,包括渠槽、渠堤、取土坑、护堤林 |
| | | 118 | 水工建筑用地 | 指人工修建的闸、坝、堤路林、水电厂房、扬水站等常水位岸线以上的建筑物用地 |
| | | 119 | 冰川及永久积雪 | 指表层被冰雪常年覆盖的土地 |
| 12 | 其他土地 | | | 指上述地类以外的其他类型的土地 |
| | | 121 | 空闲地 | 指城镇、村庄、工矿内部尚未利用的土地 |
| | | 122 | 设施农用地 | 指直接用于经营性养殖的畜禽舍、工厂化作物栽培或水产养殖的生产设施用地及其相应附属用地,农村宅基地以外的晾晒场等农业设施用地 |
| | | 123 | 田坎 | 主要指耕地中南方宽度≥1.0 m、北方宽度≥2.0 m的地坎 |
| | | 124 | 盐碱地 | 指表层盐碱聚集,生长天然耐盐植物的土地 |
| | | 125 | 沼泽地 | 指经常积水或渍水,一般生长沼生、湿生植物的土地 |
| | | 126 | 沙地 | 指表层为沙覆盖、基本无植被的土地。不包括滩涂中的沙地 |
| | | 127 | 裸地 | 指表层为土质,基本无植被覆盖的土地;或表层为岩石、石砾,其覆盖面积≥70%的土地 |

2017年11月1日,国土资源部制定了《土地利用现状分类》(GB/T 21010—2017)新的分类体系。新分类秉持满足生态用地保护需求、明确新兴产业用地类型、兼顾监管部门管理需求的思路,完善了地类含义,细化了二级类划分,调整了地类名称,增加了湿地归类。该分类体系规定了土地利用的类型、含义,将土地利用类型分为耕地、园地、林地、草地、商服用地、工矿仓储用地、住宅用地、公共管理与公共服务用地、特殊用地、交通运输用地、水域及水利设施用地、其他用地等12个一级类、72个二级类,适用于土地调查、规划、审批、供应、整治、执法、评价、统计、登记及信息化管理等,具体见表1-2。

**表 1-2 土地利用现状分类标准(GB/T 21010—2017)**

| 一级类 | | 二级类 | | 含义 |
|---|---|---|---|---|
| 编码 | 名称 | 编码 | 名称 | |
| 01 | 耕地 | | | 指种植农作物的土地,包括熟地,新开发、复垦、整理地,休闲地(含轮歇地、轮作地);以种植农作物(含蔬菜)为主,间有零星果树、桑树或其他树木的土地;平均每年能保证收获一季的已垦滩地和海涂。耕地中包括南方宽度<1.0m,北方宽度<2.0m 固定的沟、渠、路和地坎(埂);临时种植果树、茶树和林木且耕作层未破坏的耕地,以及其他临时改变用途的耕地 |
| | | 0101 | 水田 | 指用于种植水稻、莲藕等水生农作物的耕地。包括实行水生、旱生农作物轮种的耕地 |
| | | 0102 | 水浇地 | 指有水源保证和灌溉设施,在一般年景能正常灌溉,种植旱生农作物的耕地。包括种植蔬菜等的非工厂化的大棚用地 |
| | | 0103 | 旱地 | 指无灌溉设施,主要靠天然降水种植旱生农作物的耕地,包括没有灌溉设施,仅靠引洪淤灌的耕地 |
| 02 | 园地 | | | 种植以采集果、叶、根、茎、汁等为主的集约经营的多年生木本和草本作物,覆盖度大于50%和每亩株数大于合理株数70%的土地。包括用于育苗的土地 |
| | | 0201 | 果园 | 指种植果树的园地 |
| | | 0202 | 茶园 | 指种植茶树的园地 |
| | | 0203 | 橡胶 | 指种植橡胶树的园地 |
| | | 0204 | 其他园地 | 指种植桑树、可可、咖啡、油棕、胡椒、药材等其他多年生作物的园地 |
| 03 | 林地 | | | 指生长乔木、竹类、灌木的土地,及沿海生长红树林的土地。包括迹地,不包括居民点内部的绿化林木用地、铁路、公路征地范围内的林木,以及河流、沟渠的护堤林 |
| | | 0301 | 乔木林地 | 指乔木郁闭度≥0.2 的林地,不包括森林沼泽 |
| | | 0302 | 竹林地 | 指生长竹类植物,郁闭度≥0.2 的林地 |
| | | 0303 | 红树林地 | 指沿海生长红树植物的林地 |
| | | 0304 | 森林沼泽 | 以乔木森林植物为优势群落的淡水沼泽 |
| | | 0305 | 灌木林地 | 指灌木覆盖度≥40%的林地,不包括灌丛沼泽 |
| | | 0306 | 灌丛沼泽 | 以灌丛植物为优势群落的淡水沼泽 |
| | | 0307 | 其他林地 | 包括疏林地(指 0.1≤树木郁闭度<0.2 的林地)、未成林地、迹地、苗圃等林地 |

续表 1-2

| 一级类 | | 二级类 | | 含义 |
|---|---|---|---|---|
| 编码 | 名称 | 编码 | 名称 | |
| 04 | 草地 | | | 指生长草本植物为主的土地 |
| | | 0401 | 天然牧草地 | 指以天然草本植物为主，用于放牧或割草的草地，包括实施禁牧措施的草地，不包括沼泽草地 |
| | | 0402 | 沼泽草地 | 指以天然草本植物为主的沼泽化的低地草甸、高寒草甸 |
| | | 0403 | 人工牧草地 | 指人工种植牧草的草地 |
| | | 0404 | 其他草地 | 指树木郁闭度＜0.1，表层为土质，不用于放牧的草地 |
| 05 | 商服用地 | | | 指主要用于商业、服务业的土地 |
| | | 0501 | 零售商业用地 | 以零售功能为主的商铺、商场、超市、市场和加油、加气、充换电站等的用地 |
| | | 0502 | 批发市场用地 | 以批发功能为主的市场用地 |
| | | 0503 | 餐饮用地 | 饭店、餐厅、酒吧等用地 |
| | | 0504 | 旅馆用地 | 宾馆、旅馆、招待所、服务型公寓、度假村等用地 |
| | | 0505 | 商务金融用地 | 指商务服务用地，以及经营性的办公场所用地.包括写字楼、商业性办公场所、金融活动场所和企业厂区外独立的办公场所；信息网络服务、信息技术服务、电子商务服务、广告传媒等用地 |
| | | 0506 | 娱乐用地 | 指剧院、音乐厅、电影院、歌舞厅、网吧、影视城、仿古城以及绿地率小于65%的大型游乐等设施用地 |
| | | 0507 | 其他商服用地 | 指零售商业、批发市场、餐饮、旅馆、商务金融、娱乐用地以外的其他商业、服务业用地.包括洗车场、洗染店、照相馆、理发美容店、洗浴场所、赛马场、高尔夫球场、废旧物资回收站、机动车、电子产品和日用产品修理网点、物流营业网点，及居住小区及小区级以下的配套的服务设施等用地 |
| 06 | 工矿仓储用地 | | | 指主要用于工业生产、物资存放场所的土地 |
| | | 0601 | 工业用地 | 指工业生产、产品加工制造、机械和设备修理及直接为工业生产等服务的附属设施用地 |
| | | 0602 | 采矿用地 | 指采矿、采石、采砂(沙)场，砖瓦窑等地面生产用地，排土〔石〕及尾矿堆放地 |
| | | 0603 | 盐田 | 指用于生产盐的土地，包括晒盐场所、盐池及附属设施用地 |
| | | 0604 | 仓储用地 | 指用于物资储备、中转的场所用地。包括物流仓储设施、配送中心、转运中心等 |

续表 1-2

| 一级类 | | 二级类 | | 含义 |
|---|---|---|---|---|
| 编码 | 名称 | 编码 | 名称 | |
| 07 | 住宅用地 | | | 指主要用于人们生活居住的房基地及其附属设施的土地 |
| | | 0701 | 城镇住宅用地 | 指城镇用于生活居住的各类房屋用地及其附属设施用地，不含配套的商业服务设施等用地 |
| | | 0702 | 农村宅基地 | 指农村用于生活居住的宅基地 |
| 08 | 公共管理与公共服务用地 | | | 指用于机关团体、新闻出版、科教文卫、公用设施等的土地 |
| | | 0801 | 机关团体用地 | 指用于党政机关、社会团体、群众自治组织等的用地 |
| | | 0802 | 新闻出版用地 | 指用于广播电台、电视台、电影厂、报社、杂志社、通讯社、出版社等的用地 |
| | | 0803 | 教育用地 | 指用于各类教育用地，包括高等院校、中等专业学校、中学、小学、幼儿园及其附属设施用地，聋、哑、育人学校及工读学校用地，以及为学校配建的独立地段的学生生活用地 |
| | | 0804 | 科研用地 | 指独立的科研、勘察、研发、设计、检验检测、技术推广、环境评估与监测、科普等科研事业单位及其附属设施用地 |
| | | 0805 | 医疗卫生用地 | 指医疗、保健、卫生、防疫、康复和急救设施等用地。包括综合法院、专科医院、社区卫生服务中心等用地；卫生防疫站、专科防治所、检验中心和动物检疫站等用地：对环境有特殊要求的传染病、精神病等专科医院用地；急救中心、血库等用地 |
| | | 0806 | 社会福利用地 | 指为社会提供福利和慈善服务的设施及其附属设施用地。包括福利院、养老院、孤儿院等用地 |
| | | 0807 | 文化设施用地 | 指图书、展览等公共文化活动设施用地。包括公共图书馆、博物馆、档案馆、科技馆、纪念馆、美术馆和展览馆等设施用地：综合文化活动中心、文化馆、青少年宫、儿童活动中心、老年活动中心等设施用地 |
| | | 0808 | 体育用地 | 指体育场馆和体育训练基地等用地.包括室内外体育运用用地，如体育场馆、游泳场馆、各类球场及其附属的业余体校等用地，溜冰场、跳伞场、摩托车场、射击场，以及水上运动的陆域部分等用地，以及为体育运动专设的训练基地用地，不包括学校等机构专用的体育设施用地 |
| | | 0809 | 公用设施用地 | 指用于城乡基础设施的用地。包括供水、排水、污水处理、供电、供热、供气、邮政、电信、消防，环卫、公用设施维修等用地 |
| | | 0810 | 公园与绿地 | 指城镇、村庄范围内的公园、动物园、植物园、街心花园、广场和用于休憩、美化环境及防护的绿化用地 |

续表 1-2

| 一级类 | | 二级类 | | 含义 |
|---|---|---|---|---|
| 编码 | 名称 | 编码 | 名称 | |
| 09 | 特殊用地 | | | 指用于军事设施、涉外、宗教、监教、殡葬、风景名胜等的土地 |
| | | 0901 | 军事设施用地 | 指直接用于军事目的的设施用地 |
| | | 0902 | 使领馆用地 | 指用于外国政府及国际组织驻华使领馆、办事处等的用地 |
| | | 0903 | 监教场所用地 | 指用于监狱、看守所、劳改场、劳教所、戒毒所等的建筑用地 |
| | | 0904 | 宗教用地 | 指专门用于宗教活动的庙宇、寺院、道观、教堂等宗教自用地 |
| | | 0905 | 殡葬用地 | 指陵园、墓地、殡葬场所用地 |
| | | 0906 | 风景名胜设施用地 | 指风景名胜景点(包括名胜古迹、旅游景点、革命遗址、自然保护区、森林公园、地质公园、湿地公园等)的管理机构，以及旅游服务设施的建筑用地。景区内的其他用地按现状归入相应地类 |
| 10 | 交通运输用地 | | | 指用于运输通行的地面线路、场站等的土地。包括民用机场、汽车客货运场站、港口、码头、地面运输管道和各种道路以及轨道交通用地 |
| | | 1001 | 铁路用地 | 指用于铁道线路及场站的用地。包括征地范围内的路堤、路堑、道沟、桥梁、林木等用地 |
| | | 1002 | 轨道交通用地 | 指用于轻轨、现代有轨电车、单轨等轨道交通用地，以及场站的用地 |
| | | 1003 | 公路用地 | 指用于国道、省道、县道和乡道的用地。包括设计内的路堤、路堑、道沟、桥梁、汽车停靠站、林木及直接为其服务的附属用地 |
| | | 1004 | 城镇村道路用地 | 指城镇、村庄范围内公用道路及行道树用地.包括快速路、主干路、次干路、支路、专用人行道和非机动车道，及其交叉口等 |
| | | 1005 | 交通服务场站用地 | 指城镇、村庄范围内交通服务设施用地，包括公交枢纽及其附属设施用地、公路长途客运站、公共交通场站、公共停车场(含设有充电桩的停车场)、停车楼、教练场等用地，不包括交通指挥中心、交通队用地 |
| | | 1006 | 农村道路 | 指公路用地以外的南方宽度≥1.0m、2.0m≤北方宽度≤8m，用于村间、田间交通运输，并在国家公路网络体系之外，以服务于农村农业生产为主要用途的道路(含机耕道) |
| | | 1007 | 机场用地 | 指用于民用机场、军民合用机场的用地 |
| | | 1008 | 港口码头用地 | 指用于人工修建的客运、货运、捕捞及工程、工作船舶停靠的场所及其附属建筑物的用地，不包括常水位以下部分 |
| | | 1009 | 管道运输用地 | 指用于运输煤炭、石油、天然气等管道及其相应附属设施的地上部分用地 |

续表 1-2

| 一级类 | | 二级类 | | 含义 |
|---|---|---|---|---|
| 编码 | 名称 | 编码 | 名称 | |
| 11 | 水域及水利设施用地 | | | 指陆地水域，海涂，沟渠、沼泽、水工建筑物等用地。不包括滞洪区和已垦滩涂中的耕地、园地、林地、城镇、村庄、道路等用地 |
| | | 1101 | 河流水面 | 指天然形成或人工开挖河流常水位岸线之间的水面，不包括被堤坝拦截后形成的水库区段水面 |
| | | 1102 | 湖泊水面 | 指天然形成的积水区常水位岸线所围成的水面 |
| | | 1103 | 水库水面 | 指人工拦截汇集而成的总库容≥10 万 $m^3$ 的水库正常蓄水位岸线所围成的水面 |
| | | 1104 | 坑塘水面 | 指人工开挖或天然形成的蓄水量<10 万 $m^3$ 的坑塘常水位岸线所围成的水面 |
| | | 1105 | 沿海滩涂 | 指沿海大潮高潮位与低潮位之间的潮浸地带。包括海岛的沿海滩涂。不包括已利用的滩涂 |
| | | 1106 | 内陆滩涂 | 指河流、湖泊常水位至洪水位间的滩地；时令湖、河洪水位以下的滩地；水库、坑塘的正常蓄水位与洪水位间的滩地。包括海岛的内陆滩地。不包括已利用的滩地 |
| | | 1107 | 沟渠 | 指人工修建，南方宽度≥1.0m、北方宽度≥2.0m 用于引、排、灌的渠道，包括渠槽、渠堤、护堤林及小型泵站 |
| | | 1108 | 沼泽地 | 指经常积水或渍水，一般生长湿生植物的土地。包括草本沼泽、苔盐沼、内陆沼泽等。不包括森林沼泽、灌丛沼泽和沼泽草地 |
| | | 1109 | 水工建筑用地 | 指人工修建的闸、坝、堤路林、水电厂房、扬水站等常水位岸线以上的建(构)筑物用地 |
| | | 1110 | 冰川及永久积雪 | 指表层被冰雪常年覆盖的土地 |
| 12 | 其他土地 | | | 指上述地类以外的其它类型的土地 |
| | | 1201 | 空闲地 | 指城镇、村庄、工矿内部尚未使用的土地，包括尚未确定用途的土地 |
| | | 1202 | 设施农用地 | 指直接用于经营性畜禽养殖生产设施及附属设施用地；直接用于作物栽培或水产养殖等农产品生产的设施及附属设施用地；直接用于设施农业项目辅助生产的设施用地；晾晒场、粮食果品烘干设施、粮食和农资临时存放场所、大型农机具临时存放场所等规模化粮食生产所必需的配套设施用地 |
| | | 1203 | 田坎 | 指梯田及梯状坡地耕地中，主要用于拦蓄水和护坡、南方宽度≥1.0m、北方宽度≥2.0m 的地坎 |
| | | 1204 | 盐碱地 | 指表层盐碱聚集，生长天然耐盐植物的土地 |
| | | 1205 | 沙地 | 指表层为沙覆盖、基本无植被的土地。不包括滩涂中的沙地 |
| | | 1206 | 裸土地 | 指表层为土质，基本无植被覆盖的土地 |
| | | 1207 | 裸岩石砾地 | 指表层为岩石或石砾，其覆盖面积≥70%的土地 |

## 1.3 土地管理

### 1.3.1 土地管理的含义

土地管理是国家为维护土地制度，调整土地关系，合理组织土地利用所采取的行政、经济、法律和技术的综合措施。一般而言，国家把土地管理权授予政府及其土地行政主管部门。因此，土地管理也是政府及其土地行政主管部门依据法律和运用法定职权，对社会组织、单位和个人占有、使用、利用土地的过程或者行为所进行的组织和管理活动。

土地管理是政府依据国家有关土地管理的法律法规，对土地的占有、分配、使用而进行的规划、组织、控制和监督等一系列活动。土地管理作为协调人地关系、合理组织土地利用的国家措施，在整个城市建设中占据着极其重要的地位。本质上，土地管理是对土地财产实行的公共管理，这是因为：首先，土地的稀缺性和位置固定性决定了土地的垄断性和地价的昂贵性，土地作为一种资产具有价值和使用价值，因此土地是一种财产；其次，土地的管理主体是政府，由于政府是公共职能组织，因此它对土地的管理具有公共管理的性质。土地财产的公共管理包含着两个层次：一方面可以指国家(社会)对土地的任何干预，另一方面也可以仅指社会对业已存在的独立的土地法权施加的行政性干预。从经济学的角度来看，土地的公共管理主要是政府基于对土地作为财产或资源的特殊认识，主动干预土地利用的过程，也就是政府以各种手段配置土地资源的过程。



### 1.3.2 土地管理的原则

土地管理的原则，是指人们在利用与管理土地中，必须遵守的基本准则。土地管理应遵循的原则是多方面的，其中主要有以下几方面。

1. 规划计划管理原则

土地利用规划和计划主要涉及城市规划、土地利用总体规划和土地利用年度计划等。城市规划(包括城市总体规划和详细规划)是保证城市合理开发土地、进行建设的前提和基础，是城市建设的基本依据，是城市管理的重要手段，是确保城市持续、稳定、协调发展的综合性工具。土地利用总体规划是指在一定区域内，根据当地自然和社会经济条件以及国民经济发展的要求，协调土地总供给与总需求，确定或调整土地利用结构和用地布局的宏观战略措施。土地利用年度计划是指国家为保证土地利用总体规划的具体实施，对计划年度内新增建设用地量、土地开发整理补充耕地量和耕地保有量的具体安排。土地利用年度计划涉及城市发展和建设新增建设用地计划指标。土地利用年度计划中，新增建设用地计划指标依据国民经济和社会发展计划、国家宏观调控要求、土地利用总体规划、国家供地政策和土地利用的实际情况等因素确定。

土地规划和计划是城市土地利用、开发和建设的“龙头”。因此，一方面要根据规定，制定相互衔接、科学合理的规划和计划；另一方面必须坚持规划和计划的法律地位和权威性，严格依据规划和计划利用管理城市土地，保证城市土地利用管理的科学性和有效性。

2. 节约集约利用原则

《国务院关于促进节约集约用地的通知》(国发〔2008〕3号)指出，我国人多地少，耕地资源稀缺，当前又正处于工业化、城镇化快速发展时期，建设用地供需矛盾十分突出。切实保护耕地，大力促进节约集约用地，走出一条建设占地少、利用效率高的符合我国国情的土地利用新路子，是关系民族生存根基和国家长远利益的大计，是全面贯彻落实科学发展观的具体要求，是我国必须长期坚持的一条根本方针。因此，土地利用管理必须坚持节约集约的原则。

我们要充分认识节约集约用地的重要性和紧迫性，增强节约集约用地的责任感，切实转变用地观念，努力转变用地方式，加快城市用地由外延扩张向内涵挖潜、由粗放低效向集约高效转变，防止用地浪费，推动产业结构优化升级，促进经济发展方式转变。

3. 经济、社会、生态三效益统一原则

经济效益最简单的理解即指盈利，它表示产值、成本、利润、税收等因素之间的消长关系，是盈利性与满足社会需要相结合的结果。社会效益是指人类经济生产等活动，对人类社会发展、社会环境带来的影响。生态效益指生物种群能量、物质转化效率及其维持生态环境(包括人类生存的自然环境)稳定的能力。经济、社会、生态三效益在多数情况下，存在着矛盾。但从全局的、长远的观点看，土地利用的三效益是一致的，具有良好生态效益的土地利用，必然也会取得良好的经济效益与社会效益。



土地管理必须要从长远利益出发，坚持生态、经济、社会三效益统一的原则。按照全面、协调、可持续发展的要求，根据不同地区城市发展的状况和特点，合理安排城市建设用地和生态环境保护用地。例如，在快速城镇化地区，要遏制城镇建设用地盲目扩张，鼓励城镇组团式发展，实行组团间农田与绿色隔离带有机结合，发挥耕地的生产、生态功能。严格保护农用地特别是耕地，合理调整农用地结构，大力发展城郊农业。促进产业结构升级，严格限制高耗能、高污染企业用地。在能源矿产资源开发地区，要坚持资源开发与环境保护相协调，禁止向严重污染环境的开发项目提供用地。加强对能源、矿山资源开发中土地复垦的监管，建立健全矿山生态环境恢复保证金制度，强化矿区生态环境保护监督。总之，要加强土地生态建设，按照建设环境友好型社会的要求，立足构建良好的人居环境，统筹安排生活、生态和生产用地，优先保护自然生态空间，促进生态文明发展。

4. 保护耕地原则

我国人均耕地少，耕地后备资源不足，十多亿人口的大国不能依赖进口农产品，必须自力更生自己解决吃饭问题，这就决定了我国的土地利用首先要满足农业用地的需要，以保证全国农产品的需求。但随着经济的快速发展，我国耕地资源数量一直呈不断减少趋势。目前我国耕地资源利用存在的问题是：人均耕地和后备耕地资源少，优质耕地少且减少速度过快，局部地区耕地退化和破坏严重，违规违法用地现象屡禁不止等。因此，我国耕地保护的形势日趋严峻。首先，为保障我国国家粮食安全，必须保有一定数量的耕地。据预测到2020年，全国人口总量预期将达到14.5亿，2033年前后达到高峰值15亿左右。其次，保障国家生态安全，也需要大力加强对具有生态功能的农用地特别是耕地的保护。

再次，城镇化、工业化的推进将不可避免地占用部分耕地。另外，现代农业发展和生态建设也需要调整一些耕地。但是，耕地后备资源少，生态环境约束大，制约了我国耕地资源补充的能力，因此，中国耕地保护面临更加严峻的形势。我国耕地保护目标是守住 18 亿亩耕地红线。为此，我国制定了一系列耕地保护措施，其中包括：将耕地保护作为一项基本国策；实行省级政府耕地保护责任制；实行占用耕地补偿制度；实行基本农田保护制度；禁止任何单位和个人闲置、荒芜耕地以及土地用途管制制度等。

5. 依法管理原则

土地利用管理必须遵守国家的法律法规。土地利用管理过程要始终贯彻法制原则，严格实施法律监督，做到有法可依、有法必依、执法必严、违法必究。目前，我国已建立了以《土地管理法》《城市房地产管理法》和《物权法》等为主体的一系列土地法律法规，为依法管理土地提供了法律依据，也保证了城市土地利用管理工作的正常进行，提高了城市土地利用管理效率。

同时，依法利用管理好土地，还应加强法律法规的宣传。充分利用各种媒体，对土地利用管理法律法规的主要内容进行广泛宣传，提高全社会依法依规用地意识，增强全民对科学用地、节约用地、保护资源重要性的认识，使遵守土地利用法律、规划、政策成为全社会的自觉行为。



### 1.3.3 土地管理的内容

1. 地籍管理

地籍和地籍管理是人们认识和利用土地的自然和社会经济属性的重要措施之一，是整个土地管理过程的基础。地籍最早是为了征税而建立的一种田赋册，即按地亩征税课目设置的簿册。所以地籍是反映土地的位置（地界、地号）、数量、质量、权属和用途（地类）等基本状况的簿册。但是随着社会的发展，地籍的概念和内容有了很大的发展。现代地籍不仅是课税对象的登记簿册，而且还包括了土地产权登记、土地分类面积统计和土地级别、地价水平等内容的登记簿册。由此可见，地籍的作用从最初的以课税为目的的税收地籍，发展到产权地籍和为土地利用服务的多用途地籍。同时，随着科技的发展和社会的进步，地籍除采用簿册登记或统计以外，还编制地籍图，采用图簿册并用的手段。现代地籍又从图簿册逐步向利用电子计算机技术建立数据库和信息系统的方向发展。

2. 土地权属管理

土地权属管理（简称地权管理）是指有关土地所有权、使用权方面的行政管理活动，也就是国家用以确定、调整和处理有关土地所有权、使用权、他项权及其权属变更的一系列管理活动。

3. 土地市场管理

随着我国市场经济体制的逐步建立和土地使用制度的改革，近年来我国土地市场得到迅速发展。土地是关系到国计民生的重要的生产要素，又是一种不可再生的资源，其进入市场的数量、类型以及市场交易方式、交易主体、客体，即整个交易和利用过程都必须符合国家整体利益和长远利益。因此，国家和政府必须对土地市场进行宏观调控，以保证有限的土地资源在市场经济条件下的可持续利用。

4. 土地利用管理

土地利用是由土地的固有特性和人的干预所决定的土地的功能。由于土地是最基本的生产资料，任何生产和生活都离不开土地，换言之，人类的任何生产和生活都是不同程度的土地利用过程。

5. 土地监察管理

土地监察管理是土地管理机关依法行使土地监察的管理行为。首先是监督检查土地法律、法规和规章的贯彻执行情况，对违法占地、用地行为依法行使制止权；其次是受理土地违法行为的检举或控告，调查处理土地违法案件等。

6. 土地税务管理

土地税收历来是国家的重要税收来源之一。土地税务管理就是国家对土地税的征收和缴纳过程所进行的行政管理。我国目前的土地税收涉及土地使用税、土地增值税、耕地占用税等多个税种，是国家税收的重要来源，也是合理进行土地收益再分配，促进土地资源合理利用的重要手段之一，因此加强土地税务管理是新时期土地管理的客观要求。

## 1.4 我国土地管理制度



我国实行全国土地统一管理制度。《土地管理法》第五条规定："国务院土地行政主管部门统一负责全国土地的管理和监督工作。县级以上地方人民政府土地行政主管部门的设置及其职责，由省、自治区、直辖市人民政府根据国务院有关规定确定。"国家综合采用法律手段、经济手段、行政手段和技术手段等对土地进行管理。

### 1.4.1 我国土地管理机构设置的演变

从新中国成立到现在，我国土地管理机构设置大体经过了统一、分散、统一的变化发展过程，其演变经历了以下几个不同阶段。

1. 新中国成立初期短暂的统一管理阶段

1949年7月，全国人民政治协商会议制定了《中央人民政府组织法》，在中央人民政府政务院下设内务部。内务部下设地政司(各省、市、自治区设地政局(处)、各城市设地政科(股)或房地产管理机关)，作为全国土地管理机关，统一管理土地改革(包括土地清丈、划界、定桩、登记、发放土地证)、国家建设征用土地、城镇房地产以及调解土地权属纠纷、土地租税、城市营建规划及考核等工作。当然，在新中国成立初期，作为土地统一管理的地政机构，在土地统一管理的内容和范围上是有限的。

2. 多头分散管理阶段

随着政府管理部门分工的细化，土地管理工作逐步向各部门分散。1952年，城市基建规划及考核，移交新成立的建筑工程部。1954年，国家撤销地政司，在农业部设土地利用总局。1956年又将土地利用总局与有关部门的人员集中组合成立农垦部，主管全国所有荒地的开发和国营农场建设工作。城市房地产管理工作移交新成立的城市服务部;内务部仅保留土地遗留问题处理和部分征地划拨工作。至此,相对独立、专门从事土地管理工作的国家职能部门被取消,短短几年的土地统一管理体制宣告结束,随后开始了长达近30年的土地多头分散管理体制。以土地利用为主的土地管理工作由各有关业务部门分散进行。以国家建设征用土地为例,有的省、自治区、直辖市由民政部门负责办理;有的由农业部门负责解决;有的则由建设部门研究处理;还有的直接由建设项目的主管部门自行办理(如林业部、铁道部、交通部都设有土地处办理此事)。无偿无限期土地使用制度导致不珍惜土地的行为发生,而各自为政、政出多门的分散管理体制,更加剧了这种局面。1966—1976年的"文革"期间,土地失管失控的情况更为严重。分散在各部门的土地管理工作同其他工作一样,基本陷于停顿状态。

3. 全国土地管理初步归口阶段

1982年,国务院进行机构改革,确定在农牧渔业部设置土地管理局,行使国务院授权归口管理全国土地的职能。归口管理全国土地的体制,对抑制乱占滥用土地的现象起到了明显的抑制作用,土地管理的形势开始好转。但是,这一改革同其他方面的改革一样,遇到来自旧习惯、旧体制的干扰和冲击,阻力很大。如一些地方出现一个政府两套管地机构、两种管理办法的局面,土地管理工作混乱、土地利用失控的情况没有得到根本好转。随着土地管理问题的不断出现和土地供需矛盾的日益突出,要求建立真正的统一管理全国土地机构的呼声越来越高,为下一步建立全面的土地统一管理体制奠定了基础。



4. 城乡土地统一管理阶段

1986年是我国土地管理事业发展的重要一年。这一年国务院第100次常务会议对如何加强土地管理工作进行专门研究,决定:①针对中国人多地少、土地后备资源相对不足的情况,确定全国土地资源统一管理体制。②决定成立直属国务院的土地管理机构——国家土地管理局,负责全国土地、城乡地政的统一管理工作。从此中国土地开始由多头分散管理转变为集中统一管理,土地管理工作进入全面、统一、科学管理的新阶段。继国家成立了统管城乡地政的国家土地管理局后,全国各地也基本上按照这一模式相继建立起包括省、市(地)、县(市)、乡(镇)等各级管理机构,形成了较为完备的土地管理体系。

5. 国土资源相对集中统一管理阶段

1998年国务院进行机构改革,组建了中华人民共和国国土资源部。国土资源部是主管土地资源、矿产资源、海洋资源等自然资源的规划、管理、保护与合理利用的国务院组成部门。至此,我国从陆地到海洋,从土地到矿产,实行了集中统一的管理,建立起现行的土地管理体制。

继中央一级的国土资源管理机构改革之后,我国政府对省级国土资源管理机构也进行了较大幅度的改革。大部分省(区、市)是在原土地、地矿、海洋和测绘部门的基础上组建新的国土资源管理部门,基本采取了"二合一""三合一"或"四合一"模式。组建后理顺了原来与计委、建设、规划、水利等部门交叉职能,体现了"一事一部门管理"的原则,为统一规划和集中管理国土资源提供了组织保证。具体的组建形式大致可分为以下几种。

①由地矿厅和房屋土地管理局组建,主要职责是管理土地、地矿、规划、房屋和住房制

度改革工作。这种类型的主要有北京、上海、重庆3个直辖市。

②由土地局、地矿局、海洋局和测绘局四家组建，主要职责是管理土地、地矿、海洋及测绘工作。这种类型的主要有天津、河北、海南和广西4个省级单位。

③由地矿厅、土地局、测绘局组建，主要职责是管理土地、地矿和测绘工作。这种类型的主要有新疆、宁夏、云南、山东、湖南、安徽6个省级单位。

④由土地局、地矿厅和能源、移民办公室等管理部门组建，它们的主要职责是负责矿产资源、土地资源及本地区内能源资源的开发利用与规划、管理和保护工作。这主要有山西（由地矿厅、土地局和煤炭资源管理委员会组建）、福建（由土地局、地矿厅和矿产资源管理委员会组建）、四川（由国土局、地矿厅和大型水利工程移民办公室组建）。

⑤由地矿厅、土地局组建，主要职责主要是管理土地、地矿和测绘工作。这种类型的占大多数，主要有内蒙古、辽宁、吉林、黑龙江、江苏、浙江、江西、河南、湖北、广东、西藏、贵州、陕西、甘肃、青海15个省级单位。

### 1.4.2 我国现行国土资源统一管理体制

1. 国土资源统一管理体制建立

1998年3月10日，九届人大一次会议第三次全体会议表决通过关于国务院机构改革方案的决定。根据这个决定，由地质矿产部、国家土地管理局、国家海洋局和国家测绘局共同组建国土资源部。保留国家海洋局和国家测绘局作为国土资源部的部管国家局。国土资源部是主管土地资源、矿产资源、海洋资源等自然资源的规划、管理、保护与合理利用的国务院组成部门。



在国务院机构改革方案中，国务院机构被分为四类：宏观调控部门，专业经济管理部门，教育科技文化、社会保障和资源管理部门，国家政务部门。国土资源部放在教育科技文化、社会保障和资源管理部门一类中，与教育科技文化、社会保障一起作为国民经济发展的基础保障部门，是我国经济发展的后劲所在。这充分突出了国土资源在国民经济中的基础地位。

新建立的国土资源部将依照《中华人民共和国矿产资源法》《中华人民共和国土地管理法》《中华人民共和国海洋环境保护法》《中华人民共和国测绘法》等法律及法规，依法行政。并按照精简、统一、效能的原则，调整组织机构，把部分政府职能切实转变到宏观调控、社会管理和公共服务方面来，完善我国的社会主义市场经济体制，建立符合我国市场经济要求的资源管理机制。

2. 国土资源部主要职能及其调整

按照机构改革方案的说明，新组建的国土资源部的主要职能是：土地资源、矿产资源、海洋资源等自然资源的规划、管理、保护与合理利用。其职能调整具体包括以下几方面。

(1)划入的职能。原国家土地管理局的行政管理职能；原地质矿产部的行政管理职能；原国家海洋局的海洋资源行政管理职能；原全国矿产资源委员会及其办事机构的行政管理职能；原国家计划委员会制订国土规划和与土地利用总体规划有关的职能；原冶金工业部、煤炭工业部、化学工业部、中国核工业总公司、中国有色金属工业总公司等部门和单位行使的矿产资源行政管理职能。

(2)划出的职能。地下水资源行政管理职能,交给水利部;地籍测绘行政管理职能,交给国家测绘局。

(3)转变的职能。国家基础性、公益性、战略性地质和矿产勘查任务,交给直属事业单位承担;土地、矿产、海洋资源基础信息和资源利用情况、变化趋势的动态数据收集、技术处理及预测分析等职能交给直属事业单位承担;实行政企分开,国土资源部不从事土地、矿产、海洋资源的经营活动,与所属企业脱钩,不再管理企业及企业生产经营开发活动。

(4)强化的职能。我国自然资源相对短缺,保护自然资源是我国经济持续、快速、健康发展的基础。国土资源部要在保护生态环境的前提下,加强自然资源的保护与管理,尤其要加强耕地保护和土地管理,保障人民生活和国家现代化建设当前和长远的需要。

3. 国土资源部主要职责

根据上述职能调整,国土资源部的主要职责如下。

(1)承担保护与合理利用土地资源、矿产资源、海洋资源等自然资源的责任。组织拟订国土资源发展规划和战略,开展国土资源经济形势分析,研究提出国土资源供需总量平衡的政策建议,参与国家宏观经济运行、区域协调、城乡统筹的研究并拟订涉及国土资源的调控政策和措施。编制并组织实施国土规划,制定并组织实施国土资源领域资源节约集约利用和循环经济的政策措施。



(2)承担规范国土资源管理秩序的责任。起草国土资源法律法规草案,制定部门规章并监督实施,制定地质环境保护的政策、规章,制定国土资源调查评价技术规程,拟订国土资源开发利用标准。指导地方国土资源行政执法工作,调查处理国土资源重大违法案件。

(3)承担优化配置国土资源的责任。编制和组织实施土地利用总体规划、土地利用年度计划、土地整理复垦开发规划和其他专项规划、计划。指导和审核地方土地利用总体规划、矿产资源规划,组织编制矿产资源、海洋资源、地质勘查和地质环境等规划以及地质灾害防治、矿山环境保护等其他有关的专项规划并监督检查规划执行情况。参与报国务院审批的涉及土地、矿产的相关规划的审核。

(4)负责规范国土资源权属管理。依法保护土地资源、矿产资源、海洋资源等自然资源所有者和使用者的合法权益,组织承办和调处重大权属纠纷,指导土地确权,承担各类土地登记资料的收集、整理、共享和汇交管理,提供社会查询服务。

(5)承担全国耕地保护的责任,确保规划确定的耕地保有量和基本农田面积不减少。牵头拟订并实施耕地保护政策,组织实施基本农田保护,监督占用耕地补偿制度执行情况。指导未利用土地开发、土地整理、土地复垦和耕地开发的监督工作。组织实施土地用途管制、农用地转用和土地征收征用,承担报国务院审批的各类用地的审核、报批工作。

(6)承担及时准确提供全国土地利用各种数据的责任。制定地籍管理办法,组织土地资源调查、地籍调查、土地统计和动态监测,组织国家重大土地调查专项,指导地方地籍调查、登记和土地分等定级工作。

(7)承担节约集约利用土地资源的责任。拟订并实施土地开发利用标准,管理和监督城乡建设用地供应、政府土地储备、土地开发和节约集约利用。拟订并按规定组织实施土地使用权出让、租赁、作价出资、转让等管理办法,建立基准地价、标定地价等政府公示地价制度，会同农业部门监督管理农村集体建设用地使用权的流转。制定禁止和限制供地目录、划拨用地目录等，承担报国务院审批的改制企业的国有土地资产的处置。

(8)承担规范国土资源市场秩序的责任。监测土地市场和建设用地利用情况，监管地价，规范和监管矿业权市场，组织对矿业权人勘查、开采活动进行监督管理，规范和监管国土资源相关社会中介组织和行为，依法查处违法行为。

(9)负责矿产资源开发的管理，依法管理矿业权的审批登记发证和转让审批登记，负责国家规划矿区、对国民经济具有重要价值的矿区的管理，承担保护性开采的特定矿种、优势矿产的开采总量控制及相关管理工作，组织编制实施矿业权设置方案。

(10)负责管理地质勘查行业和矿产资源储量，组织实施全国地质调查评价、矿产资源勘查，管理中央级地质勘查项目，组织实施国家重大地质勘查专项，管理地质勘查资质、地质资料、地质勘查成果，统一管理中央公益性地质调查和战略性矿产勘查工作。

(11)承担地质环境保护的责任。组织实施矿山地质环境保护，监督管理古生物化石、地质遗迹、矿业遗迹等重要保护区、保护地，依法管理水文地质、工程地质、环境地质勘查和评价工作，监测、监督防止地下水过量开采和污染，承担城市地质、农业地质、旅游地质的勘查、评价工作。

(12)承担地质灾害预防和治理的责任。指导应急处置，组织、协调、指导和监督地质灾害防治工作，制订并组织实施重大地质灾害等国土资源突发事件应急预案。



(13)依法征收资源收益，规范、监督资金使用，拟订土地、矿产资源参与经济调控的政策措施。依法组织土地、矿产资源专项收入的征管，配合有关部门拟订收益分配制度，配合有关部门指导、监督全国土地整理复垦开发资金的收取和使用。参与管理土地、矿产等资源性资产，参与管理国家出资形成的矿业权权益，负责有关资金、基金的预算和财务、资产管理与监督。

(14)推进国土资源科技进步，组织制定、实施国土资源科技发展和人才培养战略、规划和计划，组织实施重大科技专项，推进国土资源信息化和信息资料的公共服务。

(15)开展对外合作与交流，拟订对外合作勘查、开采矿产资源政策并组织实施，组织协调境外矿产资源勘查，参与开发工作，依法审批矿产资源对外合作区块，监督对外合作勘查开采行为。

(16)承办国务院交办的其他事项。

4. 国土资源部内设机构

根据上述职责，国土资源部设15个内设机构。

(1)办公厅。负责文电、会务、机要、档案等机关日常运转工作；承担信息、安全保密、信访、新闻发布和政务公开的工作；承担机关财务、资产管理、综合业务与协调处理等工作；监督管理部政务大厅。

(2)政策法规司。组织起草国土资源管理的法律法规草案，协调部内有关法律法规和规章的起草工作，承担机关有关规范性文件的合法性审核工作，推进国土资源行业依法行政；承担有关软科学项目的立项和管理工作；承担行政复议、行政应诉的有关工作。

(3)调控和监测司。开展国土资源经济形势分析，研究提出国土资源供需总量平衡的政策建议，参与国家宏观经济运行及相关改革研究；组织国土资源重大课题调研，承担综合统计和部内专业统计归口管理工作；承担有关重要文稿的起草工作；协调和组织部内有关综合研究工作。

(4)规划司。编制实施国土、土地利用、矿产资源、地质环境等综合规划，组织编制资源调查评价、勘查、开发、整理、复垦等专项规划；依法指导和审核国土资源相关规划；编制管理土地利用计划和国土资源调查评价计划；承担基本建设及重大专项投资管理和建设项目用地预审工作，研究有关国土资源的区域、城乡统筹协调、综合利用和循环经济政策措施。

(5)财务司。承担国土资源有偿使用的工作，参与管理土地、矿产等资源性资产和国家出资形成的矿业权权益的有关工作。依法承担国土资源专项收入征管相关工作；承担有关专项资金、基金的管理工作和部门预决算、政府采购、国库集中支付和内部审计有关工作；拟订有关财务、资产管理规章，承担所属单位财务及国有资产监管的工作。

(6)耕地保护司。承担基本农田保护、农用地转用、土地征收征用和土地整理、复垦、开发工作；承担耕地保护责任目标考核的有关工作，监督检查基本农田保护和占用耕地补偿制度落实情况；承办报国务院审批的用地事项的审核工作。

(7)地籍管理司。拟订地籍管理办法；拟订土地确权、登记、争议调处办法并监督指导工作，调处重大土地权属争议；承担各类土地登记资料的整理、共享和汇交管理；拟订土地调查、监测、统计的规程、规范、标准和全国土地调查、监测总体方案并组织实施；指导地方地籍工作。



(8)土地利用管理司。承担城乡建设用地和土地市场管理工作；规范土地使用权出让、租赁、作价出资和转让行为；拟订并实施土地供应、土地价格、土地资产和土地储备管理政策；拟订并实施土地开发利用标准；承担节约集约用地评价和建设用地分等定级工作，组织实施基准地价、标定地价等地价制度，对土地市场和地价实施动态监测。

(9)地质勘查司。组织矿产资源、海洋资源调查评价；编制地质勘查规划并监督检查执行情况；管理中央级地质勘查项目，组织实施国家重大地质勘查专项；管理地质勘查行业，管理地质勘查资质；组织拟订能源矿产资源战略、政策和规划，承担石油、天然气、煤层气和放射性矿产资源探矿权、采矿权管理，以及对外合作区块的审核和监督管理。

(10)矿产开发管理司。承担矿业权审批登记发证的管理工作；组织划定国家规划矿区，编制实施矿业权设置方案；承担矿产资源保护和保护性开采特定矿种的管理事项，下达开采总量控制指标；管理矿业权市场；监管矿产资源勘查、开采活动；调处重大矿业权权属纠纷。

(11)矿产资源储量司。拟订矿产资源储量管理办法、标准、规程；管理矿产资源储量评审、登记、统计；实施矿山储量动态监督管理；承担矿产资源补偿费征收、矿产地储备、压覆矿产资源管理的事项；承担矿业权评估和地质资料汇交管理工作；组织矿产资源形势分析和战略研究。

(12)地质环境司。组织协调和监督地质灾害防治工作；承担监督管理古生物化石、地质遗迹、矿业遗迹等重要保护区、保护地的工作；依法管理水文地质、工程地质、环境地质勘查和评价工作；组织监测、监督防止地下水过量开采引起的地面沉降和地下水污染造成的地质环境破坏。

(13)执法监察局。组织对国家土地资源、矿产资源、海洋资源法律法规执行情况进行监督检查；拟订土地、矿产执法监督和违法案件查处的规定；依法组织查处重大土地、矿产违法案件。

(14)科技与国际合作司。组织编制和实施国土资源科技发展战略、规划，组织实施重大科技计划；组织制定并管理国土资源技术标准、规程和规范；承担国土资源科技成果和信息化管理工作；编制国土资源国际合作战略、规划、计划和政策；承担境外矿产资源勘查和参与开发的工作；承担对外及对中国香港、澳门特别行政区和台湾地区的合作交流。

(15)人事司。承办机关、国家土地督察机构及直属单位的人事管理、机构编制事项；按规定承办协助地方管理省级国土资源主管部门领导干部的有关工作；承担人才规划编制，组织实施教育培训工作。

## 【基本知识练习】

**一、判断题**

1. 土地是地球陆地及海洋表面由地貌、土壤、岩石、水文、气候和植被等要素组成的自然历史综合体，它包括人类过去和现在的种种活动结果。(　　)

2. 土地管理的本质是对土地资源的行政管理。(　　)

3. 农用地是指直接用于农业生产的土地，包括耕地、林地、草地、农田水利用地、养殖水面等。(　　)

4. 土地具有资源和资产的双重属性。(　　)

5. 在土地管理中，由于土地利用规划和城市规划主体行政部门不同，因此城市规划和土地利用规划可独立制定、实施。(　　)

答案：×√√√×

**二、单项选择题**

1. 由于土地(　　)的特性，对一块土地的利用，常常同时产生两个以上用途的竞争，并可以从一种用途转换到另一种用途。

A. 土地经济供给的稀缺性　　B. 土地用途的多样性

C. 土地用途变更的困难性　　D. 土地增值性

2. 按照现行分类，殡葬场所用地属于(　　)。

A. 公共建筑用地　B. 公用设施用地　C. 商服用地　D. 特殊用地

3. 下列不属于土地自然特性的是(　　)。

A. 土地面积的有限性　　B. 土地位置的固定性

C. 土地经济供给的稀缺性　　D. 土地永续利用的相对性

4. 一般说来，只要规划允许，农业用地转变为建设用地较为容易，但要使建设用地转变为农用地，则较为困难。这表明了建设用地的(　　)特点。

A. 承载性　　B. 土地利用逆转困难

C. 非生态利用性　　D. 土地利用的集约性

5. 下列不属于土地管理特征的是(　　)。

A. 土地管理的主体行为具有国家行为特征

B. 土地管理的客体是土地，以及土地利用中产生的人与人、人与地、地与地之间的关系

C. 土地管理中，要综合运用行政、经济、法律、技术等方法管理土地

D. 土地管理不具有鲜明的阶级性，其目的和特点也不受社会环境的制约，特别不受社会制度、土地制度的制约

6. 下列关于土地管理的任务，表述不正确的是（　　）。

A. 依法维护土地权益就是通过进行土地权属管理，依法保护土地所有者、使用者及相关权利人的合法权益，承办并组织调处重大权属纠纷，查处重大违法案件

B. 保护和合理开发利用土地资源是土地管理的根本任务

C. 土地管理的重要任务之一就是充分利用土地，以满足国民经济各部门对土地的需求，可以不过多考虑保持土地生态系统高效良性循环问题

D. 通过法律、技术、经济、行政等方面的手段规范土地利用行为，才能达到土地管理的根本目的

7. 土地关系是指社会发展到某一阶段人们在利用土地过程中所发生的（　　）之间的关系。

A. 人与人　　B. 人与地

C. 地与地　　D. 土地使用者与土地所有者

8. 建设用地是指建造建筑物、构筑物的土地，不包括（　　）。

A. 城乡住宅和公共设施用地　　B. 工矿用地



C. 交通水利设施用地　　D. 农田水利用地

9. 根据国土资源部印发的《土地分类》，目前我国土地分类采用（　　）。

A. 二级分类体系　B. 三级分类体系　C. 四级分类体系　D. 五级分类体系

10. 土地的经济特征中，每块土地利用的后果，不仅影响本区域内的自然生态环境和经济效益，而且必然影响到邻近地区甚至整个国家和社会的生态环境和经济效益，产生巨大的社会后果。这是（　　）特性的表现。

A. 土地供给的稀缺性　　B. 土地用途的多样性

C. 土地利用方式的相对分散性　　D. 土地利用后果的社会性

答案：1～5　BDCBD，　6～10　CADAD

## 【延伸阅读】

1. 登录国土资源部网站 http://www.mlr.gov.cn/，了解行政机构、政府信息公开的内容。

2.《土地利用现状分类》国家标准的解读

《土地利用现状分类》国家标准与《土地分类（试行）》标准的分类体系比较，最大的区别在于国家标准采用一级、二级两个层次，其中的一级相当于《土地分类（试行）》标准的二级，二级相当于《土地分类（试行）》标准的三级，即取消了《土地分类（试行）》标准的一级分类（农用地、建设用地和未利用地等三大类型），使得12个一级类不受三大类型框架的限制而自成体系。但是由于现行的《中华人民共和国土地管理法》有三大类型的表述，《土地分类（试行）》标准也以三大类型进行归纳，所以《土地利用现状分类》国家标准冠以规范性附录的名义，把新的土地利用现状分类与“三大类”进行对照，以期搞好新旧标准之间的过渡与衔接。

《土地利用现状分类》国家标准在农用地部分，主要区别是对具体的土地利用类型做了进一步的归纳，使之更为精练。

(1)耕地。从原来的“灌溉水田、望天田、水浇地、旱地、菜地”五类归纳为“灌溉水田、水浇地、旱地”三类，即取消了望天田和菜地。这对于突出重点、增加实用性是完全必要的。因为随着各地退耕还林还草，望天田的面积越来越小，已不宜单独作为二级类型，此外，“望天田”名称本身也不尽适宜。原来单独列出“菜地”也有当时在全国实施“菜篮子”工程的背景，从分类的科学性看，显然不宜与“水田、水浇地、旱地”并列，实际上除了固定的蔬菜大棚用地，其他菜地与水浇地都是混用的，所以确实可以把非工厂化的大棚用地外种植蔬菜的耕地归入水浇地。

(2)园地。从原来的“果园、桑园、茶园、橡胶园、其他园地”五类归纳为“果园、茶园、其他园地”三类。即取消了桑园、橡胶园，这同样是必要的。因为现在我国南方已经很少有专门的桑园，所以把桑园、橡胶园与种植可可、咖啡、油棕、胡椒、药材等其他多年生作物的土地合为其他园地，作为土地利用分类系统的二级类型是更适宜的。

(3)林地。从原来的“有林地、灌木林地、疏林地、未成林造林地、迹地、苗圃”六类归纳为“有林地、灌木林地、其他林地”三类，即把疏林地、未成林造林地、迹地、苗圃合并为其他林地。这对疏林地、未成林造林地、迹地、苗圃等面积小、年度变化大的小类而言，归入一类作为土地利用分类系统的二级类型同样是更适宜的。实际上要了解这些小类，可以在续分类型时解决，或根据林业部门的调查数据获取。



(4)草地。首先是把从原来的“牧草地”改为现在的“草地”，同时把原来“牧草地”下的“天然草地、改良草地、人工草地”三个小类调整为现在的“草地”下的“天然牧草地、人工牧草地、其他草地”3个小类。调整的主要内容是把原来“三大类”中属于“未利用地”下的“荒草地”与属于“农用地”下的“牧草地”进行组合，同时取消了“改良草地”。在“天然草地”与“荒草地”的界限比较模糊的情况下，重新组合应该说是适宜的。但取消“改良草地”在重新归并时会产生一些问题。

(5)其他农用地部分。在新的土地利用分类系统中已经取消。原来其他农用地之下的“畜禽饲养地、设施农业用地、晒谷场等用地”合并为“设施农用地”归入国家标准中的“其他土地”；“农村道路”归入国家标准中的“交通运输用地”；“坑塘水面、养殖水面”合并为“坑塘水面”归入国家标准中的“水域及水利设施用地”；“农田水利用地”放在“沟渠”后亦归入“水域及水利设施用地”；“田坎”仍作为一类归入“其他土地”。这对解决原来“畜禽饲养地、设施农业用地”之间，“坑塘水面、养殖水面”之间均不宜区分而且面积过小的问题，显然是适宜的，同时这一部分的调整明显带有强化城乡土地统一分类的意图。

《土地利用现状分类》国家标准在建设用地部分，主要区别是对具体的土地利用类型做了进一步的细分，使之更为详尽。

(6)商服用地。由原来的“商业用地、金融保险用地、餐饮旅馆业用地、其他商服用地”四类调整为“批发零售用地、住宿餐饮用地、商务金融用地、其他商服用地”四类。这一改变应该比原有标准的涵义更为确切，在操作上更加易行。

(7)工矿仓储用地。“工业用地、采矿地、仓储用地”三类未作变动，但“仓储用地”的具体表述有所区别。原有标准中表达为：用于物资储备、中转的场所及相应附属设施用地。

现国家标准中表达为:用于物资储备、中转的场所用地。

(8)住宅用地。由原来的“城镇单一住宅用地、城镇混合住宅用地、农村宅基地、空闲宅基地”四类归并为“城镇住宅用地、农村宅基地”二类。这一调整显然避免了原来对单一住宅与混合住宅之间,以及是否空闲等在实际调查中不宜操作的问题。

(9)公共管理与公共服务用地。由原来“公用设施用地、公共建筑用地”两个二级类型的归并。并且把“公用设施用地、公共建筑用地”的“公共基础设施用地、瞻仰景观休闲用地、机关团体用地、教育用地、科研设计用地、文体用地、医疗卫生用地、慈善用地”调整为“机关团体用地、新闻出版用地、科教用地、医卫慈善用地、文体娱乐用地、公共设施用地、公园与绿地、风景名胜设施用地”八类。这一调整可以看出国家标准理顺城市用地类型的思路。

(10)特殊用地。原来“军事设施用地、使领馆用地、宗教用地、监教场所用地、墓葬地”五类基本未作调整,仅仅把“墓葬地”改为“殡葬用地”。这一名称应比原有名称更为准确。

(11)交通运输用地部分,在原来的“铁路用地、公路用地、民用机场、港口码头用地、管道运输用地、街巷”六类的基础上增加了原来属于“其他农用地”的“农村道路”,体现了国家标准统一城乡土地分类的思路。

(12)水域及水利设施用地部分,是原来的建设用地中的“水利设施用地”与未利用地中的“其他土地”组合而成。原来的“水库水面、水工建筑用地、河流水面、湖泊水面、苇地、滩涂、冰川及永久积雪”7个小类调整为“河流水面、湖泊水面、水库水面、坑塘水面、沿海滩涂、内陆滩涂、沟渠、水工建筑用地、冰川及永久积雪”等9个二级类型。其中的变化是“滩涂”细分为“沿海滩涂、内陆滩涂”;原来的“农田水利用地”改为“沟渠”;取消了“苇地”,根据其不同位置分别放在沿海滩涂或内陆滩涂。体现了依据土地的用途、经营特点、利用方式和覆盖特征等因素综合考虑进行分类的指导思想。



(13)其他土地。主要是原来的未利用地中的“未利用土地”之下的“盐碱地、沼泽地、沙地、裸土地、裸岩石砾地”部分,其中“裸土地、裸岩石砾地”合并为“裸地”。此外,还把其他农用地之下的“田坎”以及由“畜禽饲养地、设施农业用地、晒谷场等用地”合并的“设施农用地”放在这里,另外新设“空闲地”也列入这一部分。

资料来源:陈百明,周小萍.《土地利用现状分类》国家标准的解读[J]. 自然资源学报,2007,(06):994-1003.

Chapter 2

# 第2章 土地权属管理

## 【导入案例】

案例一：

原告黄某诉称，被告某村民委员会，对原告承包土地进行调整，以原告女儿已出嫁，其户口不在本村为由，将原告承包土地中属于原告女儿的部分调整给其他农户经营。原告认为被告的行为违反了《土地承包法》的有关规定，为此起诉要求被告返还其1.03亩(1亩≈667 $m^2$)承包土地。被告某村村民委员会辩称，其与原告之间的纠纷属于土地权属争议，而不是农村承包合同纠纷，故应当由政府予以处理，请求法院裁定驳回原告的起诉。

案例二：

城郊村民李某已有宅基地，后村民小组又给他分了一份宅基地。时逢城市开发，土地升值，李某便与王某签订了宅基地使用权转让合同，李某将这份宅基地以5万元的价格转让给王某，王某将款项支付给李某。当王某开始建房时，被邻居张某阻止，致使王某无法建房。王某以侵权为由，将邻居张某诉至法院，请求停止侵权，排除妨碍。邻居张某以王某无权取得宅基地使用权为由，请求驳回李某的诉讼请求。

## 【讨论】

1. 案例一中，被告村委会以原告女儿出嫁为由收回土地承包权合法吗？

2. 案例二中，李某能否取得这份宅基地的使用权？

## 【学习任务】

1. 掌握不动产权利体系。

2. 掌握我国土地使用制度。

# 【知识内容】

## 2.1 土地产权与我国土地制度

### 2.1.1 土地产权

土地产权是指有关土地财产的一切权利的总和，存在于土地之上的排他性完全权利，包括土地所有权、土地使用权、土地租赁权、土地抵押权、土地继承权、地役权等多项权利。土地产权也像其他财产权一样，必须有法律的认可及保护才能成立。

每个国家由于社会经济与政治制度的差异和法律体系的不同，都各自具有不同的财产权权利体系及其构成。就土地产权来说，各个国家的土地产权体系中一般都包括以下各项基本权能(图 2-1)

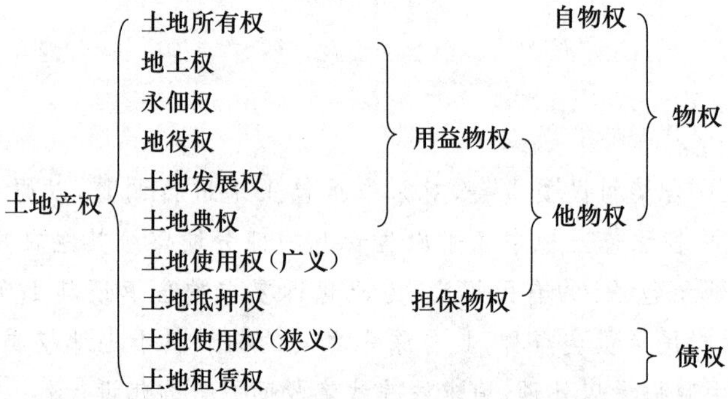


图 2-1 土地产权体系中的各项基本权能

1. 土地所有权

土地所有权是土地所有制的核心，是土地所有制的法律表现形式。土地所有权是土地所有者所拥有的、受到国家法律保护和限制的排他性专有权利。土地所有权包括土地占有权、土地使用权、土地收益权和土地使用权等四方面内容。

(1)土地占有权。指对土地进行实际支配和控制的权利。土地占有权可以由土地所有人行使，也可以根据法律，以契约的形式依土地所有人的意志由他人行使。

(2)土地使用权。指土地使用者依法对土地进行实际利用和取得收益的权利。土地使用权与土地所有权既可结合，也可分离，即土地使用权既可由土地所有人行使，也可以从土地所有权中分离出来，由非所有人行使。

(3)土地收益权。指依据法律和契约取得土地所产生的经济效益的权利。尽管土地收益权是与土地使用权紧密相连的，但土地所有者在将土地使用权分离出去后，仍可以享有收益权。

(4)土地处分权。指土地所有人依法处置土地的权利。包括对土地出租、出卖、赠送、抵押等，它决定土地最终的归属，是土地所有权的核心。

2. 土地使用权

土地使用权是依法对一定的土地加以利用并取得收益的权利，是土地所有权派生的财产权。

土地使用权有广义和狭义之分。狭义的土地使用权是指依法对土地的实际利用权，包括在土地所有权之内，与土地占有权、收益权和处分权是并列关系；广义的土地使用权是指特定时间之内独立于土地所有权权能之外，是土地占有权、狭义的土地使用权、部分收益权和不完全处分权的集合。目前中国实行的城镇国有土地使用权的出让和转让制度中"建设用地使用权"就是这种广义的土地使用权。取得广义的土地使用权者，称为土地使用权人。由于广义的土地使用权也是一种物权，因此，这种土地使用权可以买卖、继承和抵押等。同时，土地使用权人还可以将土地使用权租赁，即设定土地租赁权。

由于土地使用权的客体是以他人土地为客体的权利，因此，土地使用权人一般需向土地使用权出让人支付土地使用权价格（租金）。当然，土地使用权的取得，也可以使无偿的。如 1995 年 1 月 1 日开始实施的《中华人民共和国城市房地产管理法》规定：土地使用者在国家规定的特殊用途下可以依法无偿取得土地使用权，即划拨土地使用权。

3. 地上权

地上权是指以支付租金为代价，在他人土地上设定建筑房屋、种植树木等项权利。地上权是一种用益物权。



地上权人的权利一般包括：对其建筑物及树木有占有、使用、收益和部分处分权能，可以设定地役权，还可以让与他人或作为抵押权的标的物。

地上权人的义务是：享受土地便利的同时，对土地尽善良管理人的责任；向土地所有人支付租金；负担地上建筑物的修缮、管理费用及缴纳赋税等。

地上权可依契约签订或依遗嘱和法律裁决方式设定，并因自然灾害使土地灭失毁坏、土地所有人丧失土地所有权、地上权存续期届满、地上权人不缴付租金等事项而消灭。

4. 永佃权

永佃权是永佃权人向土地所有者支付租金，为耕作和放牧的需要，长期或永久使用土地，并获得相应收益的权利。永佃权实质上是土地用益权，是他物权的一种。中国从唐朝开始出现的田面权类似于永佃权。

永佃权人有多项权利，其中主要包括：①为耕作和放牧的需要长期或永久的使用土地，同时在不改变标的物价值的条件下改良标的物或改变其用途。②处分其权利，可以遗赠、出卖等。③在永佃权存续期间内设立地役权等他项物权。

永佃权人也有多项义务，包括：①须按年（或按约定）向土地所有者支付租金。②负担标的物的管理和修缮费用，并缴纳赋税。③转移永佃权与第三人时，须向土地所有者支付一定的手续费。

永佃权依契约、遗赠或遗嘱、法律裁决或让渡等方式来设定，并依存续期届满、双方当事人同意、永佃权人死亡、永佃权人不履行义务或永佃权被依法剥夺等事项而消灭。

5. 地役权

地役权是在土地所有权上设定的一种他项权利。土地所有人为了其毗邻土地的权益，有义务允许他人在自己所有的土地上采取某种行为。为他人设置地役权的土地为供异地，与供异地相邻并需在他人土地上获取地役权的土地为需役地。地役权主要包括：建筑支持权、采光权、眺望权、取水权、道路通行权等。地役权可以由于弃权、解除、时效和某些其他原因而消灭。地役权是一种从物权，不得与需役地分离而让与。如果需役地所有权转移，地役权原则上随之转移。地役权有不可分性，在共有或分割时，对全体关系人均有效力。地役权设置的目的是调节相邻关系，以更好地发挥土地效用。

6. 土地发展权

土地发展权是发展土地的权利，是一种可与土地所有权分离而单独处分的财产权。土地发展权是指在符合规划的条件下变更土地使用性质（如农地变更为城市建设用地）或提高土地利用强度的权利。土地发展权设定之后，其他一切的土地财产权是以目前已经编定的正常使用价值为限，亦即土地所有权的范围，是以现在已经依法取得的既得权利为限。此后变更土地使用类别和利用强度的决定权则属于土地发展权。土地发展权是近代随着土地利用方式的多样性及相应土地收益的巨大差异性而出现的。

当今世界各国对土地发展权持有两种不同的认识和处理方式。一种观点认为，土地发展权同地上权、抵押权等一样，首先自动归属于原土地所有权人。在这种情况下，政府可事先向土地所有权人购买土地发展权，从而使土地发展权掌握在政府手中，土地所有者已无变更土地用途的权利。另一种观点认为，土地发展权一开始就属于国家，如果土地所有者要改变土地用途或提高土地利用强度，必须先向政府购买土地发展权。



7. 土地抵押权

土地抵押权是以土地为标的物的担保物权，土地受押人称为土地抵押权人。设定土地抵押权时，作为标的物的土地并不发生转移，它仍为土地抵押人占有和使用，只以其代表一定经济价值的某项权利（如土地所有权、土地使用权）作担保。这样，土地抵押人在取得贷款后更能发挥土地的经济效益。只是当抵押人到期不能履行债务时，抵押权人有权将土地拍卖并优先受清偿。土地抵押人如果按规定的方式和期限偿还债务、土地权利如期回到抵押人手中，土地抵押权自动消失。

8. 土地典权

土地典权是指承典人支付典价而占有、使用、收益出典人的土地，出典人在约定期间（典期）过后，出典人不以典价回续土地，即自动取消典产所有权。土地典权属于用益物权的一种。典权在中国产生于唐代。到了清朝，开始出现了“典”和“当”之分，对不动产（房地产）设置的典权称为“典”，对动产设置的典权称为“当”。

9. 土地租赁权

土地租赁权是指土地“承租人有占有租赁物而为使用收益之权能”。设定土地租赁权是指土地所有权人或土地使用权人通过契约将土地占有权、狭义的土地使用权和部分收益权转让给他人。这时，被转让人就称为土地租赁权人，即承租人。土地租赁权与广义的土地使用权的根本区别是，土地租赁权人不拥有对土地的处分权，承租人对土地的使用条件是依土地出租人的意志而规定的。在一般情况下，土地租赁权人未经出租人同意，不能将自己承租的土地再以任何方式转移出去。

土地租赁权人为取得土地租赁权必须向出租人缴纳地租，无论出租人是土地所有者还是土地使用权人。土地租赁依租赁合同而成立,因此,出租人和承租人之间必须签订租赁合同。租赁合同不得违背国家的法律、法规。如果出租人是土地使用权人,则租赁合同不能违背土地使用权出让合同。

土地租赁一般可分为有限期或无限期两种。目前在中国,法律没有规定土地可以无限期租赁,而只规定有限期租赁。在中国农村,土地承包经营权转包实为一种有期限的土地租赁,出租方是土地承包者,即集体土地使用权人,他除收取承租人缴纳的地租(转包费)外,还履行自己与集体经济组织签订的土地承包合同。

随着土地立体利用的加深和扩展,地上权(空中权)、地下权(地下空间权)如何准确界定和设定,土地产权登记制度如何适应土地产权制度的发展进行必要的调整与完善等,都需在土地管理的实践中进行深入的理论研究并加以解决。

### 2.1.2 我国土地制度

土地制度是一定的社会经济条件下土地关系的总和,是关于土地的所有、使用、管理的原则、方式、手段和界限等的法律规范和制度化体系。它反映着因利用土地而发生的人与人、人与地之间的社会经济关系。土地制度主要内容包括土地所有制、土地使用制和土地的国家管理制度。



1. 土地所有制

土地所有制是指人们在一定社会制度下拥有土地的经济形式。它是整个土地制度的核心,是土地关系的基础,主要解决土地归属问题。

土地所有制在法律上体现为土地所有权,即土地所有人在法律规定的范围内,对土地拥有占有、使用、收益和处分的权利。

(1)土地占有权。指对土地进行实际支配和控制的权利。土地占有权可以由土地所有人行使,也可以根据法律,以契约的形式依土地所有人的意志由他人行使。

(2)土地使用权。指土地使用者依法对土地进行实际利用和取得收益的权利。土地使用权与土地所有权既可结合,也可分离,即土地使用权既可由土地所有人自己行使,也可以从土地所有权中分离出来,由非所有人行使。

(3)土地收益权。指依据法律和契约取得土地所产生的经济利益的权利。尽管土地收益权是与土地使用权紧密相连的,但土地所有者在将土地使用权分离出去后,仍可以享有收益权。所以说,土地收益权是一项独立的权能,它是土地所有权的标志。土地所有者可以将土地的占有权、使用权,甚至部分处分权分离出去,而仅仅保留收益权。

(4)土地处分权。指土地所有人依法处置土地的权利。包括对土地的出租、出卖、赠送、抵押等,它决定土地的最终归属,是土地所有权的核心。

以上四种权能,构成土地所有权的完整结构,它们可以相互结合,也可以相互分离,其中最常见的是土地所有权和土地使用权的分离。

土地所有权是法律赋予的,所以,土地所有者必须在法律许可的范围内行使其所有权。

2. 土地使用制

土地使用制是整个土地制度的另一个重要组成部分,它是指人们在一定的土地所有制下使用土地所形成的经济关系，是对土地使用程序、条件和形式的规定。土地使用制表明人们怎样对土地加以利用和取得收益，谁享有土地使用权及其责、权、利。土地使用制度的核心内容是确定独立于土地所有权的土地使用权。土地使用权是依法对一定土地进行占有、使用并取得部分土地收益的权利，是土地使用制度的法律体现形式。

3. 土地所有制与土地使用制的关系

土地使用制与土地所有制的关系表现为以下几方面。

(1)土地所有制是土地使用制的前提。在整个土地制度中，土地所有制决定着土地使用制，土地使用制只能建立在一定的土地所有制基础之上。每一社会形态下都存在着与土地所有制相适应的土地使用制及其具体形式。

(2)土地使用制不仅是土地所有制的反映和体现，而且也是实现和巩固土地所有制的一种形式和手段。

(3)土地所有制也为土地使用制服务。理想的土地所有制是引导土地使用制有效运行、保证土地得到良好利用的手段。

(4)土地使用制具有相对独立性。同一种土地所有制可以有多种不同的使用制及其形式，而且不同使用制(如无偿使用和有偿使用)对土地所有制的实现和巩固，对土地资源的利用会产生不同的作用和影响。土地使用制的实施，也不总是与土地所有制的要求一致，它可能违反土地所有制的要求，或者促使土地所有制改变。所以，一种土地使用制对于特定的土地所有制来说，有其相对独立性。



4. 土地使用制的分类

按土地所有权和使用权能否分离，土地使用制可以分为“两权合一”和“两权分离”两类。前者包括自耕农、经营地主、实行集体经营的农村社区集体经济等；后者包括土地国有，但由用地单位和个人使用，或土地集体使用，由农户承包经营使用等。

在“两权分离”的情况下，按照土地使用是否有偿，土地使用制又可分为有偿使用制和无偿使用制两类。一般来说，土地无偿使用制只存在于土地公有制的情况下，在土地私有制情况下，不可能出现土地的无偿使用。但在土地公有制的情况下，却可能出现土地有偿使用的情况，例如，目前我国城市土地使用制就是一种在公有制下的有偿使用的土地使用制。

## 2.1.3 土地国家管理制度

1. 土地国家管理制度的含义

土地国家管理制度是指国家政权以“社会代表”的身份，对全国(或某一区域)的土地，在宏观上进行管理、监督和调控的制度、机构和手段等形成的完整体系。土地国家管理由中央政府和各级地方政府来实施。

土地是人类赖以生存和发展的物质基础，于人类各项生产和消费活动是绝对不可缺少的。随着人口的增加和社会经济的发展，人类对土地的需求却在不断增加，因而对土地的供给会日益感到稀缺。同时，土地利用合理与否，不仅涉及其所有者和使用者的利益，而且必然影响到相邻地块，甚至涉及更大地区以至全国，因此，土地利用的后果具有巨大的社会性。正因为土地具有上述经济社会特性,世界上无论什么性质的国家,也无论实行什么样的土地制度,国家政权都要以社会代表的身份,对全国的土地在宏观上进行管理、监督和调控,以保证土地的合理分配,保证国民经济各个部门对土地的需求,使土地资源得到科学合理利用。

2. 土地国家管理的基本目的和任务

土地管理的基本目的是:维护已经确定的土地所有制和土地使用制,最大限度地满足全社会对土地的需求,并保证全国土地资源得到合理和充分有效地利用,维护良好生态环境。土地管理的基本目的决定了土地管理的具体任务。

(1)保护土地所有权与使用权。土地所有权和使用权是土地制度的主要法律体现,因此,依法保护土地所有者和土地使用者的正当权益是维护土地制度的关键。

(2)调整土地关系。随着经济社会的发展,土地的所有权和使用权经常处于变动过程中。国家必须依照土地管理的目标,采取必要的措施,对客观需要的土地所有权和使用权的变动进行管理、监督和调控,避免盲目性,防止权属混乱及土地纠纷。

(3)对土地所有权和使用权的必要限制。国家要从整个社会利益出发,对土地所有权和使用权的权能范围、行使方式、交易条件等进行必要的限制,以使土地所有权和使用权的行使有利于整个社会经济的健康发展。

(4)合理分配与利用土地资源。要保证土地资源在国民经济各个部门和各个使用项目上的合理分配与有效利用,优化土地利用结构和布局,防止土地资源的闲置与浪费,维护良好的生态环境。

(5)保证国家土地收益。通过土地税收和土地有偿使用,保证国有土地的地租收归国家,集中国家财政资金。

3. 土地国家管理的手段

(1)法律手段。完备的土地管理法律、法规,是国家管理土地的意志的具体体现,也是国家有关部门管理土地的法律依据,对土地的所有者和使用者及其他人具有法律强制性质。同时,土地管理部门协同政法部门,对土地管理的法律、法规的执行情况进行检察、监督,以保证有关土地法律、法规的有效实施。

(2)经济手段。国家通过实行土地有偿使用、征收土地税费、开放土地市场等形式,促进土地资源的合理分配与使用,并集中土地开发建设的资金。

(3)行政手段。国家通过制定土地利用规划和计划、实行用地审批以及实施土地登记和统计等行政措施,加强土地利用管理,维护国家土地基本制度,保护土地所有者和使用者合法权益,保证土地资源合理分配和利用。

(4)技术手段。通过土地调查、土地评价、卫星遥感监测等技术手段,加强国土资源信息化建设,掌握土地资源数量、质量、类型、分布、价格和权属等基本状况和变化动态,提高土地利用管理的科学性和有效性。

(5)政策手段。国家管理土地不仅要制定完备的土地法律、法规,而且还要根据土地管理的目标和各阶段的具体情况,制定必要土地利用管理政策,正确处理各方面的土地关系,调动土地所有者和使用者的积极性,提高土地宏观调控效果。

(6)教育手段。通过宣传教育,提高人民群众的国土观念、生态平衡观念,普及土地管理与利用的法律、法规知识，提高土地管理人员素质，是加强土地管理的重要基础和保证。

### 2.1.4 我国城市土地所有制

我国《土地管理法》第二条第一款规定："中华人民共和国实行土地的社会主义公有制，即全民所有制和劳动群众集体所有制。我国《宪法》第十条第一款规定："城市的土地属于国家所有。"因此，我国城市土地所有制为全民所有，即国家所有。

如前所述，土地所有制在法律上体现为土地所有权。我国国有土地所有权的主体与客体规定分别如下。

根据《土地管理法》第二条第二款规定："全民所有，即国家所有土地的所有权由国务院代表国家行使。"这就明确了我国国家土地所有权主体代表是国务院。

根据我国《宪法》，我国国有土地的客体是：①《宪法》第九条第一款规定："矿藏、水流、森林、山岭、草原、荒地、滩涂等自然资源，都属于国家所有，即全民所有；由法律规定属于集体所有的森林和山岭、草原、荒地、滩涂除外"。②《宪法》第十条第一款规定："城市的土地属于国家所有。"



我国《土地管理法实施条例》对国有土地的客体作了具体规定，即下列土地属于全民所有(国家所有)：①城市市区的土地。②农村和城市郊区中已经依法没收、征收、征购为国有的土地。③国家依法征收的土地。④依法不属于集体所有的林地、草地、荒地、滩涂及其他土地。⑤农村集体经济组织全部成员转为城镇居民的，原属于其成员集体所有的土地。⑥因国家组织移民、自然灾害等原因，农民成建制地集体迁移后不再使用的原属于迁移农民集体所有的土地。

### 2.1.5 我国城市土地使用制

1990 年 5 月 19 日，国务院发布了《中华人民共和国城镇国有土地使用权出让和转让暂行条例》。该条例共 8 章 54 条，对城镇国有土地使用权出让、转让、出租、抵押、终止以及划拨土地使用权等问题作了明确规定。该《暂行条例》的发布，对我国全面推行城市土地使用权有偿使用制度起到了非常重要的作用，国有土地以有偿出让方式进入土地市场的数量开始激增。到 1992 年年底，全国除西藏外的 29 个省(自治区、直辖市)都已开展土地出让。

1994 年 7 月 5 日第八届全国人民代表大会常务委员会第八次会议通过了《中华人民共和国城市房地产管理法》，对国有土地土地使用权出让和转让做出了法律规定。

以出让为主的城市土地有偿使用制度全面实行后，土地市场开始活跃起来，土地价值得到了体现。但在土地出让过程中，由于土地出让方式不同，土地市场竞争和公平公开性有很大的差别。在国有土地使用权出让的初期实践中，土地的出让方式绝大部分是协议出让。协议出让意味着存在很强的人为操纵的可能性，在协议出让的情况下，关系好的或者付了"寻租"成本的人，就能用很低的价格批到好地，国有土地资产大量流失。因此，让行政权力从富有诱惑力的利益空间中退出，真正发挥市场机制在土地资源配置的基础性作用，还需要下定决心进行进一步改革和完善。为此，1999 年，浙江开始在全省范围内实行经营性用地一律招标拍卖制度。2001 年，国务院发出《关于加强国有土地资产管理的通知》(国发[2001]15 号)，要求严格控制建设用地供应总量，严格实行国有土地有偿使用制度，大力推行招标拍卖，加强土地使用权转让管理，加强地价管理和规范土地审批行为。2002 年，国土资源部发布了《招标拍卖挂牌出让国有土地使用权规定》(国土资源部 11 号令)，国土资源部 11 号令明确了一种新的国有土地使用权出让方式——挂牌出让，同时对经营性土地协议出让"叫停"，明确规定了商业、旅游、娱乐和商品住宅等各类经营性用地，必须以招标、拍卖或者挂牌方式出让。

另外，在城市国有土地使用权出让中，工业用地出让基本上是协议出让。在各地经济发展过程中，一些地方为招商引资，工业用地出让中长期存在着低地价乃至"零地价"行为，严重干扰了土地市场秩序，为一些地方搞低水平重复建设和扩大固定资产投资提供了条件。所以，工业用地获取土地的方式必须加以改革。2001 年国务院 15 号文件已经提出：除按现行规定必须实行招拍挂的土地外，工业用地也要创造条件逐步实行招拍挂出让。这个规定是工业用地进入招拍挂的一个信号。2004 年出台的《国务院关于深化改革严格土地管理的决定》(即国务院 28 号文件)，有针对性地指出："必须严禁非法压低地价招商"，同时要求要加快探索和实践，加快工业用地进入市场化配置。2006 年出台的《国务院关于加强土地调控有关问题的通知》(即国务院 31 号文件)，则完全把工业用地纳入了市场竞争的范围，要求"工业用地必须采用招标拍卖挂牌方式出让，其出让价格不得低于公布的最低价标准"。2007 年 3 月 16 日颁布的《物权法》明确规定："工业、商业、旅游、娱乐和商品住宅等经营性用地以及同一土地有两个以上意向用地者的，应当采取招标、拍卖等公开竞价的方式出让。"由此，工业和经营性用地招拍挂出让，由国家政策上升为国家法律。



我国城市国有土地有偿使用制度改革和完善将继续向纵深推进，市场机制在配置土地资源中的基础性作用不断扩大和深化，国有土地有偿使用制度的覆盖面将进一步扩大，构建城乡统一的建设用地市场也正在实践中。

需要说明的是，虽然我国法律规定，国家依法实行国有土地有偿使用制度，城市国有土地有偿使用制度也在不断完善，但并非全部城市土地都实行有偿使用。由于土地在社会经济中的特殊地位和作用，客观上，我国国有土地供应仍然存在"双轨制"，即政府划拨和有偿出让两种方式并存，划拨用地仍占较大比重。我国《土地管理法》第五十四条规定："建设单位使用国有土地，应当以出让等有偿使用方式取得；但是，下列建设用地，经县级以上人民政府依法批准，可以以划拨方式取得：一是国家机关用地和军事用地；二是城市基础设施用地和公益事业用地；三是国家重点扶持的能源、交通、水利等基础设施用地；四是法律、行政法规规定的其他用地。这是从法律上对以划拨方式取得建设用地的原则性规定，在具体实施上，国土资源部制定了《划拨用地目录》，符合该目录的建设用地项目，由建设单位提出申请，经有批准权的人民政府批准，可以划拨方式提供土地使用权。

## 2.2 国有土地权属管理

### 2.2.1 土地有偿使用及管理的形式和内容

目前,国有土地有偿使用及管理的形式和内容主要有以下几方面。

1. 国有建设用地使用权出让

即国家以土地所有者的身份,将国有建设用地使用权在一定年限内让与土地使用者使用,由土地使用者按照出让合同的约定向国家支付土地使用权出让金的行为。

2. 国有建设用地使用权转让

即国有建设用地使用者将国有建设用地使用权依法转移给其他土地使用者的行为。

3. 土地使用权出租

即国家将土地出租给承租人使用,由承租人向国家缴纳租金的行为。这种方式也称作土地使用年租制。年租制的出租年限一般较短,每年缴纳的租金较少,承租人承受能力较强,容易被承租人接受。



4. 土地使用权作价入股

即国家将土地使用权作价,作为出资投入企业,形成国家股,国家通过股权收益实现产权收益,也是一种所有权的经济实现形式。这种方式实质上是国家向企业的一种投资行为,大多见于大型国有企业的产权制度改革过程中。

5. 土地使用权授权经营

即国家以一定年期的土地使用权作价后授权给经国务院批准设立的国家控股公司、作为国家授权投资机构的国有独资公司和集团公司经营管理。被授权的公司和投资机构负责该土地的保值、增值,并可以凭政府主管部门发给的授权委托书向其他企业以作价出资(入股)或者租赁方式配置土地。

6. 划拨土地使用权管理

划拨土地使用权是指土地使用者通过各种方式依法无偿取得的土地使用权。对划拨土地使用权进入市场,进行转让、出租、抵押的,按照国家规定,要签订土地使用权出让合同,向当地市、县人民政府补交土地使用权出让金或者以转让、出租、抵押所获效益抵交土地使用权出让金,国家以此加强对划拨土地使用权管理,实现城市国有土地有偿使用。

### 2.2.2 国有建设用地使用权出让

1. 建设用地使用权的概念及设立

根据《中华人民共和国物权法》,建设用地使用权是建设用地使用权人依法对国家所有的土地享有占有、使用和收益的权利,建设用地使用权人有权利用该土地建造建筑物、构筑物及其附属设施。

建设用地使用权可以在土地的地表、地上或者地下分别设立。新设立的建设用地使用权，不得损害已设立的用益物权。设立建设用地使用权，可以采取出让或者划拨等方式。

设立建设用地使用权的，应当向登记机构申请建设用地使用权登记。建设用地使用权自登记时设立。登记机构应当向建设用地使用权人发放建设用地使用权证书。

《物权法》的上述规定表明，建设用地使用权是在国有土地上设立的。以往对城市国有土地统称的“国有土地使用权”现在应称为“国有建设用地使用权”，国土部门对此已作了相关修改。例如，国土资源部已将《招标拍卖挂牌出让国有土地使用权规定》修改为《招标拍卖挂牌出让国有建设用地使用权规定》。

2. 国有建设用地使用权出让概念

根据《城镇国有土地使用权出让和转让暂行条例》，土地使用权出让是指国家以土地所有者的身份将土地使用权在一定年限内让与土地使用者，并由土地使用者向国家支付土地使用权出让金的行为。

国有建设用地使用权出让不包括地下资源，埋藏物和市政公共设施。城市规划区内的集体所有的土地，经依法征收转为国有土地后，该幅国有土地的使用权方可有偿出让。

按照《城镇国有土地使用权出让和转让暂行条例》规定，土地使用权出让应当签订出让合同。土地使用者应当在签订土地使用权出让合同后60日内，支付全部土地使用权出让金。逾期未全部支付的，出让方有权解除合同，并可请求违约赔偿。出让方应当按照合同规定，提供出让的土地使用权。未按合同规定提供土地使用权的，土地使用者有权解除合同，并可请求违约赔偿。



需要说明的是，土地使用权出让也叫土地批租，因为我国国有土地使用权出让改革主要是借鉴我国香港的土地批租制度实行的。所谓土地批租，就是土地所有权与使用权相分离，土地所有者不直接使用经营土地，而把土地使用经营权有偿、有年期地租让给土地使用者。

3. 国有建设用地使用权出让的年限

根据《城镇国有土地使用权出让和转让暂行条例》，土地使用权出让最高年限按下列用途确定。

(1)居住用地70年。

(2)工业用地50年。

(3)教育、科技、文化、卫生、体育用地50年。

(4)商业、旅游、娱乐用地40年。

(5)综合或其他用地50年。

4. 国有建设用地使用权出让方式

1990年国务院发布的《中华人民共和国城镇国有土地使用权出让和转让暂行条例》中规定，土地使用权出让可以采取协议、招标和拍卖方式。2002年5月9日国土资源部发布了《招标拍卖挂牌出让国有土地使用权规定》，出现了挂牌出让国有土地使用权方式。2007年3月16日第十届全国人民代表大会第五次会议通过的《中华人民共和国物权法》规定，国有建设用地使用权出让可采取招标、拍卖、协议等出让方式。2007年9月28日，国土资源部发布《招标拍卖挂牌出让国有建设用地使用权规定》(国土资源部令第39号)

（该规定是对2002年5月9日国土资源部发布的《招标拍卖挂牌出让国有土地使用权规定》修改形成的），对国有建设用地使用权招拍挂出让范围、挂牌出让截止期限、缴纳出让价款和发放国有建设用地使用权证书等做出明确规定。因此，目前我国国有建设用地使用权出让方式有招标出让、拍卖出让、挂牌出让和协议出让四种。

（1）招标出让国有建设用地使用权。招标出让国有建设用地使用权，是指市、县人民政府国土资源行政主管部门（以下简称出让人）发布招标公告，邀请特定或者不特定的自然人、法人和其他组织参加国有建设用地使用权投标，根据投标结果确定国有建设用地使用权人的行为。

（2）拍卖出让国有建设用地使用权。拍卖出让国有建设用地使用权，是指出让人发布拍卖公告，由竞买人在指定时间、地点进行公开竞价，根据出价结果确定国有建设用地使用权人的行为。

（3）挂牌出让国有建设用地使用权。挂牌出让国有建设用地使用权，是指出让人发布挂牌公告，按公告规定的期限将拟出让宗地的交易条件在指定的土地交易场所挂牌公布，接受竞买人的报价申请并更新挂牌价格，根据挂牌期限截止时的出价结果或者现场竞价结果确定国有建设用地使用权人的行为。

根据规定，挂牌时间不得少于10日。挂牌期间可根据竞买人竞价情况调整增价幅度。挂牌截止应当由挂牌主持人主持确定。挂牌期限届满，挂牌主持人现场宣布最高报价及其报价者，并询问竞买人是否愿意继续竞价。有竞买人表示愿意继续竞价的，挂牌出让转入现场竞价，通过现场竞价确定竞得人。挂牌主持人连续三次报出最高挂牌价格，没有竞买人表示愿意继续竞价的，按照下列规定确定是否成交。



①在挂牌期限内只有一个竞买人报价，且报价不低于底价，并符合其他条件的，挂牌成交。

②在挂牌期限内有两个或者两个以上的竞买人报价的，出价最高者为竞得人；报价相同的，先提交报价单者为竞得人，但报价低于底价者除外。

③在挂牌期限内无应价者或者竞买人的报价均低于底价或者均不符合其他条件的，挂牌不成交。

（4）协议出让国有建设用地使用权。协议出让国有建设用地使用权是指土地使用权有意受让人直接向市、县人民政府土地行政主管部门（出让人）提出用地申请，并就土地的用途、范围、价格等谈判、协商，达成一致并签订土地使用权出让合同的一种出让方式。

国有建设用地使用权出让方式虽然有招标、拍卖、挂牌和协议四种，但对协议出让有严格规定。根据我国现行法律法规规定，工业、商业、旅游、娱乐和商品住宅等经营性用地（工业用地包括仓储用地，但不包括采矿用地）以及同一土地有两个以上意向用地者的，应当采取招标、拍卖等公开竞价的方式出让。

5. 国有建设用地使用权出让公告

招标、拍卖和挂牌出让国有建设用地使用权，应发布出让公告。按现行规定，出让人应当至少在投标、拍卖或者挂牌开始日前20日，在土地有形市场或者指定的场所、媒介发布招标、拍卖或者挂牌公告，公布招标拍卖挂牌出让宗地的基本情况和招标拍卖挂牌的时间、地点。

招标拍卖挂牌公告应当包括下列内容。

(1)出让人的名称和地址。

(2)出让宗地的面积、界址、空间范围、现状、使用年期、用途、规划指标要求。

(3)投标人、竞买人的资格要求以及申请取得投标、竞买资格的办法。

(4)索取招标拍卖挂牌出让文件的时间、地点和方式。

(5)招标拍卖挂牌时间、地点、投标挂牌期限、投标和竞价方式等。

(6)确定中标人、竞得人的标准和方法。

(7)投标、竞买保证金。

(8)其他需要公告的事项。

另外,根据相关规定,市、县人民政府国土资源行政主管部门应当根据土地估价结果和政府产业政策综合确定标底或者底价。标底或者底价不得低于国家规定的最低价标准。确定招标标底,拍卖和挂牌的起叫价、起始价、底价,投标、竞买保证金,应当实行集体决策。招标标底和拍卖挂牌的底价,在招标开标前和拍卖挂牌出让活动结束之前应当保密。

6. 出让土地使用权终止

出让土地使用权因土地使用权出让合同规定的使用年限届满、提前收回及土地灭失等原因而终止。

(1)因土地使用权期满终止。土地使用权期满,土地使用权及其地上建筑物、其他附着物所有权由国家无偿取得。土地使用者应当交还土地使用证,并依照规定办理注销登记。当然,土地使用权期满,土地使用者可以申请续期。需要续期的,应当按照规定重新签订合同,支付土地使用权出让金,并办理登记。



根据我国《物权法》的规定,住宅建设用地使用权期间届满的,自动续期。非住宅建设用地使用权期间届满后的续期,依照法律规定办理。该土地上的房屋及其他不动产的归属,有约定的,按照约定;没有约定或者约定不明确的,依照法律、行政法规的规定办理。

(2)因土地使用权提前收回终止。国家对土地使用者依法取得的土地使用权不提前收回。在特殊情况下,根据社会公共利益的需要,国家可以依照法律程序提前收回,并根据土地使用者已使用的年限和开发、利用土地的实际情况给予相应的补偿。

(3)因违反出让合同有关规定终止。土地使用者违反出让合同有关规定,国家可无偿收回土地使用权。

(4)因土地灭失终止。土地灭失是指由于非人力和自然力的原因,使土地性质彻底改变或地貌彻底改变。土地灭失将导致土地使用权人实际不再享有土地使用权。

7. 建设用地使用权出让合同

我国《物权法》第一百三十八条规定,采取招标、拍卖、协议等出让方式设立建设用地使用权的,当事人应当采取书面形式订立建设用地使用权出让合同。

建设用地使用权出让合同一般包括下列条款。

(1)当事人的名称和住所。

(2)土地界址、面积等。

(3)建筑物、构筑物及其附属设施占用的空间。

(4)土地用途。

(5)使用期限。

(6)出让金等费用及其支付方式。

(7)解决争议的方法。

受让人依照国有建设用地使用权出让合同的约定付清全部土地出让价款后,方可申请办理土地登记,领取国有建设用地使用权证书。未按出让合同约定缴清全部土地出让价款的,不得发放国有建设用地使用权证书,也不得按出让价款缴纳比例分割发放国有建设用地使用权证书。

为规范土地出让合同管理,原国家土地管理局、国家工商行政管理局于1994年发布了《国有土地使用权出让合同》示范文本(GF—94—1001、GF—94—1002、GF—94—1003、GF—94—1004)。2000年10月31日,国土资源部和国家工商行政管理局对1994年示范文本进行了修订完善,印发了《国有土地使用权出让合同》示范文本(GF—2000—2601)。2006年4月19日,国土资源部和国家工商行政管理总局在2000年10月发布的《国有土地使用权出让合同》示范文本基础上,联合发布了《国有土地使用权出让合同补充协议》示范文本。为贯彻落实《中华人民共和国物权法》和有关政策法规,规范国有建设用地使用权出让合同管理,2008年4月29日,国土资源部、国家工商行政管理总局又印发了《国有建设用地使用权出让合同》示范文本(GF—2008—2601),该示范文本自2008年7月1日起执行。要求各市、县国土资源管理部门要按照《国有建设用地使用权出让合同》示范文本(GF—2008—2601)的要求,规范签订国有建设用地使用权出让合同,督促用地者严格履行合同。省、自治区、直辖市国土资源厅(局)要对本行政区域内各市、县签订的出让合同进行统一编号,加强对出让合同执行情况的监管。



### 2.2.3 国有建设用地使用权转让

1. 土地使用权转让的概念和形式

土地使用权转让是指土地使用者将土地使用权再转让的行为,包括出售、交换和赠与。

土地使用权转让的形式有出售、交换和赠与三种。

(1)出售。土地使用权出售,即土地使用权买卖,指土地使用者将土地使用权转移给他方,他方为此支付土地使用权转让金的行为。它的主要特征是土地使用权出售方必须把土地使用权转移给购买方,而购买方则按照等价交换原则向出售方支付相应的土地使用权转让金。买受人负有支付土地使用权转让金的义务,出卖人负有转移土地使用权的义务。买卖双方均享有一定的权利,又都承担相应的义务。

(2)交换。土地使用权交换,也叫土地使用权互易,指当事人双方约定互相转移土地使用权或一方转移土地使用权,另一方转移货币以外标的物而订立的合同。土地使用权交换中,不仅双方互相转移款项以外的财产权,而且须至少有一方给付土地使用权,他方给付土地使用权或其他款项以外的物或权利。因此,土地使用权交换有两种情形,一种是双方互相给付土地使用权,另一种是一方给付土地使用权,他方给付其他款项以外的物或权利。如果一方支付款项,其性质则成买卖,不属交换。所以从法律性质看,土地使用权交换与买卖相同,均为双务有偿合同。

(3)赠与。土地使用权赠与指赠与人自愿把自己的土地使用权无偿转移给受赠人,受赠人表示接受而达成的合同。与土地使用权出售、交换不同,土地使用权赠与为无偿单务合同。赠与人对受赠人负有无偿给与土地使用权的义务,受赠人无偿接受土地使用权而不提供任何代价,其基本特征是无偿。它与遗赠的区别是:赠与是赠与人生前与受赠人达成意思表示一致,而遗赠则是被继承人以遗嘱的方式,表示把自己拥有的土地使用权在其死后转移给他人。

以上三种形式的土地使用权转让行为的主要法律后果是转移土地使用权。由于我国实行土地登记制度,所有土地权属变更必须办理土地权属变更登记手续,更换证书。因此,不动产登记是土地使用权转移发生法律效力的要件,土地使用权转移的时间为办理土地变更登记完毕时。进行了土地变更登记,土地使用权发生转移,其享有的权利和义务亦随之转移。

2. 土地使用权转让原则

(1)出让合同规定的全部权利和义务随土地使用权同时转移的原则。《城镇国有土地使用权出让和转让暂行条例》第二十一条规定:"土地使用权转让时,土地使用权合同和登记文件中所载明的权利和义务随之转移。"根据这一规定,土地使用权在合同期限内可以多次转让,但无论转移到谁手里,政府和土地使用者仍是出让关系,新的土地使用者仍要履行出让合同登记文件中所载明的权利和义务。这就是所谓的"认地不认人"的原则。



之所以确定"认地不认人"的原则,是由于土地使用权转让后,新的受让人取得了土地使用权,同时也完全取代了原受让人的法律地位,而新的法律关系只是原法律关系的局部变更,并不否定体现原法律关系的出让合同和登记文件的具体内容。只有依法确认"认地不认人"的原则,国家和土地使用者的关系才不会因土地使用权的多次转让而受到影响。无论土地使用权转移到谁手里,政府都作为土地所有者直接与其发生行政关系。也只有依法确认"认地不认人"的原则,才能保证土地使用权在多次转让之后,土地使用者仍按照土地使用权出让合同的规定和城市规划的要求,开发、利用、经营土地,规范土地市场。

(2)土地使用权与其地上建筑物产权一致的原则。《城镇国有土地使用权出让和转让暂行条例》第二十三条规定:"土地使用权转让时,其地上建筑物、其他附着物所有权随之转让。"第二十四条规定:"地上建筑物、其他附着物的所有人或者共有人,享有该建筑物、附着物使用范围内的土地使用权。土地使用者转让地上建筑物、其他附着物所有权时,其使用范围内的土地使用权随之转让,但地上建筑物、其他附着物作为动产转让的除外。"上述两条规定了土地使用权和地上建筑物产权,只要一个转移,另一个也随之转移。这是由土地和房屋的相互依存关系决定的。土地是房屋的载体,房屋是土地的附着物,只有取得土地的使用权,才能拥有房屋所有权。而房屋所有权的转移,必然伴随着土地使用权的让渡,反之亦然。

(3)不得损害土地及地上建筑物经济效益的原则。这一原则也称为效益不可损原则。确立这一原则的目的是为了制止损害土地整体效益、违反城市规划要求的行为发生。这一原则主要体现在:一是对于分割转让,即作为同一权利客体的土地的一部分及该部分土地的地上建筑物、其他附着物的单独转让,应当经市、县人民政府土地管理部门和房产管理部门批准,并依照规定办理过户登记。二是对转让价格的控制。土地使用权转让价格明显低于市场价格的,市、县人民政府有优先购买权,土地使用权转让的市场价格不合理上涨时,市、县人民政府可以采取必要的措施。这是为防止在土地使用权转让中损害他人和国家的利益,如故意在书面合同中压低价格,逃避应向国家履行的义务。但政府保留了优先购买权就会促使当事人正当交易。同时为防止哄抬地价,扰乱土地市场,土地使用权转让的市场价格不合理上涨时,市、县人民政府可以采取必要的措施。三是对转让改变土地用途的管理。土地使用权转让后,需要改变土地使用权出让合同规定的主地用途的,要经土地管理部门和城市规划部门批准,重新签订土地使用权出让合同,调整土地使用权出让金,并办理登记,以避免损害土地整体利益和违反城市规划要求。

(4)不得超过建设用地使用权的剩余期限的原则。土地使用者通过转让方式取得的土地使用权,其使用年限为土地使用权出让合同规定的使用年限减去原土地使用者已使用年限后的剩余年限。

我国《物权法》第一百四十四条规定,建设用地使用权转让、互换、出资、赠与或者抵押的,当事人应当采取书面形式订立相应的合同。使用期限由当事人约定,但不得超过建设用地使用权的剩余期限。

3. 土地使用权转让条件

对于以出让方式获得土地使用权后的转让条件,《城镇国有土地使用权出让和转让暂行条例》作了原则性规定,即未按土地使用权出让合同规定的期限和条件投资开发、利用土地的,土地使用权不得转让。因此,土地使用权转让的基本条件是按土地使用权出让合同规定的期限和条件对土地投资开发利用。这里所说的期限是指使土地达到出让合同规定的开发利用状态所需的时间,即土地使用者必须在一定时期内,在土地上投资多少或将该地块开发成什么规模。这里所说的条件是指各种要求总和,如投资数额、土地用途、建筑条件要求等。



《城市房地产管理法》第三十八条规定,以出让方式取得土地使用权的,转让房地产时,应当符合下列条件。

(1)按照出让合同约定已经支付全部土地使用权出让金,并取得土地使用权证书。

(2)按照出让合同约定进行投资开发,属于房屋建设工程的,完成开发投资总额的25%以上,属于成片开发土地的,形成工业用地或者其他建设用地条件。转让房地产时房屋已经建成的,还应当持有房屋所有权证书。

《城市房地产管理法》还规定了土地使用权不得转让的条件:①以出让方式取得土地使用权的,不符合本法第三十八条规定的条件的。②司法机关和行政机关依法裁定、决定查封或者以其他形式限制房地产权利的。③依法收回土地使用权的。④共有房地产,未经其他共有人书面同意的。⑤权属有争议的。⑥未依法登记领取权属证书的。⑦法律、行政法规规定禁止转让的其他情形。

4. 土地使用权转让的程序

(1)提交转让申请。在符合法定的转让条件后,现土地使用者方可向当地的土地主管部门提出土地使用权转让的申请。提交申请时应提交已经符合转让条件的相关证明,以及与受让方签订的转让合同等文件。

(2)审查批准。审查批准是土地使用权转让最重要的程序之一。这一程序性规定是一种强制性规范，即任何土地使用权的转让如果未经主管部门批准同意，都将是无效的。在这一程序，土地主管部门除了要审查土地使用权转让是否已经符合法定转让条件外，还应当审查转让方和受让方所签的转让合同：是否与此前土地部门与转让方签订的《国有土地使用权出让合同》有实质性的冲突？是否改变了土地使用用途？审查双方的成交价格，必要时委托评估机构对转让价格进行评估。

(3)交纳有关税费。以出让方式获得土地使用权转让时，应按有关规定缴纳土地增值税、契税等各项税费。以划拨方式取得的土地使用权的转让，还应向当地市、县人民政府补交土地使用权出让金或者以转让、出租、抵押所获收益抵交土地使用权出让金。

(4)登记发证。上述程序完成后，市、县人民政府土地管理部门应当为转让双方办理过户登记手续，并为新的受让人颁发土地使用证。

### 2.2.4 国有建设用地使用权租赁

1. 土地使用权出租的概念

关于国有土地使用权出租的概念，我国现行的法规文件有不同的规定。

一是国务院1990年发布的《城镇国有土地使用权出让和转让暂行条例》第28条为土地使用权出租所下的定义："土地使用权出租是指土地使用者作为出租人将土地使用权随同地上建筑物、其他附着物租赁给承租人使用，由承租人向出租人支付租金的行为。"根据这一定义，土地使用权出租实际上是指土地使用者以出让方式取得土地使用权后，将土地使用权再出租给他人，即出租主体是通过出让方式取得土地使用权的使用者。这种土地租赁行为与土地使用权转让一样，都是土地二级市场的交易行为。其与土地使用权转让的区别是：出租是权利的行使，是把属于自己的土地使用权租赁给他人使用，并收取租金，出租者仍需继续履行出让合同规定的权利和义务。而转让是权利的让与，意味着将土地使用权转移，原使用者有关权利和义务完全转移给新的使用者，不再履行出让合同。

二是1999年7月由国土资源部印发的《规范国有土地租赁若干意见》中，对国有土地租赁做出的定义是："国有土地租赁是指国家将国有土地出租给使用者使用，由使用者与县级以上人民政府土地主管部门签订一定年期的土地租赁合同，并支付租金的行为。"同时指出"国有土地租赁是国有土地有偿使用的一种形式，是出让方式的补充。"根据这一定义，土地使用权的出租主体是国家，这种租赁行为是土地一级市场的交易行为。

2. 土地使用权出租的条件和范围

《城镇国有土地使用权出让和转让暂行条例》和《规范国有土地租赁若干意见》虽然在出租方的主体方面的规定有差异，但对于出租的条件限制以及可出租范围则有相同之处，即所设条件均较严格，范围较窄。

《城镇国有土地使用权出让和转让暂行条例》第28条第二款规定："未按土地使用权出让合同规定的期限和条件投资开发、利用土地的，土地使用权不得出租。"由此可知，与土地使用权转让条件相同，土地使用权出租的条件是按土地使用权出让合同规定的期限和条件对土地投资开发利用。

《规范国有土地租赁若干意见》对国有土地租赁的范围明确规定，对因发生土地转让、场地出租、企业改制和改变土地用途后依法应当有偿使用的，可以实行租赁。对于新增建设用地，重点仍应是推行和完善国有土地出让，租赁只作为出让的补充。对于经营性房地产开发用地，无论是利用原有建设用地，还是利用新增建设用地，都必须实行出让，不实行租赁。

3. 国有建设用地使用权年租制

国有建设用地使用权年租制在我国现行法律中没有明确规定，但在许多城市中都已实行。年租制是国家将国有建设用地使用权租赁给土地使用者，并按年向土地使用者收取地租。因此，国有建设用地使用权年租制与《规范国有土地租赁若干意见》中的国有土地租赁是基本相同的。

国有建设用地使用权年租制与国有建设用地使用权出让制的实质是一致的，都是国家凭借土地所有权对地租的占有(出让制也是一种租赁。由于土地使用权出让也叫土地批租，因此出让制也叫批租制)，二者的根本区别在于：出让制(批租制)是国家一次性预收几十年的地租，而年租制是国家按年收取地租。土地出让(批租)时，要求土地使用者一次性支付整个批租期限内的全部土地出让金，这个出让金实际上是按现值计算的几十年地租额的总和。年租制则将出让金“化整为零”，按年收取。



早在国有土地使用权出让改革之初，人们就提出了土地年租制问题。当时的主要考虑是：我国企业使用的国有土地都是过去通过行政划拨方式取得的，在土地使用制度改革中，按国家有关规定，划拨土地使用权是不能直接进入市场，进行转让、出租和抵押等经营活动的，如果进入市场，进行土地使用权转让、出租、抵押等，必须将划拨土地使用权转为出让土地使用权，即要求原划拨土地使用者补办出让手续，并一次性补交土地出让金，这对多数企业来说，是难以承受的。实行年租制，将出让金“化整为零”，由于年租额远低于出让金额，同时，还可根据企业经营状况，以低租金起步，逐渐提高，这样对一般企业来说，较容易接受。

但现在对土地年租制问题的讨论，不仅涉及企业用地有偿使用问题，还涉及房地产开发等用地制度改革和完善问题。例如，为降低房地产开发成本以达到降低房价的目的，有人提出房地产开发用地也应实行年租制。另外，在目前讨论的房地产税收制度改革，即物业税征收问题中，也涉及房地产开发用地实行年租制问题。

### 2.2.5 国有建设用地使用权抵押

1. 土地使用权抵押概念

土地使用权抵押是指土地使用权人以土地使用权作为履行债务的担保向银行抵押取得贷款的行为。抵押期间，债权人对债务人的土地使用权不转移占有，继续由债务人使用收益，当债务不履行时，债权人变卖设定抵押的土地使用权，并就其变卖价款优先受到清偿。

2. 土地使用权抵押的法律特征

(1)土地使用权抵押是以不转移占有的方式设立的担保物权。担保物权包括留置权、质权、典权和抵押权等，前三者均以转移占有方式设定，而抵押权则以不转移占有的方式设定。土地使用权人在以其拥有的土地使用权设定抵押后，仍可继续占有、使用土地，并在具备法定条件后转让使用权。

(2)土地使用权抵押具有附从性。抵押权是为担保债权实现而设立的,它与所担保的债权形成主从关系,对其具有附从性。根据《担保法》第52条规定,抵押权与其所担保的债权同时存在,债权消灭的,抵押权也消灭。因此,抵押权以主债权的存在为前提,它随同主债权的处分而发生转移或变化,因主债权的消灭而消灭。但主债权的部分消灭,并不导致抵押权的部分消灭。

(3)土地使用权抵押具有公示性和对抗性。法律规定无论是以动产或不动产设定抵押担保,均应到法定的登记机关进行抵押登记,抵押登记(公示)的作用一是使不特定的公众所了解,二是产生对抗第三人的法律效力。虽然未经登记的抵押合同未必无效,但在实现抵押权时如就同一债务还有其他债权人时,则抵押权人无优先受偿权。或者抵押人未履行通知或告知义务而将抵押物转让时,如未经登记,抵押权也不得对抗新的受让人。而设定抵押权的目的不仅是担保主债权的实现,更在于可以使主债权优先得到清偿。因此,抵押权设立的公示要求就是必须的,这也符合物权公示的基本要求。也只有经过公示程序的抵押权才具有对抗第三人的效力。

(4)土地使用权抵押权的绝对性和排他性。所谓抵押权的绝对性和排他性是指抵押权设定后,只要主债务未得到清偿,无论抵押物位于何处,流于何人之手,抵押权均可对抗第三人包括新所有人。即使在抵押权存续期间,土地使用权发生了合法的转让,新的土地使用权人也不得以自己不是债务人为由对抵押权人行使权利提出抗辩。抵押权只因抵押物的灭失、债务的清偿、抵押权人放弃抵押权而消灭。也有人将其称为抵押权的追及性。无论是动产还是不动产,抵押权的这一特性都是一样的。

3. 可以设定抵押权的土地使用权范围

根据我国法律规定,并非所有的土地使用权都可设定抵押权。《担保法》第三十四条规定:“下列财产可以抵押:①抵押人所有的房屋和其他地上定着物。②抵押人所有的机器、交通运输工具和其他财产。③抵押人依法有权处分的国有的土地使用权、房屋和其他地上定着物。④抵押人依法有权处分的国有的机器、交通运输工具和其他财产。⑤抵押人依法承包并经发包方同意抵押的荒山、荒沟、荒丘、荒滩等荒地的土地使用权。⑥依法可以抵押的其他财产。抵押人可以将前款所列财产一并抵押。”第三十六条规定:“以依法取得的国有土地上的房屋抵押的,该房屋占用范围内的国有土地使用权同时抵押。以出让方式取得的国有土地使用权抵押的,应当将抵押时该国有土地上的房屋同时抵押。乡(镇)、村企业的土地使用权不得单独抵押。以乡(镇)、村企业的厂房等建筑物抵押的,其占用范围内的土地使用权同时抵押。”第三十七条规定:“下列财产不得抵押:①土地所有权。②耕地、宅基地、自留地、自留山等集体所有的土地使用权,但本法第三十四条第(五)项、第三十六条第三款规定的除外。③学校、幼儿园、医院等以公益为目的的事业单位、社会团体的教育设施、医疗卫生设施和其他社会公益设施。④所有权、使用权不明或者有争议的财产。⑤依法被查封、扣押、监管的财产。⑥依法不得抵押的其他财产。”

《城市房地产管理法》第四十七条规定:“依法取得的房屋所有权连同该房屋占用范围内的土地使用权,可以设定抵押权。以出让方式取得的土地使用权,可以设定抵押权。”第五十条规定:“设定房地产抵押权的土地使用权是以划拨方式取得的,依法拍卖该房地产后，应当从拍卖所得的价款中缴纳相当于应缴纳的土地使用权出让金的款额后，抵押权人方可优先受偿。”

《城镇国有土地使用权出让和转让条例》第四十五条规定：“符合下列条件的，经市、县人民政府土地管理部门和房产管理部门批准，其划拨土地使用权和地上建筑物，其他附着物所有权可以转让、出租、抵押：①土地使用者为公司、企业、其他经济组织和个人。②领有国有土地使用证。③具有地上建筑物、其他附着物合法的产权证明。④依照本条例第二章的规定签订土地使用权出让合同，向当地市、县人民政府补交土地使用权出让金或者以转让、出租、抵押所获收益抵交土地使用权出让金。”

从上述法律法规的有关规定看，能够设定抵押权的土地使用权的主要范围如下。

(1)可以独立作为抵押物的土地使用权。主要包括：①以出让方式取得的国有土地使用权。②以划拨方式取得的土地使用权，在先办理出让手续后和补交土地使用权出让金或者以转让、出租、抵押所获收益抵交土地使用权出让金，经土地主管部门批准可以设定抵押的。③荒地(荒山虎沟、荒丘、荒滩等)使用权。

(2)必须与地上建筑物一并抵押的土地使用权。主要包括：①乡村企业的土地使用权(地上应有厂房或经营用房)。②农村宅基地使用权(地上有房屋等建筑物)。③划拨土地使用权(房屋已经建成)。



4. 土地使用权抵押的设定

土地使用权抵押，因债权人要求债务人就其为履行债务提供担保，而债务人承诺以其拥有的土地使用权为自已履行债务的担保而设立。这一设立过程主要经过两个步骤，一是签订书面抵押合同，二是进行抵押登记。

(1)土地使用权抵押合同。根据法律的规定，抵押合同应当采用书面形式。抵押合同除应具备一般合同的必备条款外，还应具备以下主要内容：①被担保债权的种类、数额。②债务人履行债务的期限。③土地使用权的取得方式、具体位置、面积、四至。④土地使用权的评估价值及抵押率。⑤土地的占管人、占管方式和责任、意外毁损、灭失的风险责任。⑥抵押土地使用权的权证保管。⑦抵押权消灭的条件。⑧抵押权人处分土地使用权的方式。⑨争议的解决方式。⑩双方商定的其他内容。

(2)土地使用权的抵押登记。按照有关规定，土地使用权抵押合同签订后30日内，抵押合同的当事人应当到土地管理部门办理抵押登记手续。抵押合同签订后如不办理登记手续，虽然并不必然导致抵押合同无效，但却不能产生对抗第三人的效力。也就是说，抵押合同签订后，如该抵押权的实现不与任何其他债权人或利害关系人的权利发生冲突，则抵押权人仍然可以依据已成立的抵押合同，以该抵押物折价或拍卖所得实现债权。但若与债务人(抵押人)的其他债权人权利发生冲突，即其他债权人也对债务人有清偿要求时，或者债务人未履行法定的通知告知义务而将抵押物转让时，则抵押权人的抵押权不具有对抗性，不能优先受偿。可见，抵押合同签订后，是否办理抵押登记对于抵押权人债权的实现和安全至关重要。

5. 抵押权的实现

抵押权的实现是指抵押人到期未能履行债务或者在抵押合同期间宣告解散、破产的，抵押权人有权依照国家法律、法规和抵押合同的规定处分抵押财产。即债务履行期届满抵押权人未受清偿的,可以与抵押人协议以抵押物折价或者以拍卖、变卖该抵押物所得的价款受偿;协议不成的,抵押权人可以向人民法院提起诉讼。抵押物折价或者拍卖、变卖后,其价款超过债权数额的部分归抵押人所有,不足部分由债务人清偿。

我国《担保法》对抵押权的实现作了如下规定。

(1)同一财产向两个以上债权人抵押的,拍卖、变卖抵押物所得的价款按照以下规定清偿:①抵押合同已登记生效的,按照抵押物登记的先后顺序清偿;顺序相同的,按照债权比例清偿。②抵押合同自签订之日起生效的,该抵押物已登记的,按照第①项规定清偿;未登记的,按照合同生效时间的先后顺序清偿,顺序相同的,按照债权比例清偿。抵押物已登记的先于未登记的受偿。

(2)城市房地产抵押合同签订后,土地上新增的房屋不属于抵押物。需要拍卖该抵押的房地产时,可以依法将该土地上新增的房屋与抵押物一同拍卖,但对拍卖新增房屋所得,抵押权人无权优先受偿。依照本法规定以承包的荒地的土地使用权抵押的,或者以乡(镇)、村企业的厂房等建筑物占用范围内的土地使用权抵押的,在实现抵押权后,未经法定程序不得改变土地集体所有和土地用途。

(3)拍卖划拨的国有土地使用权所得的价款,在依法缴纳相当于应缴纳的土地使用权出让金的款额后,抵押权人有优先受偿权。

(4)为债务人抵押担保的第三人,在抵押权人实现抵押权后,有权向债务人追偿。



(5)抵押权因抵押物灭失而消灭。因灭失所得的赔偿金,应当作为抵押财产。

6. 抵押权灭失

在下列情况下,抵押权灭失:①债务清偿。②抵押权人放弃抵押权。③当事人之间约定消灭抵押权。④土地灭失,抵押权归于消灭。⑤抵押物归抵押权人所有。

抵押权因债务清偿或者其他原因而消灭的,应当依照规定办理注销抵押登记。

### 2.2.6 国有建设用地使用权划拨管理

1. 土地使用权划拨的概念

根据《城市房地产管理法》第二十二条的规定,土地使用权划拨,是指县级以上人民政府依法批准,在土地使用者缴纳补偿、安置等费用后将该幅土地交付其使用,或者将土地使用权无偿交付给土地使用者使用的行为。该条同时规定,依照本法规定以划拨方式取得土地使用权的,除法律、行政法规另有规定外,没有使用期限的限制。

2. 土地使用权划拨的特征

按照《城市房地产管理法》规定,土地使用权划拨具有如下法律特征。

(1)土地使用权划拨关系中的划拨主体是特定的,即行使国有土地使用权划拨权的只能是县级以上人民政府,其他任何单位和个人无此权力。而划拨土地的使用者则可以是不特定的单位和个人。

(2)划拨土地使用权包括土地使用者缴纳拆迁安置、补偿费用(如城市的存量土地或集体土地)和无偿取得(如国有的荒山、沙漠、滩涂等)两种形式,无需支付土地使用权出让金。

(3)划拨土地使用权无使用期限的限制。根据法律规定,除法律、行政法规对划拨土地使用权的期限有特别规定以外,划拨土地使用权没有使用期限的限制。

(4)划拨土地使用权物权属性的非独立性,与出让土地使用权不同,划拨土地使用权在未经政府主管部门批准办理出让手续或者经批准可不办理出让手续但未向国家支付相当于土地出让金的土地收益之前,不得将土地使用权转让、出租和抵押。

3. 土地使用权划拨的适用范围

我国《物权法》第一百三十七条第三款规定:严格限制以划拨方式设立建设用地使用权。采取划拨方式的,应当遵守法律、行政法规关于土地用途的规定。国土资源部根据《土地管理法》和《城市房地产管理法》的规定,制定了《划拨用地目录》。该目录规定的划拨用地范围如下。

(1)国家机关用地和军事用地,包括党政机关和人民团体用地和军事用地。

(2)城市基础设施用地和公益事业用地,包括城市基础设施用地、非营利性邮政设施用地、非营利性教育设施用地、公益性科研机构用地、非营利性体育设施用地、非营利性公共文化设施用地、非营利性医疗卫生设施用地、非营利性社会福利设施用地。

(3)国家重点扶持的能源、交通、水利等基础设施用地,包括石油天然气设施用地、煤炭设施用地、电力设施用地、水利设施用地、铁路交通设施用地、公路交通设施用地、水路交通设施用地、民用机场设施用地。



(4)法律、行政法规规定的其他用地。

《划拨用地目录》对上述各类用地还有更详细的划分。同时规定,符合本目录的建设用地项目,由建设单位提出申请,经有批准权的人民政府批准,方可以划拨方式提供土地使用权;对国家重点扶持的能源、交通、水利等基础设施用地项目,可以以划拨方式提供土地使用权。对以盈利为目的,非国家重点扶持的能源、交通、水利等基础设施用地项目,应当以有偿方式提供土地使用权;以划拨方式取得的土地使用权,因企业改制、土地使用权转让或者改变土地用途等不再符合本目录的,应当实行有偿使用。

4. 土地使用权划拨的程序

(1)用地单位提交用地申请。建设单位申请建设用地,按照《城市规划法》和《土地管理法实施条例》的规定,应持国家批准建设项目的有关文件,首先向城市规划管理部门办理建设用地规划许可的申请手续,在取得建设用地规划许可证后方可向县级以上人民政府土地管理部门申请用地。

(2)审核批准。建设项目可行性论证时,由土地行政主管部门对建设项目用地有关事项进行审查,提出建设项目用地预审报告,拟定供地方案,报市、县人民政府批准,需要上级人民政府批准的,应当报上级人民政府批准。供地方案批准后,由市、县人民政府向建设单位颁发建设用地批准书。

(3)划拨土地和登记发证。

5. 划拨土地的管理

我国《房地产管理法》和《城镇国有土地使用权出让和转让条例》对划拨土地的管理主要有以下规定。

(1)划拨土地使用权转让管理。根据《城市房地产管理法》规定,划拨土地的转让管理有以下两种规定。

一是以划拨方式取得土地使用权的，转让房地产时，应当按照国务院规定，报有批准权的人民政府审批。有批准权的人民政府准予转让的，应当由受让方办理土地使用权出让手续，并依照国家有关规定缴纳土地使用权出让金。

二是以划拨方式取得土地使用权的，转让房地产报批时，有批准权的人民政府按照国务院规定决定可以不办理土地使用权出让手续的，转让方应当按照国务院规定将转让房地产所获收益中的土地收益上缴国家或者做其他处理。

(2)划拨土地使用权出租管理主要包括：

①房产所有权人以营利为目的，将划拨土地使用权的地上建筑物出租的，应当将租金中所含土地收益上缴国家。②用地单位因发生转让、出租、企业改制和改变土地用途等不适办理土地出让的，可实行租赁。③租赁时间超过 6 个月的，应办理租赁合同，合同期限不得超过出让年限。

(3)划拨土地使用权抵押管理。划拨土地使用权抵押时，其抵押的金额不应包括土地价格，因抵押划拨土地使用权造成土地使用权转移的，应办理土地出让手续并向国家缴纳地价款才能变更土地权属。《城市房地产管理法》第五十一条规定："设定房地产抵押权的土地使用权是以划拨方式取得的，依法拍卖该房地产后，应当从拍卖所得的价款中缴纳相当于应缴纳的土地使用权出让金的款额后，抵押权人方可优先受偿。"



(4)擅自转让、出租、抵押划拨土地使用权管理。对未经批准擅自转让、出租、抵押划拨土地使用权的单位和个人，县级以上人民政府土地管理部门应当没收其非法收入，并根据情节处以罚款。

(5)国有企业改革中的划拨土地管理。对国有企业改革中涉及的划拨土地使用权，可分别采取国有土地出让、租赁、作价出资(入股)和保留划拨土地使用权等方式予以处置。

下列情况应采取土地出让或出租方式处置：①国有企业改造或改组为有限责任或股份有限公司以及组建企业集团的。②国有企业改组为股份合作制的。③国有企业租赁经营的。④非国有企业兼并国有企业的。

下列情况经批准可保留划拨土地使用权：①继续作为城市基础设施用地、公益事业用地和国有重点扶持的能源、交通、水利等项目用地，原土地用途不发生改变，但改造或改组为公司制企业的除外。②国有企业兼并国有企业、非国有企业及国有企业合并后的企业是国有工业企业的。③在国有企业兼并、合并中，一方属于濒临破产企业的。④国有企业改造或改组为国有独资公司的。后三项保留划拨土地方式的期限不超过 5 年。

6. 划拨土地使用权的收回

国家无偿收回划拨土地使用权有多种原因，主要有以下七种：①土地使用者因迁移、解散、撤销、破产或其他原因而停止使用土地的。②国家根据城市建设发展的需要和城市规划的要求收回土地使用权。③各级司法部门没收其所有财产而收回土地使用权的。④土地使用者自动放弃土地使用权。⑤未经原批准机关同意，连续两年未使用。⑥不按批准用途使用土地。⑦铁路、公路、机场、矿场等核准报废的土地。国家无偿收回划拨土地使用权时，对其地上建筑物、其他附着物，根据实际情况应给原土地使用者适当补偿。

## 2.3 集体土地权属管理

### 2.3.1 农村集体土地使用权流转

1. 形式

(1)转包。农户将自己的承包地,通过协商,转包给其他的农户经营,收取一定的转包金,或由转入户承担粮食订购任务。

(2)出租。出租也称租赁,是指承包方以一定的条件,将自己承包期内的部分或全部土地承包地经营权,租赁给种植大户、业主或企业法人等承租方,用于农业生产经营。出租方既可为土地承包人,也可为土地所有人,即村级集体经济组织。出租期限和租金支付方式由双方自行约定,承租方获得一定期限的土地经营权,出租方以实物或货币的形式获得土地经营权租金。从现状看,主要有大户承租型、公司租赁型、反租倒包型等方式。其中,公司租赁型是指由村集体经济组织统筹协调,农户与引进土地经营的企业和个人签订土地租赁协议,承包农户收取土地资金,承租企业和个人从事土地经营开发;返租倒包型就是村集体经济组织按照农户自愿的原则,与无力经营或不愿经营的承包农户签订租赁土地合同,租用其土地经营权,把分散的土地集中起来,统一规划,再发包给种植大户、工商业主等投资者进行经营。



(3)"四荒"拍卖。《农村土地承包法》第三条规定:"农村土地承包采取农村集体经济组织内部的家庭承包方式,不宜采取家庭承包方式的荒山、荒沟、荒丘、荒滩等农村土地,可以采取招标、拍卖、公开协商等方式承包。"拍卖也称"四荒"拍卖,是指村级集体经济组织经村民同意,将尚未承包的荒山、荒沟、荒丘、荒滩等"四荒"土地经营权,以公开竞标的方式进行有限期的拍卖,拍卖期可达到50～70年。

(4)承租转包或返包。该种土地使用权流转形式有两种情况,一是农村集体从无力经营土地的农户那里租回承包地,再转包给种田能手,以提高土地经营规模效益。二是公司以一定的代价将农户的承包地承租过来,再对所租土地通过规划,进行农田基本设施建设,然后再切块承包给农户耕种。公司和农户之间签订承包合同。农户按公司要求的品种种植,并将产品全部卖给公司。公司向农户提供种子、技术服务和按价收购农户产品。

(5)转让。转让是指经承包方申请和发包方同意,承包方将部分或全部土地承包经营权转让给其他农户,由其从事农业生产经营,并代替自己向发包方履行合同的行为。转让合同签订后,原土地承包关系自行终止,原承包方承包期内的经营权部分或全部灭失,新确定了受让人与发包人的权利义务关系,其实质是土地使用权的转移。转包或转让,既可以在农户之间进行,也可以在各类承包者之间进行。但我国现行立法对土地使用权(尤其对通过家庭承包取得的土地承包经营权)的转让设置了诸多限制。

(6)入股。股份合作就是土地使用权入股,也被称作"股田制"或股份合作经营。是指在坚持承包农户自愿、利益共享、风险共担原则的基础上,由集体经济组织、有经济实力的大户或工商企业发起，承包方将承包土地经营权作价入股，兼顾劳力、资金、技术等生产要素，组建股份公司或土地股份合作社，统一经营农民的土地通过股份合作，农户形成了土地流转后的地租收入、在股份公司务工的工资收入和土地承包经营权入股的分工收入等三种收入，也在很大程度上改变了“土地不多人人种”“丰产不丰收”的低效益生产状况。

2. 农村集体土地使用权流转管理的原则

(1)因地制宜原则。由于农村集体土地使用权流转必须要具备一定的条件，特别是当地的经济，尤其是二、三产业发展较快，能够容纳相当数量的农村剩余劳动力，并使他们获得稳定的收入和社会保障。只有具备这些条件的地区，土地使用权流转才能顺利进行，农地配置效率才会显现出来。因此，对农村集体土地使用权流转管理必须要因地制宜。

(2)依法、自愿原则。农村集体土地使用权流转必须坚持依法、自愿原则。我国有关政策规定，农民集体所有的土地由本集体经济组织的成员承包经营，土地承包经营期限为30年。在原定承包期到期后再延长30年不变。在土地承包经营权期限内，对承包地进行调整，必须经村民会议2/3以上的成员或者2/3以上的村民代表的同意，并报乡(镇)人民政府和县级人民政府农业行政主管部门批准。因此，农村集体土地使用权流转必须尊重产权主体的意愿，在产权主体自愿的原则下进行，切忌强迫命令。

(3)平等、有偿原则。农村集体土地使用权流转当事人各方应在平等的基础上，通过有偿的方式有序的进行，以保证土地使用权转出方和转入方合法权益。



## 2.3.2　宅基地管理

1. 宅基地概念

宅基地作为与房屋不可分割的组成部分，是指专门用于建造房屋(住宅)为目的的那部分土地。也就是说，宅基地是指建了房屋、建过房屋或决定用于建造房屋的土地，包括建了房屋的土地，建过房屋但已无上盖物、不能居住的土地及准备建房屋用的规划地三种类型。根据我国农民的长期生活习惯，农村居民宅基地一般包括居住生活用地，如住房、厨房、牲畜房、仓库、农机房、厕所用地；四旁绿化用地，如房前屋后的竹林、林木、花圃用地；其他生活服务实施用地，如水井、地窖、沼气池用地等几部分。在我国农村大多数地区，宅基地就是一家一户的农民居住生活的庭院用地。农村居民宅基地的所有权依照法律规定归集体所有，农民对宅基地依法只享有使用权，农村居民宅基地使用权是农民群众的一项重要的财产权利。

2. 宅基地使用权

农村宅基地使用权，是指农村居民在法律允许范围内对宅基地的占有、使用、收益的权利。虽然农村居民住房全归私人所有，但根据我国法律规定，宅基地属于农村集体所有，农民个人没有所有权，只有使用权，因此，农村居民新建住宅应当向农村集体经济组织或者农村村民委员会提出申请，经过乡镇人民政府审核，由县级人民政府批准，并且不得转让、出租或抵押。

如果国家建设需要征用土地，或者乡村的土地利用规划、村镇规划需要改变土地用途，或村民宅基地的实际使用面积过大，远远超过当地规定的标准，经过村民代表大会或村民大会讨论通过,报请乡(镇)人民政府审查、同意,基本核算单位有权调剂或重新安排使用。但应对原有宅基地的建筑物和树木等给予合理赔偿,不得平调。

宅基地使用权具体权利如下。

(1)占有权。宅基地使用权人经依法申请批准取得宅基地使用权,便享有对宅基地的独占权,任何组织个人不得非法侵占、擅自使用或剥夺其宅基地的使用。对于宅基地上旧有的建筑设施及其他林木,所有人或管理人应在合理期限内做出处理,不得影响宅基地使用权人的使用。

(2)使用权。宅基地使用权没有明确的时间限制。不问宅基地使用的年限长短及其建设情况如何,宅基地使用权非依法定原因不能被剥夺。对于宅基地上的建房,与宅基地使用权同时受法律的长期保障,宅基地使用权人可以自由行使权利。

(3)在宅基地空闲处修建其他建筑物、设施的权利。宅基地使用权人在主要住宅建筑外,可自行在宅基地范围内建筑其他生产或生活需要的建筑和设施。

(4)宅基地使用权人有在宅基地内种植林木、花草、蔬菜的权利。该种植的林木、花草、蔬菜归使用权人所有。

(5)依法附随房屋出让宅基地使用权的权利。国家保护私有房屋合法买卖,继承、赠与等权利。因房屋和宅基地连同一体,不可分离,所以,宅基地使用权必须连同房屋一并转移。房屋所有权的变动,必须报请县级人民政府房屋管理部门进行变更登记。



3. 农村村民申请宅基地条件

农村村民每户只能有一处宅基地,每户农民建房用地标准由省、自治区、直辖市在土地管理地方法律中规定,不得超越批准建房。农村村民申请宅基地必须符合下列情况之一:①现在住房影响乡(镇)村建设规划,需要搬迁重建的。②农村居民户除身边留一子女外,其他子女确需另立门户而已有的宅基地低于分户标准的。③经主管部门批准,由外地迁入的农户无住房的。④集体组织招聘的技术人员要求在当地落户且户口已迁入的。⑤离休、退休、退职的干部职工,复退军人和华侨、侨眷、港澳台同胞持合法证明回原籍定居,需要建房而又无宅基地的。

有下列情况之一的,不得安排宅基地用地:①出卖、出租或以其他形式非法转让现有住宅后,再申请宅基地的。②一户一子(女)有一处以上(含一处)宅基地的。③户口已迁出不在当地居住的。④年龄未满 18 周岁,又不具备分户条件的。⑤虽在农村居住而户口未迁来当地的。⑥其他规定不应建房和安排宅基地用地的。

村民因住房出卖、出租而使宅基地达不到标准,或丧失宅基地的,不得再申请宅基地,但因两户的宅基地都达不到标准而相互调剂,经过批准的可以申请宅基地。严禁利用建住宅为名搞房地产开发和炒房地产的行为。对将现有住宅改为经营场所的,除了不再批准新的宅基地外,还应按其经营场所实际占用土地面积,从经营之日起,核收土地使用费。对于户口已经“农转非”的人员,应适时核减宅基地面积。另外,城镇职工要求自费建房应由城建部门统一规划,经地政部门批准后统一征地、建房,不准私自到农村买地、租地建房。

宅基地为居民、村民各户使用,包括屋基地和院落地,长期不变。宅基地的所有权和公民私房的使用权是分离的,宅基地的所有权属于国家或集体,私房的所有权属于私房产权人。宅基地的使用权不属于遗产，不能被继承，但公民继承了房屋，宅基地的使用权也就随着房屋而转移给新的所有人。这也只是具体执行国家的行政法规，而不是继承的结果。

## 2.4 土地权属争议

### 2.4.1 土地权属争议的概念

要处理好土地权属争议，必须正确理解其概念及类型，土地权属争议是指国有土地所有权、使用权和他项权利归属而发生的争议。从概念中可以看出，土地权属争议的主体范围比较广泛。归纳起来，主要包括以下几种：国有土地所有者与集体土地所有者之间；集体土地所有者之间，即村农民集体之间、村内两个以上经济组织之间、乡（镇）农民集体之间，及其相互之间发生的土地所有权争议；国有土地使用者之间；集体土地使用者之间；国有土地所有者与集体土地使用者之间。

土地权属争议的内容涉及土地所有权、使用权和他项权利，包括土地所有权争议、土地使用权争议和土地他项权利争议三种类型。

1. 土地所有权争议

我国实行的土地社会主义公有制，只有两种性质的土地所有权。分为国家土地所有权和集体土地所有权。国有土地属于全民所有，国家是国有土地唯一的、统一的所有者。在实践中，由于国家征用土地、确认权属等情况，存在国有土地和集体土地之间的争议。集体土地属于农民集体所有，依照我国《土地管理法》的规定，分为乡（镇）农民集体所有、村农民集体所有、村内两个以上农业集体经济组织所有。

2. 土地使用权争议

土地使用权争议分为国有土地使用权争议和集体土地使用权争议，国有土地使用权争议大多为单位与单位之间土地权属争议，集体土地使用权争议有集体土地建设用地使用权争议和宅基地使用权争议及宅基地使用权界址争议等。

3. 他项权利争议

他项权利争议是因土地所有者和使用权以外的土地权利而发生的争议，在处理土地使用权争议时往往会涉及这部分权利争议。

### 2.4.2 土地权属争议产生的原因

1. 征地不规范而产生的

在 1982 年 5 月《国家建设征用土地条例》颁布之前，全民所有制单位、城市集体所有制单位使用的原农民集体所有土地，有的没有经过批准，有的虽然签订了土地征用协议，但内容不规范，而导致争议的产生。例如，某乡食品站 1982 年之前征用时与农民组织签订补偿协议时规定，食品站安置部分农民做杂工，以此作为征用土地补偿形式，后来食品站因故倒闭，农民没有杂工可做了，而食品站位置处于临街面，商业价值很高，农民认为过去征用土地的补偿吃亏了，现提出要收回过去征用的土地。这种历史上征地协议的不规范，势必埋下了土地权属争议的隐患。

2. 调整土地手续不规范而产生的

土地联产承包责任制实施以前，农民集体经济组织为了发展集体经济，搞好壮大本单位的实力，有的通过土地调整成立科技队，还有的办起了工厂，由于当时土地没有分到农户，在调整土地的过程中没有形成书面材料，村组干部开个会同意就行了。随着经济的发展，法制的宣传不断深入，土地作为重要资产日益得到显化，农民集体经济组织纷纷对原调整土地提出土地权属争议，而且此类权属争议涉及面广，稍有不慎就会造成集访，给社会带来不稳定因素。

3. 土地权属界址不清产生的

相对来说，土地管理部门成立时间短，而有的土地权属界址不清在20世纪五六十年代就产生了，历史时间跨度长，这类矛盾给我们调查处理工作带来了难度。还有的土地权属界址争议是双方自己造成的，如双方邻里关系好时对界址的范围无所谓，后来双方不和时，就把往事重提，来找国土管理部门处理。



4. 有关法律规定的不十分明确，造成当事人理解不深而产生的

如《宪法》第10条做出如下规定："城市的土地属于国家所有。农村和城市郊区的土地除由法律规定属于国家所有的以外，属于集体所有。"而《确定土地所有权和使用权的若干规定》则不分地域范围，规定只要不能证明土地属于农民集体所有，也即只要农民集体不能提供土改时土地所有证或不能提供1962年《六十条》"四固定"时划入农民集体范围的相关证据的土地，即属于国家所有。这种规定的不甚明了，有时会给当事人产生误解，也为土地权属争议埋下隐患。

### 2.4.3 土地权属争议处理的原则

处理土地权属争议的原则，除了应遵循解决一般民事和行政案件所贯穿的原则外，还应遵循以下原则。

1. 从实际出发，尊重历史，面对现实

土地权属争议产生的原因很多，但多数是因历史遗留问题所引起的，表现为：土地改革、农业合作化时期权属未定；土地权属界线无明显标志以及标志损毁；村、队、社等管理体制的土地调整；新划地界不清或不合理；因过去无偿划拨的荒山、荒地当时未计算面积，没有划定地界；因过去无偿占用或"一平二调"造成权属不清；兴修水利、平整土地、开荒、更改河道等。这些要求我们处理土地权属争议要从历史出发，摸清争议土地的历史发展变化，同时因土地的不可移动性，处理时还要面对现实使用情况，寻找争议产生的原因及证据，做出客观的处理。

2. 现有利益保护的原则

《土地管理法》第十六条规定："在土地所有权和使用权争议解决之前，任何一方不得

改变土地现状。”此规定是约束争议双方不得破坏土地上的附着物，争议双方应本着保护现有使用者、所有者利益，减少因争议而造成现有利益者不必要的损失。

3. 客观公正的原则

《土地管理法》第六十六条规定：“土地管理监督检查人员应当熟悉土地管理法律、法规，忠于职守，秉公执法。”《土地权属争议调查处理办法》第三十二条规定：“在土地权属争议调查处理过程中，国土资源行政主管部门的工作人员玩忽职守、滥用职权、徇私舞弊，构成犯罪的，依法追究刑事责任；不构成犯罪的，由其所在单位或其上级机关依法给予行政处分。”这些规定要求承办人员必须坚持文明执法，依法办案，要求承办人员在具体的调查取证过程中，客观公正，不偏护任何一方。

4. 行政处理在先原则

在实际工作中，我们还常常遇到因土地侵权而发生的争议，土地权属争议与土地侵权在形式上比较相似，土地侵权争议是指有关土地权利受到侵犯而引起的争议，是土地权属已经确定的情况下，发生了侵犯土地权利的行为而引起的争议，解决的方式一般是向法院起诉，寻求司法保护。土地权属争议是因土地权属不明导致的争议。

土地权属争议的解决，应先采用行政处理的方式，只有对行政处理不服，当事人才可以向上一级人民政府申请复议，对复议不服的还可以向人民法院起诉。当事人直接向人民法院起诉的，人民法院不予受理。



## 2.4.4 土地权属纠纷调处的程序

1. 当事人协商解决

所谓协商，是指在争议发生时，由当事人在自愿、互谅的基础上，按照有关的法律规定，在不损害他人权益的前提下，直接进行磋商，自行解决纠纷的办法。协商解决后，当事人双方签订协议。该协议由当事人自愿执行，没有法律约束力。如果当事人一方后悔，拒绝执行，另一方可以诉请人民政府土地管理部门进行调处。

2. 人民政府调处

根据《中华人民共和国土地管理法》第十六条的规定：“单位之间的争议，由县级以上人民政府处理；个人之间、个人与单位之间的争议，由乡级人民政府或者县级以上人民政府处理。当事人对有关人民政府的处理决定不服的，可以自接到处理决定通知之日起30日内，向人民法院起诉。在土地所有权和使用权争议解决前，任何一方不得改变土地利用现状。当事人对有关人民政府的处理决定不服的，可以自接到处理决定通知之日起30日内，向人民法院起诉。在土地所有权和使用权争议解决前，任何一方不得改变土地利用现状。”

人民政府土地管理部门受理土地纠纷，一般采用调解和裁决两种方式调处。

(1)调解。调解是有第三者从中调停，促使纠纷当事人和解的一种方式。土地纠纷是土地管理部门进行调解，属行政调解。它是根据《土地管理法》授权进行的，具有行政效力。调节的程序是：①受理土地纠纷当事人的申诉。土地纠纷当事人一方或双方，以口头、信访或报告形式，将发生纠纷的事实向人民政府提出申诉，并出示有关地权地界的证明文件。②地权纠纷的调查。土地管理部门根据当事人的申诉及地权地界证明文件进行调查研究。查明争议地权的历史状况及文件(政府过去确定地权的文件、协议、图件及历史上使用状况等)以及发生纠纷的原因、过程、造成的危害和双方处理纠纷的意见。③调解。土地管理部门依照政策、法规,根据调查结果,向当事人进行宣传、说服工作,使认识逐步趋向一致,使纠纷得到解决。调解时,既要坚持原则,又要具有一定的灵活性,从实际出发,实事求是地解决问题。④签订调解协议书。调解成功后,当事人签订调解协议书。调解协议书应包括:当事人姓名、地址,代表人或代理人姓名、职务;纠纷的主要事实;协议内容和费用承担等项目。调解协议书要有当事人、调解员、书记员签字;并加盖主持调解机关的公章。调解协议书送达后,当事人均应自觉遵守。

(2)行政裁决。行政裁决是仲裁的一种方式,是有关机构第三者身份,依照法律对纠纷做出的公正的具有约束力的处理决定。裁决与调解的区别在于:调节必须在双方自愿的基础上进行,而裁决完全是第三者的行为。调解时,任何一方当事人若不愿接受调解,就可立即终止调解,而当事人一旦申请裁决,则仲裁机构即有权依据法律做出对当事人双方均有约束力的裁决。裁决的程序是:①当事人提出裁决申请。当土地纠纷调解不成时,当事人任何一方均可向被诉一方所在地的土地管理部门提出裁决申请,裁决申请采用书面形式。②调解。土地管理机关在做出裁决之前,要在纠纷当事人之间进行调解。调解不成的,即进行裁决。③裁决。裁决前应书面通知双方当事人和有关人员到场。土地管理部门依据法律和调查研究结果,本着保障合法权益,有利于团结和保护土地资源的原则,做出处理决定。裁决书要写明以下各项:申诉人和被申诉人姓名、地址,或代理人、代表人姓名、职务;申诉理由、争议事实和要求;裁决认定的事实、理由和实用法律;裁决结果和裁决费用的负担;不服裁决的起诉期限等。



当事人根据协议,处理决定(裁决)或判决结果,向土地管理机关申请登记,换取新的土地证。

在土地争议解决之前,土地管理机关有权确定临时处置办法,合理使用、保护有争议的土地,争议各方均须服从,不得荒废土地;不准破坏土地及其附着物;不得修建永久性建筑;不得聚众闹事;不得强行占地。

## 【基本知识练习】

**一、判断**

1. 土地产权是指存在于土地之上的非排他性完全权利,包括土地所有权、土地使用权、土地租赁权、土地抵押权、土地继承权、地役权等多项权利。( )

2. 土地使用权转让市场即土地一级市场。( )

3.《中华人民共和国土地管理法实施条例》规定,开发未确定土地使用权的国有荒山、荒地、荒滩从事种植业、林业、畜牧业或者渔业生产的,经县级以上人民政府依法批准,可以确定给开发单位或者个人长期使用,使用期限最长不得超过70年。( )

4. 土地使用权出让是指国家以土地所有者的身份将土地使用权在一定年限内让与土地使用者,并由土地使用者向国家支付土地使用权出让金的行为。( )

5.《招标拍卖挂牌出让国有土地使用权规定》指出,房地产开发商应当根据招标拍卖挂牌出让地块的情况,编制招标拍卖挂牌出让文件。( )

答案：×××√×

**二、选择**

1. 土地使用权转让的方式不包括土地使用权(　　)。

A. 出售　　B. 交换　　C. 出租　　D. 赠与

2. 土地使用权转让时，土地使用权出让合同和登记文件中所载明的权利、义务随之(　　)。

A. 消亡　　B. 转移　　C. 不变　　D. 重新确定

3. 某高中为了筹集建设资金，拟将建有实验大楼A的房地产向银行抵押以获取贷款，该实验大楼A的建设资金是财政拨款。对此，下列说法正确的是(　　)。

A. 该房地产可以抵押　　B. 该房地产不能抵押

C. 房屋不可以抵押，但土地可以抵押　　D. 房屋可以抵押，但土地不能抵押

4. 全民所有的土地，土地所有权由(　　)代表国家行使。

A. 全国人民代表大会　　B. 国土资源部

C. 国务院　　D. 市级人民政府

5. 国有企业改革涉及的划拨国有土地使用权，在下列情形中，可不采取出让方式处置的是(　　)。

A. 原国有企业出售　　B. 非国有企业兼并国有企业

C. 原国有企业破产　　D. 国有企业兼并国有企业

6. 土地使用权抵押权的合法凭证是(　　)。

A. 土地他项权利证明书　　B. 国有土地使用证

C. 集体土地使用证　　D. 集体土地所有证

7. 关于土地使用权转让，下列说法正确的有(　　)。

A. 未按土地使用权出让合同规定的期限和条件投资开发和利用土地的，经有关部门批准后，可以转让土地使用权

B. 土地使用权转让价格明显低于市场价格的，市、县级人民政府有优先购买权

C. 土地使用权转让经双方当事人同意可以不签订土地转让合同

D. 无偿转让地上建筑物，其使用范围内的土地使用权可以不随之转让

E. 土地使用权转让包括出售、交换和赠与

8. 依据《招标拍卖挂牌出让国有土地使用权规定》，在(　　)的情况下，主持人应当终止拍卖。

A. 竞买人不足三人　　B. 竞买人不足五人

C. 竞买人不足七人　　D. 竞买人的最高应价未达到底价

E. 竞买人的最低应价未达到底价

9. 下列关于土地使用权抵押的表述，正确的是(　　)。

A. 通过有偿出让或转让方式取得的合法土地使用权可以抵押

B. 土地使用权抵押设定本身发生土地使用权转移

C. 土地使用权抵押时，其地上建筑物及其他附着物随之抵押

D. 土地使用权人将土地抵押后，丧失转让权

E. 土地使用权抵押不得违背土地使用权出让合同的规定

10. 我国当前国有土地使用权出让的主要方式有(　　)。

A. 协议　　B. 招标　　C. 拍卖　　D. 挂牌

E. 授权经营

答案:1. C　2. B　3. B　4. C　5. D　6. B　7. BE　8. AD　9. ACE　10. ABCD

## 【延伸阅读】

### 集体经营性建设用地入市、宅基地制度改革试点

1. 开展改革试点的意义

土地制度是国家的基础性制度,在实践基础上形成的中国特色土地制度为我国经济社会发展做出了历史性贡献。随着实践发展和改革深入,现行农村土地制度与社会主义市场经济体制不相适应的问题日益显现,必须通过深化改革来破解。改革完善农村土地制度,有利于健全城乡发展一体化体制机制,有利于建立城乡统一的建设用地市场,有利于推进中国特色农业现代化和新型城镇化。

近年来,按照党中央、国务院的要求,国土资源部开展了以土地征收、农村集体经营性建设用地流转和宅基地制度为主要内容的改革试点,各地也结合实际进行了积极探索,为改革完善农村土地制度积累了经验。农村土地制度改革牵一发而动全身,涉及重要法律修改,涉及重大利益调整,涉及农村集体经济组织制度、村民自治制度等重要制度的完善,必须根据中央统一部署,按照守住底线、试点先行的原则平稳推进。



2. 改革试点指导思想

要通过改革试点,探索健全程序规范、补偿合理、保障多元的土地征收制度,同权同价、流转顺畅、收益共享的农村集体经营性建设用地入市制度,依法公平取得、节约集约使用、自愿有偿退出的宅基地制度。探索形成可复制、可推广的改革成果,为科学立法、修改完善相关法律法规提供支撑。

3. 改革试点主要任务

(1)完善土地征收制度。针对征地范围过大、程序不够规范、被征地农民保障机制不完善等问题,要缩小土地征收范围,探索制定土地征收目录,严格界定公共利益用地范围;规范土地征收程序,建立社会稳定风险评估制度,健全矛盾纠纷调处机制,全面公开土地征收信息;完善对被征地农民合理、规范、多元保障机制。

(2)建立农村集体经营性建设用地入市制度。针对农村集体经营性建设用地权能不完整,不能同等入市、同权同价和交易规则亟待健全等问题,要完善农村集体经营性建设用地产权制度,赋予农村集体经营性建设用地出让、租赁、入股权能;明确农村集体经营性建设用地入市范围和途径;建立健全市场交易规则和服务监管制度。

(3)改革完善农村宅基地制度。针对农户宅基地取得困难、利用粗放、退出不畅等问题,要完善宅基地权益保障和取得方式,探索农民住房保障在不同区域户有所居的多种实现形式;对因历史原因形成超标准占用宅基地和一户多宅等情况,探索实行有偿使用;探索进城落户农民在本集体经济组织内部自愿有偿退出或转让宅基地;改革宅基地审批制

度，发挥村民自治组织的民主管理作用。

(4)建立兼顾国家、集体、个人的土地增值收益分配机制，合理提高个人收益。针对土地增值收益分配机制不健全，兼顾国家、集体、个人之间利益不够等问题，要建立健全土地增值收益在国家与集体之间、集体经济组织内部的分配办法和相关制度安排。

4. 农村土地制度改革方向

①建立城乡统一的建设用地市场。

②在符合规划和用途管制前提下，允许农村集体经营性建设用地出让、租赁、入股。

③缩小征地范围，规范征地程序，完善对被征地农民合理、规范、多元保障机制。

④扩大国有土地有偿使用范围，减少非公益性用地划拨。

⑤建立兼顾国家、集体、个人的土地增值收益分配机制，合理提高个人收益；完善土地租赁、转让、抵押二级市场。

Chapter 3

# 第3章 地籍管理

## 【导入案例】

### 全国土地调查主要数据成果

一、全国主要地类数据

耕地13 538.5万$hm^2$(203 077万亩),其中,有564.9万$hm^2$(8 474万亩)耕地位于东北、西北地区的林区、草原以及河流湖泊最高洪水位控制线范围内,还有431.4万$hm^2$(6 471万亩)耕地位于25°以上陡坡。上述耕地中,有相当部分需要根据国家退耕还林、还草、还湿和耕地休养生息的总体安排作逐步调整。全国基本农田10 405.3万$hm^2$(156 080万亩)、园地1 481.2万$hm^2$(22 218万亩)、林地25 395.0万$hm^2$(380 925万亩)、草地28 731.4万$hm^2$(430 970万亩)、城镇村及工矿用地2 873.9万$hm^2$(43 109万亩)、交通运输用地794.2万$hm^2$(11 913万亩)、水域及水利设施用地4 269.0万$hm^2$(64 036万亩),另外为其他土地。

二、全国耕地分布与质量状况

(一)耕地分布

全国耕地按地区划分,东部地区耕地2 629.7万$hm^2$(39 446万亩),占19.4%;中部地区耕地3 071.5万$hm^2$(46 072万亩),占22.7%;西部地区耕地5 043.5万$hm^2$(75 652万亩),占37.3%;东北地区耕地2 793.8万$hm^2$(41 907万亩),占20.6%。

(二)耕地质量

全国耕地按坡度划分,2°以下耕地7 735.6万$hm^2$(116 034万亩),占57.1%;2°～6°耕地2 161.2万$hm^2$(32 418万亩),占15.9%;6°～15°耕地2 026.5万$hm^2$(30 397万亩),占15.0%;15°～25°耕地1 065.6万$hm^2$(15 984万亩),占7.9%;25°以上的耕地(含陡坡耕地

和梯田)549.6 万 $hm^2$(8 244 万亩),占 4.1%,主要分布在西部地区(表 3-1)。

**表 3-1　全国 25°以上的坡耕地面积**

| 地　　区 | 面积/万 $hm^2$ | 占全国比重/% |
|---|---|---|
| 全　　国 | 549.6 | 100 |
| 东部地区 | 33.6 | 6.1 |
| 中部地区 | 75.6 | 13.8 |
| 西部地区 | 439.4 | 79.9 |
| 东北地区 | 1.0 | 0.2 |

全国耕地中,有灌溉设施的耕地 6 107.6 万 $hm^2$(91 614 万亩),比重为 45.1%,无灌溉设施的耕地 7 430.9 万 $hm^2$(111 463 万亩),比重为 54.9%。分地区看,东部和中部地区有灌溉设施耕地比重大,西部和东北地区的无灌溉设施耕地比重大(表 3-2)。

**表 3-2　全国有灌溉设施和无灌溉设施耕地面积**

| 地　　区 | 有灌溉设施耕地 | | 无灌溉设施耕地 | |
|---|---|---|---|---|
| | 面积/万 $hm^2$ | 占耕地比/% | 面积/万 $hm^2$ | 占耕地比/% |
| 全　　国 | 6 107.6 | 45.1 | 7 430.9 | 54.9 |
| 东部地区 | 1 812.5 | 68.9 | 817.2 | 31.1 |
| 中部地区 | 1 867.0 | 60.8 | 1 204.4 | 39.2 |
| 西部地区 | 2 004.3 | 39.7 | 3 039.2 | 60.3 |
| 东北地区 | 423.8 | 15.2 | 2 370.1 | 84.8 |

从耕地总量和区位看,全国有 996.3 万 $hm^2$(14 945 万亩)耕地位于东北、西北地区的林区、草原以及河流湖泊最高洪水位控制线范围内和 25°以上陡坡,其中,相当部分需要根据国家退耕还林、还草、还湿和耕地休养生息的总体安排作逐步调整;有相当数量耕地受到中、重度污染,大多不宜耕种;还有一定数量的耕地因开矿塌陷造成地表土层破坏,因地下水超采,已影响正常耕种。从人均耕地看,全国人均耕地 0.101 $hm^2$(1.52 亩),较 1996 年一次调查时的人均耕地 0.106 $hm^2$(1.59 亩)有所下降,不到世界人均水平的一半。

## 【讨论】

1. 我国耕地保护形势。
2. 全国土地调查的程序。

## 【学习任务】

1. 掌握地籍管理的内容。
2. 掌握土地调查内容和程序。
3. 了解土地自然条件调查。
4. 了解土地统计内容。

【知识内容】

## 3.1 地籍管理概述

土地是人类立足的场所,生存的条件和是人类劳动过程能够得以全部实现的基本条件和基础。地籍是人们认识和运用土地的自然属性、社会属性和经济属性的产物,是组织社会生产的客观需要。地籍管理历来是国家行政管理的措施之一,是地政的重要组成部分,是土地管理的基础性工作。

### 3.1.1 地籍与地籍管理

地是指土地,籍是指登记册。地籍和地籍管理是两个概念。

地籍是记载土地的权属、位置、数量、质量、利用等基本状况的图簿册及数据。它是土地的户籍,具有空间性、法律性、精确性和连续性等特点。



地籍管理是指国家为研究土地的权属、自然、经济状况和建立地籍图、册而实行的土地调查、土地登记、土地统计、地籍档案和地籍管理信息系统等工作措施。

我国的地籍管理是为巩固和发展土地的社会主义公有制,为有效组织全国土地的经济、合理利用,协调国民经济各部门的用地计划,为推进改革、开放和土地使用制度变革服务的一项综合性国家措施。

### 3.1.2 地籍的类别

根据地籍作用、特点、任务及管理层次的不同,可分为以下几种类别。

(1)依据地籍所起的作用不同,可区分为税收地籍、产权地籍和多用途地籍。税收地籍是为征收土地税服务的。它要求较准确地记载地块的面积和质量,在此基础上,编绘而成的地籍薄(含图),称税收地籍。产权地籍亦称法律地籍,是以维护土地所有权为主要目的,它要求准确记载宗地的界限、界址点、权属状况、数量、质量、用途等,在此基础上编绘成的地籍薄(含图),称产权地籍。多用途地籍,亦称现代地籍,除了为税收和产权服务外,更重要的是为土地整理、土地开发、利用、保护以及全面、科学地管理土地提供土地信息。它除了要求准确地记载土地的数量、质量、位置、权属、用途外,还要求记载地块的地形、地貌、土壤、气候、水文、地质等状况,在此基础上编制的地籍图,称为多用途地籍。

(2)依据地籍的特点和任务不同,分初始地籍和日常地籍。初始地籍是指在某一时期内,对县以上行政辖区内全部土地进行全面调查后,最初建立的簿册(含图)。日常地籍是针对土地数量、质量、权属及其分布和利用、使用情况的变化,以初始地籍为基础,进行修正、补充和更新的地籍。

(3)按城乡土地的不同特点,分城镇地籍和农村地籍。城镇地籍始以城镇(也可包括村庄和独立工矿区)建成区外的广大乡村土地为对象而编制成的地籍和图,其内容较为详细,图纸要求较高的精度和较大的比例尺(1∶500)。农村地籍是以除城镇(也可包括村庄和独立工矿区)建成区外的广大乡村土地为对象为编制成的地籍簿和图,其内容与城镇地籍有较大的差别,图纸精度的要求比城镇地籍要低。

(4)依据地籍行政管理的层次不同,分为国家地籍和基层地籍。

## 3.1.3　地籍管理的主要任务

地籍管理是国家为获得地籍资料而采取的一项综合性的国家措施。在我国社会主义市场经济条件下,地籍管理的主要任务包括以下几方面。

(1)维护和巩固土地的社会主义公有制。

(2)贯彻“十分珍惜、合理利用土地和切实保护耕地”基本国策。

(3)保护权利人的合法权益。

(4)加强土地用途管制。

(5)为社会提供地籍信息服务。

(6)为土地管理服务。



## 3.1.4　地籍管理的内容

建立、健全地籍管理制度,不仅可以及时掌握土地数量、质量的动态变化规律,而且可以对土地利用及权属变更进行监测,为土地管理的各项工作提供、保管、更新有关自然、经济、法律方面的信息。现阶段我国地籍管理内容为:土地调查、土地登记、土地统计、地籍档案管理。

1. 土地调查

土地调查是以查清土地的数量、质量、分布、利用和权属状况而进行的调查。根据土地调查的内容侧重面不同,可分为土地利用现状调查、地籍调查、土地条件调查和土地利用动态监测四个内容。

2. 土地登记

土地登记是国家用以确认土地的所有权、使用权和他项权利,依法实行土地登记申请、土地调查、权属审核、注册登记和核发证书的一项法律措施。目前,我国依照土地法律的规定,主要开展国有土地使用权、集体土地所有权和集体土地使用权以及他项权利的土地登记。

3. 土地统计

土地统计是国家对土地的数量、质量、分布、利用和权属状况、利用状况及动态变化等进行的调查、整理、分析和预测的全过程。

4. 地籍档案管理

地籍档案管理是以地籍管理活动的历史记录、文件、图册为对象所进行的收集、整理、鉴定、报告、统计、提供利用和编研等各项工作的总称。

## 3.2 土地利用现状调查

土地利用现状调查是指在全国范围内，以县为单位，以图斑为基本单元，按土地利用现状分类，查清各类用地的面积、分布、利用和权属状况，又称土地数量调查。

### 3.2.1 土地利用现状调查的目的

1. 为制定国民经济计划和有关的政策服务

国家经济各部门的发展都离不开土地。土地利用现状调查获得的准确的土地信息资料可为编制国民经济和社会发展长远规划、中期计划和年度计划提供切实可靠的科学依据。

2. 为农业生产和农村建设提供科学依据

土地利用现状调查，为区划及规划部门编制农业区划、耕地保护规划、村镇规划和农业生产规划提供土地基础数据；为各级领导部门因地制宜地领导和组织农业生产、合理安排农业生产布局和调整农业生产结构提供科学依据，土地利用现状调查的数据和图件资料；还直接为农业生产单位制定生产计划、组织田间生产管理、农田基本建设等服务，为农地评价服务。



3. 为建立土地登记、土地统计制度服务

通过土地利用现状调查，查清村、农、林、牧、渔场，居民点外的厂矿、部队、学校等基层单位的权属性质、权属界线及面积和各地类面积，为初始土地登记、统计创造前提条件，为国家和经济部门提供最新的土地统计资料，从而为土地登记、统计制度服务。

4. 为土地利用动态监测提供基本数据

地籍管理调查的各类数据，可以实时、动态地为土地利用动态监测提供基本数据，做到随时变更、随时调查。

5. 为编制土地利用总体规划和全面管理土地服务

县级土地利用总体规划需要土地利用现状调查提供基本土地信息。土地利用现状调查还为全面管好用好土地服务，为地籍管理、土地利用管理、土地权属管理、建设用地管理、土地监察等提供最基础的土地信息资料，为建立土地管理档案服务。

### 3.2.2 土地利用现状调查的原则

为保质保量顺利完成调查任务，必须遵循下列根据客观规律总结出来的调查原则。

1. 实事求是的原则

查清我国土地资源的家底，国家需要投入巨大的人力、物力和财力，因此，在调查过程中，一定要坚持实事求是的原则。

2. 全面、科学调查的原则

土地利用现状调查的对象和范围是全国土地，要严格按照《土地利用现状调查技术规程》的规定和精度要求进行。

3. 一查多用的原则

要充分发挥土地利用现状调查成果的作用，为各个部门提供服务，成为多用途、多目的的土地信息系统。

### 3.2.3　土地利用现状调查的内容和要求

1. 内容

包括地类调查和权属调查。地类调查覆盖全部调查范围，其中城市、建制镇、独立工矿、农村居民点、盐田、特殊用地按照地类图斑处理，待城镇地籍调查时进行调查统计或细分。权属调查对城镇、建制镇以外的农村集体土地所有权和国有土地使用权进行调查。

2. 要求

充分利用已有土地调查成果，主要包括土地利用数据库和土地利用现状图件。采用内、外业相结合的技术方法。调查的权属和地类界线位置准确，认定正确，表示规范。实地调查必须做到走到、看清、问明、记全、画准。

与影像对比，调绘、标绘的各种明显界线移位不得大于图上±0.3 mm，不明显界线移位不得大于图上±0.5 mm。



### 3.2.4　土地利用现状调查基本程序

1. 资料准备

主要有调查工作底图，原有土地利用现状调查资料，包括土地权属资料、土地利用图件、变更图件和数据库，其他相关辅助资料，包括农用地转用、建设用地审批、土地开发整理复垦、生态退耕及开发园区资料、基本农田规划资料等。

2. 外业调绘路线确定

综合分析调查区土地利用情况和遥感影像特征，研究确定外业调绘路线。要求外业路线尽可能涵盖调查区所有地类，遍历所有土地利用图斑，合理安排次序和时间，达到路线的最优化。

3. 权属界线复核

携带调查工作底图和原有权属协议书、争议原由书、土地利用图件及相关辅助材料等资料，会同土地权利相关各方对权属界线进行复核，如有必要需到实地指界确认。结合实地权属界线复核，可同时对附近地类进行调绘。

4. 地类调绘

按照既定的外业调绘路线，参考原有土地利用图件，将调查区内的土地利用图斑、线状地物和零星地物调绘到调查工作底图上，并对影像与实地不一致的内容以实地为准进行补测。做到走到、看清、问明、记全。

5. 内业工作阶段

(1)内业整饰。包括底图的转绘接边和图件的清绘、整饰两项内容。航片转绘是将外业调绘与补测成果转绘、清绘到内业薄膜底图上的工作。其成果包括土地利用现状图、权属界线图和原始工作底图。应用地形图或正射影像资料图(片)调绘的,不存在纠正转绘这道工序,称之为转描(透绘)成图。转绘目的是消除调绘时用的单张中心投影未纠正航片的倾斜误差、投影误差、比例尺变化等;变中心投影为正射投影,归化航片的比例尺等。可以用航片的平面图或影像地图作为底图,也可以用地形图作为底图,方法可分为:图解转绘法(即根据已知同名地物点进行图解转绘)和仪器转绘法等。

(2)土地利用数据库建设。数据库建设包括图形库和属性库的建设,按照《县(市)级土地利用数据库标准》和《县(市)级土地利用数据库建设技术规范(试用)》,利用外业调查成果,对前期预处理的矢量数据进行修改整理、图形和属性数据的录入与编辑、图形和属性数据的联接以及入库运行。

(3)图件输出。图件比例尺:乡级的比例尺一般为1∶1万或1∶2.5万;县级的比例尺一般为1∶5万或1∶10万。图件形式包括标准分幅、挂(岛)图和土地利用分区图及其他派生图。

(4)面积量算与汇总统计。即运用几何原理,微积分原理计算面积。目前,量算方法有直接量算、图上量算和计算机量算。面积量算遵循以图幅为基本控制,分幅进行量算,按面积比例进行平差,自下而上逐级汇总的原则。



(5)编写土地利用现状调查报告。现状调查报告应该为真实的记录,要求对整个调查工作有系统的工作总结和技术性的总结。报告内容中应该包括相关的内容。

6. 成果整理和检查验收归档阶段

检查验收制度采用土地调查采用省县乡三级作业组检查,省县二级验收,即作业组自检互检,县检查验收,省检查验收的制度。由县级国土资源行政主管部门以报告形式申请省级国土资源行政主管部门检查验收。执行标准为《土地利用现状调查技术规程》及国家与各地的各项补充规定。然后对成果质量进行评价,综合考虑外业成果质量、航片转绘质量、面积统计精度、图件成果质量和调查报告质量等。最后进行成果归档和成果汇总。

## 3.3 地籍调查

### 3.3.1 地籍调查相关概念

(1)地籍调查是国家采用科学方法,依照有关法定程序,通过权属调查和地籍测量,查清土地的位置、权属、界线、数量和用途等基本情况,并以图、簿、册示之,在此基础上进行土地登记。

(2)地籍调查的对象:宗地,土地权属界址线封闭的地块或空间。

①在地籍子区内,划分国有土地使用权宗地和集体土地所有权宗地。在集体土地所

有权宗地内，划分集体建设用地使用权宗地、宅基地使用权宗地。

②两个或两个以上农民集体共同所有的地块，且土地所有权界线难以划清的，应设为共有宗。

③两个或两个以上权利人共同使用的地块，且土地使用权界线难以划清的，应设为共用宗。

④土地权属有争议的地块可设为一宗地。

⑤公用广场、停车场、市政道路、公共绿地、市政设施用地、城市(镇、村)内部公用地、空闲地等可单独设立宗地。

(3)地籍调查的类型。

①按照调查的先后工作重点分权属调查和地籍测量。

②按照时期与任务分地籍总调查和日常地籍调查。

地籍总调查指在一定时间内，对辖区内或者特定区域内土地进行的全面地籍调查。日常地籍调查指因宗地设立、灭失、界址调整及其他地籍信息的变更而开展的地籍调查。二者是互相影响互为基础的统一体。

(4)地籍调查的内容。

①土地权属调查。权属调查是对土地权属单位的土地权属来源及其权利所及的位置、界址、数量和用途等基本情况进行的实地核实、调查与记录。调查的成果经过土地产权人认可，可为地籍测量、权属审核和登记发证，提供法律效力的文书凭证。权属调查的核心是界址调查。



权属调查的主要内容包括土地权利人、土地权属性质及来源、土地位置、土地用途和其他方面。调查核实土地权利人的姓名或者土地权利人的名称、单位性质、行业代码、组织机构代码、法定代表人(或负责人)姓名及其身份证明、代理人姓名及其身份证明等；调查核实土地的权属来源证明材料、土地权属性质、使用权类型、使用期限等；对土地所有权宗地调查核实宗地四至，所在乡(镇)、村的名称，所在图幅等；对土地使用权宗地调查核实土地坐落、宗地四至、所在图幅等；调查核实土地的批准用途和实际用途，对土地使用权宗地，根据土地权属来源材料或用地批准文件确定批准用途，并现场调查确定实际用途。对集体土地所有权宗地，不调查批准用途和实际用途。宗地内各种地类的面积及其分布直接引用已有土地利用现状调查成果；调查核实土地的共有共用、土地权利限制等情况。

权属调查的程序主要包括权属审核(即审核登记申请材料的齐备性、合法性及权利人的资格)和实地调查确权(即现场明确土地的权属、界线等并定界)两部分。

②地籍测量。地籍测量是指地籍调查中对各宗地的具体位置、权属界线、界址点和面积等进行的测绘工作。地籍测量虽然侧重于宗地权属信息的测量，但它同时又遵循一般测量中的“先控制，后碎部，从高级到低级，由整体到局部”的施测原则。由于地籍测量是以权属调查为先导，并在其基础上完成的一种测绘工作，因此测量结果一经登记具有法律效力。

因为地籍测量的特殊作用，其测量过程具有一些固有的特点。

a. 测量内容特殊：一般包括地籍要素和地形要素的测量。

b. 比例尺较大。

c. 测量结果一经登记具有法律效力。

d. 现势性：即测量的主要成果应该具有准确性、现势性，如果发生变更，则应当随时进行变更调查和测量。

### 3.3.2 地籍总调查

地籍总调查包括准备工作、土地权属调查、地籍测量、检查验收、成果资料整理与归档、数据库与地籍信息系统建设等工作。

1. 准备工作

地籍总调查由县级以上地方人民政府组织。县级以上地方人民政府应成立专门的领导小组，领导小组负责组织制订工作计划，编制技术设计书，负责地籍总调查的宣传、培训和试点工作。工作计划的内容应包括调查的范围、任务、方法、经费、时间、步骤、人员和组织等。技术设计书的主要内容包括调查范围、技术路线和程序、技术要求和成果质量控制等。

收集、整理土地权属来源资料。包括土地审批、征收、转用、划拨或出让、转让、登记以及土地勘测定界等资料；履行指界程序形成的地籍调查表、土地权属界线协议书等地籍调查成果；县级以上人民政府国土资源主管部门的土地权属争议调解书；县级以上人民政府或者相关行政主管部门的批准文件、处理决定；人民法院的判决书、裁定书或者调解书。



收集整理有关测绘资料。包括航空正射影像、航天正射影像、地形图、控制网点和其他已有图件等。

收集整理土地调查、土地规划等资料。包括文字报告、图件(如土地利用现状图、已有地籍图、土地利用总体规划图、城市总体规划图等)、数据库等。

收集整理其他资料。包括行政区划、自然地理、社会经济、房屋普查、标准地名等资料。

准备表册、仪器、软件等硬件工具。

2. 地籍区和地籍子区划分

在县级行政辖区内，以乡(镇)、街道界线为基础结合明显线性地物划分地籍区；在地籍区内，以行政村、居委会或街坊界线为基础结合明显线性地物划分地籍子区；地籍区、地籍子区划定后，其数量和界线应保持稳定，原则上不随所依附界线或线性地物的变化而调整。

3. 土地权属调查

(1)宗地代码。宗地代码采用五层19位层次码结构，按层次分别表示县级行政区划、地籍区、地籍子区、土地权属类型、宗地顺序号。

①第一层次为县级行政区划，代码为6位，采用《中华人民共和国行政区划代码》(GB/T 2260)。

②第二层次为地籍区，代码为3位，用阿拉伯数字表示。

③第三层次为地籍子区，代码为3位，用阿拉伯数字表示。

④第四层次为土地权属类型，代码为2位。其中，第一位表示土地所有权类型，用G、J、Z表示，“G”表示国家土地所有权，“J”表示集体土地所有权，“Z”表示土地所有权争议；第二位表示宗地特征码，用A、B、S、X、C、W、Y表示，“A”表示集体土地所有权宗地，“B”表示建设用地使用权宗地(地表)，“S”表示建设用地使用权宗地(地上)，“X”表示建设用地使用权宗地(地下)，“C”表示宅基地使用权宗地，“W”表示使用权未确定或有争议的土地，

“Y”表示其他土地使用权宗地,用于宗地特征扩展。

⑤第五层次为宗地顺序号,代码为5位,用00001~99999表示,在相应的宗地特征码后编码。

(2)界址点号

①在地籍子区的范围内,应对界址点统一编号,并保证界址点号唯一。

②在地籍调查表和宗地草图中,可采用地籍子区范围内统一编制的界址点号;也可以宗地为单位,从左上角按顺时针方向,从“1”开始编制界址点号。

③解析界址点编号可采用J1、J2、……表示,图解界址点编号可采用T1、T2、……表示。

④界址变更后,新增界址点号在地籍子区内最大界址点号后续编,废弃的界址点号不再使用。

(3)土地权属状况调查。土地权属调查内容包括以下几方面。

①土地权利人。调查核实土地权利人的姓名或者土地权利人的名称、单位性质、行业代码、组织机构代码、法定代表人(或负责人)姓名及其身份证明、代理人姓名及其身份证明等。

②土地权属性质及来源。调查核实土地的权属来源证明材料、土地权属性质、使用权类型、使用期限等。

③土地位置。对土地所有权宗地,调查核实宗地四至,所在乡(镇)、村的名称,所在图幅等。对土地使用权宗地,调查核实土地坐落、宗地四至、所在图幅等。



④土地用途。调查核实土地的批准用途和实际用途。

⑤其他。包括土地的共有共用、土地权利限制等情况。

(4)地籍测量

①地籍控制测量(cadastral control survey)。地籍控制测量是地籍图的数学基础,是关系到界址点精度等全局性的技术环节。因此,测绘过程中应遵循“精心设计、从高到低、分级布网、严密实施”的要求。地籍测量控制通常包括基本控制测量和图根控制测量。基本控制可采用三角网、线形锁、导线和导线网等方法。近几年来,GPS控制已经被许多地籍测绘部门采用。

②界址点(boundary mark)测量。《城镇地籍调查规程》中规定界址点的测量可以采用解析、图解等方法。现代地籍测量通常采用野外直接采集角度和距离来解算界址点坐标的解析法测量。解析法的施测方法通常包括极坐标法、直角坐标法等诸多方法,具体应用过程中可以根据实际情况,多种方法配合,灵活运用。

③地籍图(cadastral map)成图。地籍图的内容包括行政区划要素、地籍要素、地形要素、数学要素和图廓要素。地籍图的测绘方法有全野外数字测图和数字摄影测量成图。全野外数字测图方法用于测绘1∶500、1∶1 000、1∶2 000比例尺地籍图;测量工具主要包括全站仪、钢尺和GPS接收机等。数字摄影测量方法可用于所有比例尺地籍图的测绘;根据工作底图、土地权属调查成果和地形要素调绘成果,对规定的内容和表示方法等进行编辑处理生成地籍图;正射影像制作、野外调绘、像片控制以及数字摄影测量的据图技术要求应根据测图比例尺,按照地形图航空摄影测量内业规范(GB/T 7930、GB/T 12340、GB/T 13390)、地形图航空摄影测量外业规范(GB/T 7931、GB/T 12341、GB/T 13977)和地形图航空摄影测量数字化测图规范(GB/T 15967)等标准执行。

④面积量算。面积量算是在地籍测量的基础上，根据界址点的坐标、边长等解析数据和地籍原图，选择一定的方法，求算宗地的面积，进而获得各级行政单位、权属单位的土地总面积和分类土地面积的数据资料。面积量算可采用“整体到局部、逐级控制、步步检核”的原则进行，具体遵循“图幅控制、分级量算、按比例尺平差、逐级汇总”的原则。量算的方法包括：解析法、图解法及解析图解综合法三种。实际工作中，根据需要，灵活采用。图解法计算的宗地面积，应在地籍调查表的说明栏注明：“本宗地面积为图解面积”，条件许可时，应采用解析法计算的面积代替图解法计算的面积。量算面积项目有：县级行政区面积、乡级行政区面积、行政村面积、地籍区面积、地籍子区面积、宗地面积、地类图斑面积、建筑占地面积和建筑面积等。

(5)检查验收。地籍总调查成果实行三级检查、一级验收的“三检一验”制度。即作业员的自检、作业队(组)的互检、作业单位的专检和国土资源主管部门的验收。“三检”工作由作业单位组织实施，接受县级国土资源主管部门的监督和指导。检查、验收过程应有记录，专检和验收结束后应编写检查(验收)报告。地籍总调查成果的验收由省级国土资源主管部门组织实施。

(6)成果资料整理与归档。国土资源主管部门应建立地籍调查档案管理制度，明确地籍调查档案整理、归档、管理和使用。在地籍调查工作结束后，应该对成果资料进行整理归档。



地籍调查成果应该包括纸质等实物资料和电子数据，包括文字、图件、簿册和数据等。文字资料包括工作方案、技术方案、工作报告、技术报告等；图件资料包括地籍工作底图、地籍图、宗地图等；簿册资料包括地籍调查外业记录手簿、地籍控制测量原始记录与平差资料、地籍测量原始记录、地籍调查表册、各级质量控制检查记录资料等；电子数据包括地籍数据库、数字地籍图、数字宗地图、影像数据、电子表格数据、文本数据、界址点坐标数据、土地分类面积统计汇总数据等。

成果资料整理应查核资料是否齐全、是否符合要求，凡发现资料不全、不符合要求的，应进行补充修正。按照统一的规格、要求进行整理、立卷、组卷、编目、归档等。

### 3.3.3 日常地籍调查

因宗地设立、灭失、界址调整及其他地籍信息的变更而开展的地籍调查，目的是为了地籍成果的日常更新与维护，从而保证地籍资料的时效性、现势性。日常地籍调查主要工作包括准备工作，日常土地权属调查，日常地籍测量，成果资料的检查、整理、变更与归档等工作。

1. 准备工作

(1)资料准备。

①根据日常地籍调查任务，做好土地权属来源等相关资料的收集、整理和分析工作。

②根据有关规定，制作发送地籍调查资料协助查询单到国土、房产、规划等行政主管部门的档案室或在数据库中查询、核对并获取被调查对象的档案资料和数据，并要求出具证明或在资料复印件上加盖档案资料专用章。档案查阅的类型包括：土地登记、抵押、查封、地役权和土地权利限制等情况，集体土地征收、转用和审批情况，土地供应情况，相邻土地权利人的情况，相关控制点、界址点坐标，其他需要了解的情况。

(2)技术准备。

①档案资料、数据的分析与整理。

②发放指界通知书。

③计算测量放样数据。

④地籍调查表、绘图工具、测量仪器等。

⑤调查人员的身份证明等。

2. 日常土地权属调查

日常土地权属调查包括:核实指界人的身份;对照权属来源资料和档案资料、数据,现场核实土地权属状况;对界址线有争议、界标发生变化和新设界标等情况,应现场记录并拍摄照片;县级行政区界线变化引起宗地代码变化的,在确定新移交宗地的地籍区和地籍子区后,重编宗地编码,并在原地籍调查表复印件的宗地编码位置上加盖"变更"字样印章,在地籍调查变更记事栏注明新的宗地编码。

3. 日常地籍测量

日常地籍测量包括界址检查、界址放样与测量、地形要素测量、宗地面积计算和日常地籍测量报告编制等工作。

(1)界址检查。解析法测量的界址点,如检查值与原值的差数在规定的允许误差范围内,则不修改原来数据,如检查值与原值的误差超过规定的允许误差,经分析确系原有技术原因造成的,经相关土地权利人同意后,重新进行界址测量,并说明原因。如界标丢失、损坏或移位,应恢复原界址点位置,并说明原因。有解析坐标且精度规定要求的,应按照原解析界址点精度的要求进行界址放样,并重新设立界标;只有图解坐标的,不得通过界址放样恢复界址点位置,应根据宗地草图、土地权属界线协议书、土地权属争议原由书等资料,采用放样、勘丈等方法放样复位,重新设立界标。



(2)界址放样与界址测量。新设界址点按照规定进行界址测量;界址发生变化的,经现场指界后进行界址测量;宗地分割或界址调整的,可根据给定的分割或调整几何参数,计算界址点放样元素,实地放样测设新界址点的位置并埋设界标;也可在权利人的同意下,预先设置界标,然后测量界标的坐标。

(3)地形要素变更测量。对地貌、地物的变化部分按照规定进行变更测量。

(4)宗地面积计算与变更

①根据实际情况可采用坐标法或几何要素法计算宗地面积。

②面积变更采取高精度代替低精度的原则,即用高精度的面积值取代低精度的面积值;原面积计算有误的,在确认重新量算的面积值正确后,须以新面积值取代原面积值。

③变更前后均为解析法量算的宗地面积,如原界址点坐标或界址点间距满足精度要求,则保持原宗地面积不变。

④变更前为图解法量算的宗地面积,变更后为解析法量算的宗地面积,用解析法量算的宗地面积取代原宗地面积。

⑤变更前后均为图解法量算的宗地面积,两次面积量算差值满足5.3.4.2规定限差要求的,保持原宗地面积不变;两次面积差值超限的,应查明原因,取正确值。

⑥对宗地进行分割,分割后宗地面积之和与原宗地面积的差值满足规定限差要求的,

将差值按分割宗地面积比例配赋到变更后的宗地面积，如差值超限，则应查明原因，取正确值。

## 3.4 土地统计

土地统计是以数据、图形为主要形式，对土地的数量、质量、分布、权属、利用状况及动态变化等进行的调查、整理、分析和预测的全过程。因为土地是人类赖以生存和发展的物质基础，是重要的生产资料，土地资源的数量、质量分布体现着国家的国情与国力，土地资源的作用和管理关系着社会经济的可持续发展，所以，土地统计是社会经济统计的重要组成部分，是土地管理工作中不可或缺的内容。

### 3.4.1 土地统计的含义和特点

1. 土地统计的含义

土地统计包括三个含义，即土地统计资料、土地统计工作、土地统计科学。三者之间是相互依存、彼此促进的作用。



土地统计资料是土地统计工作的成果，土地统计科学是土地统计工作的经验总结与理论概括；反之，土地统计科学又为土地统计工作的实践提供理论依据，指导、推动土地统计工作的开展。总之，三者之间体现了理论与实践的关系。

2. 土地统计的特点

(1)数量的地域性。土地位置的固定性决定了土地统计的数据只是反映特定范围内的土地统计信息。

(2)统计数据、图件与实地的一致性。土地数量的变化意味者土地权属、地界等的变化，相关的图、表、卡、簿、册必须一同改变，这样才可以保证统计资料的真实可靠。

(3)总面积的稳定性。土地的非再生性决定了土地在一定区域内的总面积不发生变化。

(4)质量的相对性。土地统计中的质量仅仅是一定时期、一定区域、一定用途下的土地质量。

### 3.4.2 土地统计的对象、任务与法律依据

1. 土地统计的对象

土地统计的对象为中华人民共和国版图内的全部土地。统计的主要内容有土地面积、土地质量、土地分布、土地权属及利用状况。

2. 土地统计的任务

(1)维护土地的社会主义公有制。

(2)及时、准确地掌握土地资源的构成、利用现状和动态变化。

(3)为各级政府及其部门制定政策提供依据。

(4)为加强土地管理提供可靠的资料。

3. 土地统计的法律依据

《中华人民共和国土地管理法》《中华人民共和国统计法》及国务院有关批件。

## 3.4.3　土地统计的内容

土地统计包括土地统计设计、土地统计调查、土地统计整理和土地统计分析等几方面。

1. 土地统计设计

土地统计设计是为实现土地统计的研究任务,根据土地的性质和特点,考虑土地统计的地域性和不同地区土地利用情况,以及整个地区的土地管理工作、环境保护、城市建设规划的协调发展而进行的土地统计指标体系的建立,土地统计资料的收集、汇总、整理、分析研究、统计预测,以及土地统计资料的提供应用、保管、公布等工作的总称。

2. 土地统计调查

土地统计调查是根据土地统计任务的要求,采用科学方法,有计划、有组织地从调查单位收集土地变化的原始资料(即土地数据和图件),运用统一的指标体系对有关的现象数据进行调查、记载的过程。它是整个统计工作质量的前提与保证。

土地统计调查方式包括定期报表和专门调查两种方式,专门调查包括普查、重点调查、抽样调查、统计报表四种方式。

3. 土地统计整理

土地统计整理即根据土地统计研究的目的和任务,对土地统计调查取得的各项原始资料进行审核、汇总,使其系统化、条理化,从而得出反映土地资源总体特征的综合资料,或者对已加工过的资料进行再整理。

土地统计整理在整个统计过程中起着承前启后的作用。它是土地调查的深入与继续,又是土地统计分析的基础和前提,决定着土地统计资料的科学价值,直接影响着土地统计分析的结论。

4. 土地统计分析

土地统计分析是土地统计过程的最后阶段,是土地统计的重要组成部分。它以统计科学理论为指导,运用统计学的方法,对土地的统计数据进行分析研究,说明土地利用、使用和开发管理的情况,揭示土地的内在本质和规律,并提出土地资源与社会发展矛盾的解决方法。

统计分析包括:对整理的成果进一步加工,计算各种指标;从总体的特殊性中找到总体的一般表现;对现象的总结判断和评价;推论预测土地的未来情况。

## 3.4.4　土地统计制度

1. 初始和日常土地统计制度

我国的现行的土地统计制度,是依照国家《统计法》《土地法》和其他的有关行政规定制定的,包括初始和日常的土地统计制度以及土地报表制度。

(1)初始土地统计(initial land statistics)　初始土地统计是土地统计工作的起点,是在某一时间点上首先开展的土地统计。土地利用现状调查成果和土地初始登记文件都是初始土地统计的重要信息来源。

(2)日常土地统计(daily land statistics) 日常土地统计是在初始土地统计的基础上的对土地变化状况所进行的统计。日常统计是土地统计的重要环节,是保证土地信息更新的常规方法,也是对土地管理工作成果的反馈和统计监督。

2. 基层土地统计和国家土地统计

(1)基层土地统计(Local Land Statistics)。基层土地统计指县级以下的单位及其他非农业建设的用地单位等所从事的基层土地统计工作,包括年报、专题研究、初始和经常的土地统计、土地统计原始调查记录表的建立和管理,以及各项土地统计制度的执行和完善。

(2)国家土地统计(National Land Statistics)。国家土地统计是县级以上土地管理部门进行的土地统计设计、调查、整理和分析等全部土地统计工作。它包括:土地统计的有关制度与方法的设计;按国家统一制定的土地统计报表制度定期完成《土地利用现状变更表》的填报和汇总;检查和监督国家下达的用地计划执行情况,为国家制定政策、编制规划提供土地信息等方面的工作。

(3)基层统计报表。基层统计报表是以地类图斑或地块为单位进行填报,为完成国家《土地利用现状变更表》的填报提供准确的土地数据。



基层土地统计报表有:土地变更调查记录表、土地统计台账、土地统计簿、年内地类变化平衡表。

## 【基本知识练习】

**一、判断题**

1. 土地条件调查包括土地自然要素的调查和土地利用现状的调查。( )

2. 土地权属调查的主要内容包括:宗地位置、界线、权属和使用状况等调查。( )

3. 土地调查是对土地数量、质量、利用方式,权属状况及其空间分布等各种数据进行的科学调查,是地籍管理的基础。( )

4. 地籍调查即是权属调查工作。( )

5. 我国土地统计包括初始和变更的土地统计制度。( )

答案:1~5 √√√××

**二、单项选择题**

1. 下列不属于地籍按功能分类的是( )。

A. 税收地籍 B. 产权地籍 C. 多用途地籍 D. 常规地籍

2. 地籍档案的鉴定工作就是对地籍档案( )的鉴定。

A. 使用价值 B. 保存价值 C. 真实性 D. 完整状况

3. 地籍调查的基本单位是( )。

A. 县 B. 一宗地 C. 省 D. 某一级别土地

4. 下列属于土地的社会经济条件调查的是( )。

A. 水资源调查 B. 劳动力调查 C. 特种土宜调查 D. 植被调查

5. 下列属于土地自然要素调查的是( )。

A. 地形调查　　　B. 交通状况调查　　C. 供水设施调查　　D. 能源调查

6. 地籍是记载土地的(　　)等基本状况的簿册。

A. 位置与界址　　B. 数量与质量　　C. 权属关系　　D. 用途

7. 地籍的功能包括(　　)和地籍的多目标服务功能。

A. 地籍的税收功能　　　　　　　B. 地籍的产权保护功能

C. 地籍的土地正常交易维护功能　D. 地籍的土地管理功能

8. 地籍管理必须遵循(　　)基本原则。

A. 地籍管理必须按照国家规定的统一法规制度实施

B. 保证地籍资料的系统性、连续性和现实性

C. 保证地籍资料的可靠性和准确性

D. 保证地籍资料的概括性和完整性

9. 土地统计包括三方面的含义,即(　　)。

A. 土地统计工作　B. 土地统计资料　C. 土地统计报告　D. 土地统计科学

10. 地籍调查包括(　　)。

A. 土地调查　　B. 权属调查　　C. 地籍测量　　D. 环境调查

答案:1～5　DBBBA　6. ABCD　7. ABCD　8. ABCD　9. ABD　10. BC



## 【延伸阅读】

1. 网站推荐:中国地籍网 http://www.diji.com.cn/dj/index.jhtml,全国第二土地调查成果网 http://www.mlr.gov.cn/tdzt/tdgl/decdc/。

2. 宗地草图和土地权属界线图示例。

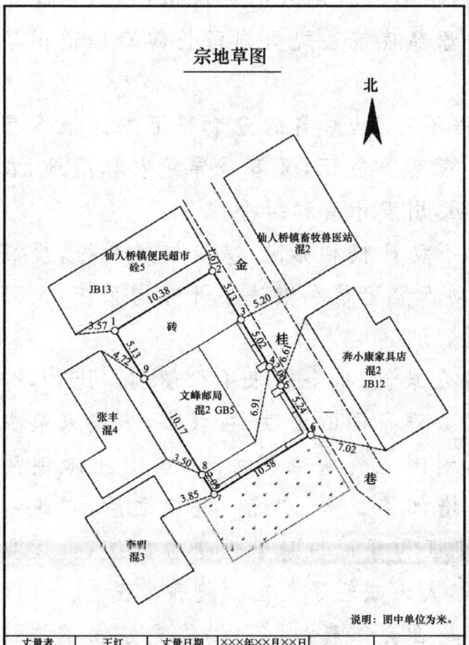


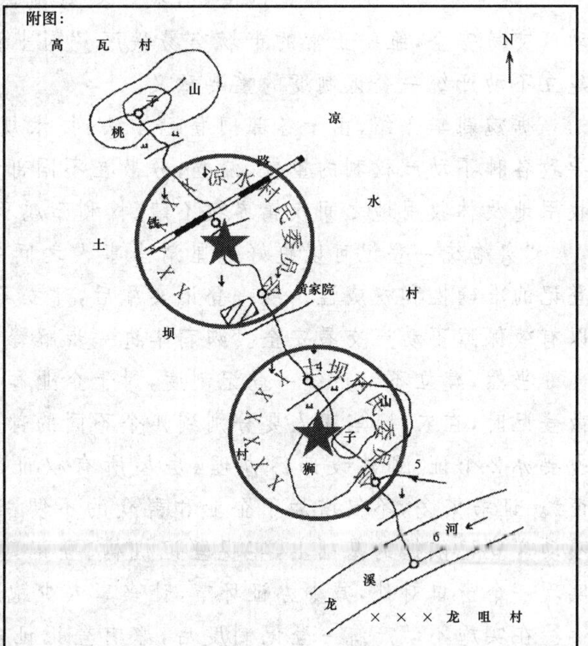

Chapter 4

# 第 4 章 不动产登记

## 【导入案例】

### 不动产统一登记意味着什么

1. 不动产登记为了谁

“建立不动产统一登记制度，有利于更好地保护不动产权利人的合法财产权，保障不动产交易安全，维护正常的市场交易秩序。”国土资源部政策法规司副司长魏莉华道出了建立不动产统一登记制度的重要意义。

据魏莉华介绍，由于各部门登记方法、技术规程不一致，原有的分散登记方式很容易导致各种不动产权利的重叠、漏登；分散在不同部门管理和登记，又容易导致农林用地、农牧用地及林牧用地之间权属界线不清、权利归属不明，引发矛盾和纠纷。

“实施统一登记可以更好地厘清当事人之间的不动产权利界限，减少权属纠纷，提高登记的准确性和权威性。统一登记实施后，建立不动产登记信息依法公开查询系统，又可以有效保障不动产交易安全。”魏莉华进一步解释说。

当然，建立不动产统一登记制度，对于企业和群众来说，也会带来不少便利。比如，分散登记时，在农村，当事人要分别到 4 个不同的部门办理不同的证件；在城市，当事人最少也要办 2 个证：到建设部门办理《房屋所有权证》，到国土资源部门办理《国有土地使用证》。证书繁多，不仅增加了企业和群众的不便，还增加了成本。“统一登记之后，在统一不动产登记依据的基础上，实现登记机构、登记簿册证和登记信息管理平台的统一，逐步实现一个窗口对外，减少办证环节，让当事人少跑路，大大减轻了负担。”魏莉华说。

在实施不动产统一登记制度后，原有登记证书是否会作废？《条例》将充分保护和稳定物权。“不动产统一登记是行政管理体制改革的重要内容，目的是提高行政效率，而不是对产权关系进行调整。”《条例》中明确指出，不动产权利人已经依法享有的不动产权利，不因登记机构和登记程序的改变而受到影响；《条例》实施前依法颁发的各类不动产权属证书和制作的不动产登记簿继续有效。

2. 登记信息如何共享

《条例》要求，国务院国土资源主管部门应当会同有关部门建立统一的不动产登记信息管理基础平台，各级不动产登记机构登记的信息应当纳入该平台，确保国家、省(区市)、市、县四级登记信息实时共享。这也是《条例》中的一项重要内容。《条例》要求，不动产登记有关信息与住房城乡建设、农业、林业、海洋等部门审批信息、交易信息等应当实时互通共享。不动产登记机构能够通过实时互通共享取得的信息，不得要求不动产登记申请人重复提交。这一制度设计，既方便群众依法查询不动产登记资料，也便于机构高效开展登记审核工作，最大限度保证登记内容的真实性和市场交易安全。

在信息平台投入运行前，各地要全面清理、整理不动产登记历史资料，整合本地区土地、房屋、林地、草原、海域存量登记数据，建立关联关系，健全完善不动产登记信息数据库。信息平台投入运行后，各地应根据当地信息化工作基础，及早对各类不动产登记操作系统软件进行融合、对接，形成统一发证的业务操作系统软件；支持与本级国土、住建、农业、林业、海洋等部门的业务协同，提供本级登记信息查询服务；并按照信息平台统一技术要求，预留接口，做好准备，一旦成熟，及时接入信息平台，并将本地区日常不动产登记信息实时纳入信息平台。此外，之前外界将“以人查房”作为不动产登记的主要看点，认为可以用姓名查询的方式获得他人的房产信息。但是，《条例》全文并没有提到有关“以人查房”的内容。



## 【讨论】

不动产登记的意义，你认为对房地产市场会产生影响吗？

## 【学习任务】

1. 掌握不动产统一登记内容和程序
2. 掌握不动产统一登记类型
3. 了解不动产统一登记意义
4. 了解不动产统一登记簿填写说明

## 【知识内容】

## 4.1 概 述

### 4.1.1 不动产统一登记意义

建立不动产统一登记制度、整合不动产登记职责，是国务院机构改革和职能转变方案的重要内容，也是推进简政放权、减少多头管理、逐步实现一个窗口对外的有效举措，对于保护权利人合法财产权，提高政府治理效率和水平，尤其是方便企业、方便群众，具有重要意义。这项制度的设置初衷，是为了健全不动产相关基础性制度。党的十八届三中全会提出要发挥市场在资源配置中的决定性作用，而实行市场经济的基本前提是产权清晰。然而当下不动产产权性质复杂、品种繁多，一方面是包括商品房、房改房等城市国有用地；另一方面是包含宅基地和自留地、自留山等农村集体用地，还有草原、滩涂、林地等多种形式的不动产，登记制度五花八门，管理机制各不相同。而不动产不仅是多数公众最大的财富体现，也是市场经济环境下最重要的交易物品和衡量指标。只有明确不动产的归属，不动产权利人的合法利益才能受到保护，市场交易的效率和安全才有更高保证。整合不动产登记职责，建立不动产统一登记制度，其目的和意义突出表现为以下几方面。

(1)为了更好地保护不动产权利人合法财产权。统一登记后，可以减少甚至杜绝类似问题发生，更好地理清当事人之间的不动产权利界限、减少权属纠纷、提高登记的准确性和权威性，更好地维护当事人的不动产物权。

(2)提高政府治理效率和水平。多个部门都在办理不动产登记，各个部门都配备一套专门的人员、机构、场所以及设施设备等，国家不仅为此多支付很多人力、物力成本，而且各部门之间的职能交叉容易导致部门间的争权夺利或者扯皮推诿，降低行政办事效率，甚至严重影响政府的形象。实行统一登记，将房屋、林地、草原、土地以及海域登记的职责整合由一个部门承担，可以减少部门职责交叉和分散，从而大大减少政府行政成本，提高办事效率，提高政府的公信力。



(3)方便企业、方便群众，减轻当事人的负担。分散登记时，在农村，当事人要分别到4个不同的部门办理4个不同的证件：《房屋所有权证》《集体土地使用证》《农村土地承包经营权证》《林权证》。城市居民和企业则最少要办两个证：《房屋所有权证》《国有土地使用证》。统一登记之后，将分散在多个部门的不动产登记职责整合由一个部门承担，可以大大减轻当事人负担。

(4)保障不动产交易安全，维护正常的市场交易秩序。原来由于房地分别登记，导致房屋和土地分离的现象十分严重。不仅权利人办理登记不方便，而且交易相对人查询登记资料不容易，了解交易标的权利状况很困难。在房地产抵押时，要分别到房产部门和国土部门办理房屋抵押登记和土地抵押登记。实践中利用房屋和土地分别抵押骗取银行贷款的案例时有发生。统一登记之后，建立不动产登记信息依法公开查询系统，将有效保障不动产交易安全，维护不动产市场的正常交易秩序。

### 4.1.2 不动产登记概念

不动产登记，是指不动产登记机构依法将不动产权利归属和其他法定事项记载于不动产登记簿的行为。不动产，是指土地、海域以及房屋、林木等定着物。房屋等建筑物、构筑物和森林、林木等定着物应当与其所依附的土地、海域一并登记，保持权利主体一致。

### 4.1.3　登记机构

国务院国土资源主管部门负责指导、监督全国不动产登记工作。县级以上地方人民政府应当确定一个部门为本行政区域的不动产登记机构，负责不动产登记工作，并接受上级人民政府不动产登记主管部门的指导、监督。

不动产登记由不动产所在地的县级人民政府不动产登记机构办理；直辖市、设区的市人民政府可以确定本级不动产登记机构统一办理所属各区的不动产登记。

跨县级行政区域的不动产登记，由所跨县级行政区域的不动产登记机构分别办理。不能分别办理的，由所跨县级行政区域的不动产登记机构协商办理；协商不成的，由共同的上一级人民政府不动产登记主管部门指定办理。

国务院确定的重点国有林区的森林、林木和林地，国务院批准项目用海、用岛，中央国家机关使用的国有土地等不动产登记，由国务院国土资源主管部门会同有关部门规定。

### 4.1.4　不动产登记簿

不动产以不动产单元为基本单位进行登记。不动产单元，是指权属界线封闭且具有独立使用价值的空间。没有房屋等建筑物、构筑物以及森林、林木定着物的，以土地、海域权属界线封闭的空间为不动产单元；有房屋等建筑物、构筑物以及森林、林木定着物的，以该房屋等建筑物、构筑物以及森林、林木定着物与土地、海域权属界线封闭的空间为不动产单元。这里的房屋，包括独立成幢、权属界线封闭的空间，以及区分套、层、间等可以独立使用、权属界线封闭的空间。



不动产单元具有唯一编码。不动产登记机构应当按照国务院国土资源主管部门的规定设立统一的不动产登记簿。不动产登记簿以宗地或者宗海为单位编成，一宗地或者一宗海范围内的全部不动产单元编入一个不动产登记簿。不动产登记簿应当记载以下事项。

(1)不动产的坐落、界址、空间界限、面积、用途等自然状况。

(2)不动产权利的主体、类型、内容、来源、期限、权利变化等权属状况。

(3)涉及不动产权利限制、提示的事项。

(4)其他相关事项。

不动产登记簿应当采用电子介质，暂不具备条件的，可以采用纸质介质。不动产登记机构应当明确不动产登记簿唯一、合法的介质形式。不动产登记簿采用电子介质的，应当定期进行异地备份，并具有唯一、确定的纸质转化形式。

采用纸质介质不动产登记簿的，应当配备必要的防盗、防火、防渍、防有害生物等安全保护设施。采用电子介质不动产登记簿的，应当配备专门的存储设施，并采取信息网络安全防护措施，保证电子数据安全。任何单位和个人不得擅自复制或者篡改不动产登记簿信息。

不动产登记簿由不动产登记机构永久保存。不动产登记簿损毁、灭失的，不动产登记机构应当依据原有登记资料予以重建。行政区域变更或者不动产登记机构职能调整的，应当及时将不动产登记簿移交相应的不动产登记机构。

### 4.1.5 不动产登记程序

1. 申请

当事人或者其代理人当到不动产登记机构办公场所申请不动产登记。申请不动产登记的，申请人应当填写登记申请书，并提交身份证明以及相关申请材料。当事人可以委托他人代为申请不动产登记。代理申请不动产登记的，代理人应当向不动产登记机构提供被代理人签字或者盖章的授权委托书。自然人处分不动产，委托代理人申请登记的，应当与代理人共同到不动产登记机构现场签订授权委托书，但授权委托书经公证的除外。境外申请人委托他人办理处分不动产登记的，其授权委托书应当按照国家有关规定办理认证或者公证。

不动产登记机构将申请登记事项记载于不动产登记簿前，申请人可以撤回登记申请。因买卖、设定抵押权等申请不动产登记的，应当由当事人双方共同申请。属于下列情形之一的，可以由当事人单方申请。

(1)尚未登记的不动产首次申请登记的。



(2)继承、接受遗赠取得不动产权利的。

(3)人民法院、仲裁委员会生效的法律文书或者人民政府生效的决定等设立、变更、转让、消灭不动产权利的。

(4)权利人姓名、名称或者自然状况发生变化，申请变更登记的。

(5)不动产灭失或者权利人放弃不动产权利，申请注销登记的。

(6)申请更正登记或者异议登记的。

(7)法律、行政法规规定可以由当事人单方申请的其他情形。

申请人应当提交下列材料，并对申请材料的真实性负责。申请材料应当提供原件。因特殊情况不能提供原件的，可以提供复印件，复印件应当与原件保持一致。

(1)登记申请书。

(2)申请人、代理人身份证明材料、授权委托书。

(3)相关的不动产权属来源证明材料、登记原因证明文件、不动产权属证书。

(4)不动产界址、空间界限、面积等材料。

(5)与他人利害关系的说明材料。

(6)法律、行政法规以及本条例实施细则规定的其他材料。

不动产登记机构应当在办公场所和门户网站公开申请登记所需材料目录和示范文本等信息。

2. 受理

不动产登记机构收到不动产登记申请材料，属于登记职责范围，申请材料齐全、符合法定形式，或者申请人按照要求提交全部补正申请材料的，应当受理并书面告知申请人；申请材料存在可以当场更正的错误的，应当告知申请人当场更正，申请人当场更正后，应当受理并书面告知申请人；申请材料不齐全或者不符合法定形式的，应当当场书面告知申请人不予受理并一次性告知需要补正的全部内容;申请登记的不动产不属于本机构登记范围的,应当当场书面告知申请人不予受理并告知申请人向有登记权的机构申请。不动产登记机构未当场书面告知申请人不予受理的,视为受理。

3. 公告

有下列情形之一的,不动产登记机构应当在登记事项记载于登记簿前进行公告,但涉及国家秘密的除外。

(1)政府组织的集体土地所有权登记。

(2)宅基地使用权及房屋所有权,集体建设用地使用权及建筑物、构筑物所有权,土地承包经营权等不动产权利的首次登记。

(3)依职权更正登记。

(4)依职权注销登记。

(5)法律、行政法规规定的其他情形。

公告应当在不动产登记机构门户网站以及不动产所在地等指定场所进行,公告期不少于15个工作日。公告所需时间不计算在登记办理期限内。公告期满无异议或者异议不成立的,应当及时记载于不动产登记簿。不动产登记公告的主要内容包括如下方面。

(1)拟予登记的不动产权利人的姓名或者名称。

(2)拟予登记的不动产坐落、面积、用途、权利类型等。

(3)提出异议的期限、方式和受理机构。

(4)需要公告的其他事项。

4. 查验

不动产登记机构受理不动产登记申请的,应当按照下列要求进行查验。

(1)不动产界址、空间界限、面积等材料与申请登记的不动产状况是否一致。

(2)有关证明材料、文件与申请登记的内容是否一致。

(3)登记申请是否违反法律、行政法规规定。

属于下列情形之一的,不动产登记机构可以对申请登记的不动产进行实地查看。

(1)房屋等建筑物、构筑物所有权首次登记。

(2)在建建筑物抵押权登记。

(3)因不动产灭失导致的注销登记。

(4)不动产登记机构认为需要实地查看的其他情形。

对可能存在权属争议,或者可能涉及他人利害关系的登记申请,不动产登记机构可以向申请人、利害关系人或者有关单位进行调查。不动产登记机构进行实地查看或者调查时,申请人、被调查人应当予以配合。

5. 登记

不动产登记机构应当自受理登记申请之日起30个工作日内办结不动产登记手续,法律另有规定的除外。登记事项自记载于不动产登记簿时完成登记。登记申请有下列情形之一的,不动产登记机构应当不予登记,并书面告知申请人。

(1)违反法律、行政法规规定的。

(2)存在尚未解决的权属争议的。

(3)申请登记的不动产权利超过规定期限的。

(4)法律、行政法规规定不予登记的其他情形。

6. 发证

不动产登记机构应当根据不动产登记簿,填写并核发不动产权属证书或者不动产登记证明。除办理抵押权登记、地役权登记和预告登记、异议登记,向申请人核发不动产登记证明外,不动产登记机构应当依法向权利人核发不动产权属证书。不动产权属证书和不动产登记证明,应当加盖不动产登记机构登记专用章。不动产权属证书和不动产登记证明样式,由国土资源部统一规定。

申请共有不动产登记的,不动产登记机构向全体共有人合并发放一本不动产权属证书;共有人申请分别持证的,可以为共有人分别发放不动产权属证书。共有不动产权属证书应当注明共有情况,并列明全体共有人。

不动产权属证书或者不动产登记证明污损、破损的,当事人可以向不动产登记机构申请换发。符合换发条件的,不动产登记机构应当予以换发,并收回原不动产权属证书或者不动产登记证明。不动产权属证书或者不动产登记证明遗失、灭失,不动产权利人申请补发的,由不动产登记机构在其门户网站上刊发不动产权利人的遗失、灭失声明 15 个工作日后,予以补发。不动产登记机构补发不动产权属证书或者不动产登记证明的,应当将补发不动产权属证书或者不动产登记证明的事项记载于不动产登记簿,并在不动产权属证书或者不动产登记证明上注明“补发”字样。



因不动产权利灭失等情形,不动产登记机构需要收回不动产权属证书或者不动产登记证明的,应当在不动产登记簿上将收回不动产权属证书或者不动产登记证明的事项予以注明;确实无法收回的,应当在不动产登记机构门户网站或者当地公开发行的报刊上公告作废。

### 4.1.6 登记类型

1. 不动产首次登记

不动产首次登记,主要是指不动产权利的第一次记载于不动产登记簿,如实践中的总登记和初始登记。未办理不动产首次登记的,不得办理不动产其他类型登记,但法律、行政法规另有规定的除外。市、县人民政府可以根据情况对本行政区域内未登记的不动产,组织开展集体土地所有权、宅基地使用权、集体建设用地使用权、土地承包经营权的首次登记。

2. 变更登记

变更登记主要针对不动产权利人的姓名或者不动产坐落等发生变化的情形。下列情形之一的,不动产权利人可以向不动产登记机构申请变更登记。

(1)权利人的姓名、名称、身份证明类型或者身份证明号码发生变更的。

(2)不动产的坐落、界址、用途、面积等状况变更的。

(3)不动产权利期限、来源等状况发生变化的。

(4)同一权利人分割或者合并不动产的。

(5)抵押担保的范围、主债权数额、债务履行期限、抵押权顺位发生变化的。

(6)最高额抵押担保的债权范围、最高债权额、债权确定期间等发生变化的。

(7)地役权的利用目的、方法等发生变化的。

(8)共有性质发生变更的。

(9)法律、行政法规规定的其他不涉及不动产权利转移的变更情形。

3. 转移登记

转移登记主要针对不动产权属发生转移的,如买卖、继承、赠与、以不动产作价入股等,这是最为普遍的一种登记类型。因下列情形导致不动产权利转移的,当事人可以向不动产登记机构申请转移登记。

(1)买卖、互换、赠与不动产的。

(2)以不动产作价出资(入股)的。

(3)法人或者其他组织因合并、分立等原因致使不动产权利发生转移的。

(4)不动产分割、合并导致权利发生转移的。

(5)继承、受遗赠导致权利发生转移的。

(6)共有人增加或者减少以及共有不动产份额变化的。

(7)因人民法院、仲裁委员会的生效法律文书导致不动产权利发生转移的。

(8)因主债权转移引起不动产抵押权转移的。

(9)因需役地不动产权利转移引起地役权转移的。

(10)法律、行政法规规定的其他不动产权利转移情形。

4. 注销登记

注销登记,适用于不动产权利灭失的情形。有下列情形之一的,当事人可以申请办理注销登记。

(1)不动产灭失的。

(2)权利人放弃不动产权利的。

(3)不动产被依法没收、征收或者收回的。

(4)人民法院、仲裁委员会的生效法律文书导致不动产权利消灭的。

(5)法律、行政法规规定的其他情形。

5. 更正登记

更正登记,一般是指登记机构根据当事人的申请或者依职权对登记簿的错误记载事项进行更正的行为。当不动产登记簿记载的事项有误或有遗漏时,由不动产权利人和利害关系人申请或不动产登记主管部门依职权更正原登记内容的登记。依申请更正登记:权利人、利害关系人认为不动产登记簿记载错误,申请更正登记的,应当提交证明不动产登记簿记载错误的材料;利害关系人申请更正登记的,还应当提供权利人同意更正的证明材料。依职权更正登记流程如下。

不动产权属证书或者不动产登记证明填制错误以及不动产登记机构在办理更正登记中,需要更正不动产权属证书或者不动产登记证明内容的,应当书面通知权利人换发,并把换发不动产权属证书或者不动产登记证明的事项记载于登记簿。不动产登记簿记载无误的,不动产登记机构不予更正,并书面通知申请人。

不动产登记机构发现不动产登记簿记载的事项错误，应当通知当事人在30个工作日内办理更正登记。当事人逾期不办理的，不动产登记机构应当在公告15个工作日后，依法予以更正；但在错误登记之后已经办理了涉及不动产权利处分的登记、预告登记和查封登记的除外。

6. 异议登记

异议登记，是指登记机构将事实上的权利人以及利害关系人对不动产登记簿记载的权利所提出的异议申请记载于不动产登记簿的行为，是在更正登记不能获得权利人同意后的补救措施。利害关系人认为不动产登记簿记载的事项错误，权利人不同意更正的，利害关系人可以申请异议登记。利害关系人申请异议登记的，应当提交下列材料：①证实对登记的不动产权利有利害关系的材料。②证实不动产登记簿记载的事项错误的材料。③其他必要材料。

有下列情形之一的，异议登记申请人或者土地登记簿记载的土地权利人可以持相关材料申请注销异议登记：①异议登记申请人在异议登记之日起15日内没有起诉的。②人民法院对异议登记申请人的起诉不予受理的。③人民法院对异议登记申请人的诉讼请求不予支持的。



不动产登记机构受理异议登记申请的，应当将异议事项记载于不动产登记簿，并向申请人出具异议登记证明。异议登记申请人应当在异议登记之日起15日内，提交人民法院受理通知书、仲裁委员会受理通知书等提起诉讼、申请仲裁的材料；逾期不提交的，异议登记失效。异议登记失效后，申请人就同一事项以同一理由再次申请异议登记的，不动产登记机构不予受理。异议登记期间，不动产登记簿上记载的权利人以及第三人因处分权利申请登记的，不动产登记机构应当书面告知申请人该权利已经存在异议登记的有关事项。申请人申请继续办理的，应当予以办理，但申请人应当提供知悉异议登记存在并自担风险的书面承诺。

7. 预告登记

预告登记，是为保全一项以将来发生的不动产物权变动为目的的请求权的不动产登记。当事人签订买卖房屋或者其他不动产物权的协议，为保障将来实现物权，而按照约定可以向登记机关申请预告登记。对符合预告登记条件的，国土资源行政主管部门应当将相关事项记载于土地登记簿，并向申请人颁发预告登记证明。有下列情形之一的，当事人可以按照约定申请不动产预告登记：①商品房等不动产预售的。②不动产买卖、抵押的。③以预购商品房设定抵押权的。④法律、行政法规规定的其他情形。

预告登记生效期间，未经预告登记的权利人书面同意，处分该不动产权利申请登记的，不动产登记机构应当不予办理。预告登记后，债权未消灭且自能够进行相应的不动产登记之日起3个月内，当事人申请不动产登记的，不动产登记机构应当按照预告登记事项办理相应的登记。

预告登记后，债权消灭或者自能够进行土地登记之日起3个月内当事人未申请土地登记的，预告登记失效。预告登记期间，未经预告登记权利人同意，不得办理土地权利的变更登记或者土地抵押权、地役权登记。

申请预购商品房的预告登记，应当提交材料：①已备案的商品房预售合同。②当事人关于预告登记的约定。③其他必要材料。预售人和预购人订立商品房买卖合同后，预售人未按照约定与预购人申请预告登记，预购人可以单方申请预告登记。预购人单方申请预购商品房预告登记，预售人与预购人在商品房预售合同中对预告登记附有条件和期限的，预购人应当提交相应材料。申请预告登记的商品房已经办理在建建筑物抵押权首次登记的，当事人应当一并申请在建建筑物抵押权注销登记，并提交不动产权属转移材料、不动产登记证明。不动产登记机构应当先办理在建建筑物抵押权注销登记，再办理预告登记。

申请不动产转移预告登记的，当事人应当提交材料：①不动产转让合同。②转让方的不动产权属证书。③当事人关于预告登记的约定。④其他必要材料。

抵押不动产，申请预告登记的，当事人应当提交材料：①抵押合同与主债权合同。②不动产权属证书。③当事人关于预告登记的约定。④其他必要材料。

预告登记未到期，有下列情形之一的，当事人可以持不动产登记证明、债权消灭或者权利人放弃预告登记的材料，以及法律、行政法规规定的其他必要材料申请注销预告登记：①预告登记的权利人放弃预告登记的。②债权消灭的。③法律、行政法规规定的其他情形。

8. 查封登记

查封登记，是指不动产登记机构根据人民法院等提供的查封裁定书和协助执行通知书，将查封的情况在不动产登记簿上加以记载的行为。国土资源行政主管部门应当根据人民法院提供的查封裁定书和协助执行通知书，报经人民政府批准后将查封或者预查封的情况在土地登记簿上加以记载。



国土资源行政主管部门在协助人民法院执行土地使用权时，不对生效法律文书和协助执行通知书进行实体审查。国土资源行政主管部门认为人民法院的查封、预查封裁定书或者其他生效法律文书错误的，可以向人民法院提出审查建议，但不得停止办理协助执行事项。

对被执行人因继承、判决或者强制执行取得，但尚未办理变更登记的土地使用权的查封，国土资源行政主管部门依照执行查封的人民法院提交的被执行人取得财产所依据的继承证明、生效判决书或者执行裁定书及协助执行通知书等，先办理变更登记手续后，再行办理查封登记。土地使用权在预查封期间登记在被执行人名下的，预查封登记自动转为查封登记。

两个以上人民法院对同一宗土地进行查封的，国土资源行政主管部门应当为先送达协助执行通知书的人民法院办理查封登记手续，对后送达协助执行通知书的人民法院办理轮候查封登记，并书面告知其该土地使用权已被其他人民法院查封的事实及查封的有关情况。轮候查封登记的顺序按照人民法院送达协助执行通知书的时间先后进行排列。查封法院依法解除查封的，排列在先的轮候查封自动转为查封；查封法院对查封的土地使用权全部处理的，排列在后的轮候查封自动失效；查封法院对查封的土地使用权部分处理的，对剩余部分，排列在后的轮候查封自动转为查封。

查封、预查封期限届满或者人民法院解除查封的，查封、预查封登记失效，国土资源行政主管部门应当注销查封、预查封登记。对被人民法院依法查封、预查封的土地使用权，在查封、预查封期间，不得办理土地权利的变更登记或者土地抵押权、地役权登记。

## 4.2 不动产权利登记

### 4.2.1 不动产权利登记内容

不动产登记包括：不动产首次登记、变更登记、转移登记以及注销登记；其他特殊登记类型包括更正登记、异议登记、预告登记、查封登记等。下列不动产权利，依照规定办理登记。

(1)集体土地所有权。

(2)房屋等建筑物、构筑物所有权。

(3)森林、林木所有权。

(4)耕地、林地、草地等土地承包经营权。

(5)建设用地使用权。

(6)宅基地使用权。

(7)海域使用权。

(8)地役权。

(9)抵押权。

(10)法律规定需要登记的其他不动产权利。

### 4.2.2 集体土地所有权登记

1. 申请人

集体土地所有权登记，依照下列规定提出申请。

(1)土地属于村农民集体所有的，由村集体经济组织代为申请，没有集体经济组织的，由村民委员会代为申请。

(2)土地分别属于村内两个以上农民集体所有的，由村内各集体经济组织代为申请，没有集体经济组织的，由村民小组代为申请。

(3)土地属于乡(镇)农民集体所有的，由乡(镇)集体经济组织代为申请。

2. 提交材料

(1)申请集体土地所有权首次登记的，应当提交材料：土地权属来源材料，权籍调查表、宗地图以及宗地界址点坐标，其他必要材料。

(2)农民集体因互换、土地调整等原因导致集体土地所有权转移，申请集体土地所有权转移登记的，应当提交材料：不动产权属证书，互换、调整协议等集体土地所有权转移的材料，本集体经济组织 2/3 以上成员或者 2/3 以上村民代表同意的材料，其他必要材料。

(3)申请集体土地所有权变更、注销登记的，应当提交材料：不动产权属证书；集体土地所有权变更、消灭的材料，其他必要材料。

### 4.2.3　国有建设用地使用权及房屋所有权登记

1. 申请人

(1)依法取得国有建设用地使用权，包含地上或者地下单独设立国有建设用地使用权，可以单独申请国有建设用地使用权登记。

(2)依法利用国有建设用地建造房屋的，可以申请国有建设用地使用权及房屋所有权登记。

2. 提交材料

(1)申请国有建设用地使用权首次登记，应当提交下列材料：土地权属来源材料，权籍调查表、宗地图以及宗地界址点坐标，土地出让价款、土地租金、相关税费等缴纳凭证，其他必要材料。

土地权属来源材料，根据权利取得方式的不同，包括国有建设用地划拨决定书、国有建设用地使用权出让合同、国有建设用地使用权租赁合同以及国有建设用地使用权作价出资(入股)、授权经营批准文件。

(2)申请国有建设用地使用权及房屋所有权首次登记的，应当提交下列材料：不动产权属证书或者土地权属来源材料、建设工程符合规划的材料、房屋已经竣工的材料、房地产调查或者测绘报告、相关税费缴纳凭证、其他必要材料。

办理房屋所有权首次登记时，申请人应当将建筑区划内依法属于业主共有的道路、绿地、其他公共场所、公用设施和物业服务用房及其占用范围内的建设用地使用权一并申请登记为业主共有。业主转让房屋所有权的，其对共有部分享有的权利依法一并转让。

(3)申请国有建设用地使用权及房屋所有权变更登记的，应当根据不同情况，提交材料：不动产权属证书，发生变更的材料，有批准权的人民政府或者主管部门的批准文件，国有建设用地使用权出让合同或者补充协议，国有建设用地使用权出让价款、税费等缴纳凭证，其他必要材料。

(4)申请国有建设用地使用权及房屋所有权转移登记的，应当根据不同情况，提交材料：不动产权属证书；买卖、互换、赠与合同，继承或者受遗赠的材料，分割、合并协议，人民法院或者仲裁委员会生效的法律文书，有批准权的人民政府或者主管部门的批准文件，相关税费缴纳凭证，其他必要材料。

不动产买卖合同依法应当备案的，申请人申请登记时须提交经备案的买卖合同。

### 4.2.4　宅基地使用权及房屋所有权登记

1. 申请人

依法取得宅基地使用权，可以单独申请宅基地使用权登记。

依法利用宅基地建造住房及其附属设施的，可以申请宅基地使用权及房屋所有权登记。

2. 提交材料

(1)申请宅基地使用权及房屋所有权首次登记的,应当根据不同情况,提交下列材料:申请人身份证和户口簿,不动产权属证书或者有批准权的人民政府批准用地的文件等权属来源材料,房屋符合规划或者建设的相关材料,权籍调查表、宗地图、房屋平面图以及宗地界址点坐标等有关不动产界址、面积等材料,其他必要材料。

(2)因依法继承、分家析产、集体经济组织内部互换房屋等导致宅基地使用权及房屋所有权发生转移申请登记的,申请人应当根据不同情况,提交材料:不动产权属证书或者其他权属来源材料、依法继承的材料、分家析产的协议或者材料、集体经济组织内部互换房屋的协议、其他必要材料。

(3)申请宅基地等集体土地上的建筑物区分所有权登记的,参照国有建设用地使用权及建筑物区分所有权的规定办理登记。

### 4.2.5 集体建设用地使用权及建筑物、构筑物所有权登记

1. 申请人

依法取得集体建设用地使用权,可以单独申请集体建设用地使用权登记。



依法利用集体建设用地兴办企业,建设公共设施,从事公益事业等的,可以申请集体建设用地使用权及地上建筑物、构筑物所有权登记。

2. 提交材料

(1)申请集体建设用地使用权及建筑物、构筑物所有权首次登记的,申请人应当根据不同情况,提交下列材料:有批准权的人民政府批准用地的文件等土地权属来源材料,建设工程符合规划的材料,权籍调查表、宗地图、房屋平面图以及宗地界址点坐标等有关不动产界址、面积等材料,建设工程已竣工的材料,其他必要材料。

集体建设用地使用权首次登记完成后,申请人申请建筑物、构筑物所有权首次登记的,应当提交享有集体建设用地使用权的不动产权属证书。

(2)申请集体建设用地使用权及建筑物、构筑物所有权变更登记、转移登记、注销登记的,申请人应当根据不同情况,提交材料:不动产权属证书,集体建设用地使用权及建筑物、构筑物所有权变更、转移、消灭的材料,其他必要材料。

因企业兼并、破产等原因致使集体建设用地使用权及建筑物、构筑物所有权发生转移的,申请人应当持相关协议及有关部门的批准文件等相关材料,申请不动产转移登记。

### 4.2.6 土地承包经营权登记

1. 申请人

承包农民集体所有的耕地、林地、草地、水域、滩涂以及荒山、荒沟、荒丘、荒滩等农用地,或者国家所有依法由农民集体使用的农用地从事种植业、林业、畜牧业、渔业等农业生产的,可以申请土地承包经营权登记;地上有森林、林木的,应当在申请土地承包经营权登记时一并申请登记。

以承包经营以外的合法方式使用国有农用地的国有农场、草场，以及使用国家所有的水域、滩涂等农用地进行农业生产，可以申请国有农用地的使用权登记的。国有农场、草场申请国有未利用地登记的，依照前款规定办理。

国有林地使用权登记，应当提交有批准权的人民政府或者主管部门的批准文件，地上森林、林木一并登记。

2. 首次登记

依法以承包方式在土地上从事种植业或者养殖业生产活动的，可以申请土地承包经营权的首次登记。

以家庭承包方式取得的土地承包经营权的首次登记，由发包方持土地承包经营合同等材料申请。

以招标、拍卖、公开协商等方式承包农村土地的，由承包方持土地承包经营合同申请土地承包经营权首次登记。

3. 变更登记

已经登记的土地承包经营权有下列情形之一的，承包方应当持原不动产权属证书以及其他证实发生变更事实的材料，申请土地承包经营权变更登记。

(1)权利人的姓名或者名称等事项发生变化的。

(2)承包土地的坐落、名称、面积发生变化的。

(3)承包期限依法变更的。

(4)承包期限届满，土地承包经营权人按照国家有关规定继续承包的。

(5)退耕还林、退耕还湖、退耕还草导致土地用途改变的。

(6)森林、林木的种类等发生变化的。

(7)法律、行政法规规定的其他情形。

4. 转移登记

已经登记的土地承包经营权发生下列情形之一的，当事人双方应当持互换协议、转让合同等材料，申请土地承包经营权的转移登记。

(1)互换。

(2)转让。

(3)因家庭关系、婚姻关系变化等原因导致土地承包经营权分割或者合并的。

(4)依法导致土地承包经营权转移的其他情形。

以家庭承包方式取得的土地承包经营权，采取转让方式流转的，还应当提供发包方同意的材料。

5. 注销登记

已经登记的土地承包经营权发生下列情形之一的，承包方应当持不动产权属证书、证实灭失的材料等，申请注销登记。

(1)承包经营的土地灭失的。

(2)承包经营的土地被依法转为建设用地的。

(3)承包经营权人丧失承包经营资格或者放弃承包经营权的。

(4)法律、行政法规规定的其他情形。

### 4.2.7 海域使用权登记

1. 申请人

依法取得海域使用权，可以单独申请海域使用权登记。依法使用海域，在海域上建造建筑物、构筑物的，应当申请海域使用权及建筑物、构筑物所有权登记。申请无居民海岛登记的，参照海域使用权登记有关规定办理。

2. 首次登记

申请海域使用权首次登记的，应当提交下列材料。

(1)项目用海批准文件或者海域使用权出让合同。

(2)宗海图以及界址点坐标。

(3)海域使用金缴纳或者减免凭证。

(4)其他必要材料。

3. 变更登记

有下列情形之一的，申请人应当持不动产权属证书、海域使用权变更的文件等材料，申请海域使用权变更登记。



(1)海域使用权人姓名或者名称改变的。

(2)海域坐落、名称发生变化的。

(3)改变海域使用位置、面积或者期限的。

(4)海域使用权续期的。

(5)共有性质变更的。

(6)法律、行政法规规定的其他情形。

4. 转移登记

有下列情形之一的，申请人可以申请海域使用权转移登记。

(1)因企业合并、分立或者与他人合资、合作经营、作价入股导致海域使用权转移的。

(2)依法转让、赠与、继承、受遗赠海域使用权的。

(3)因人民法院、仲裁委员会生效法律文书导致海域使用权转移的。

(4)法律、行政法规规定的其他情形。

申请海域使用权转移登记的，申请人应当提交下列材料。

(1)不动产权属证书。

(2)海域使用权转让合同、继承材料、生效法律文书等材料。

(3)转让批准取得的海域使用权，应当提交原批准用海的海洋行政主管部门批准转让的文件。

(4)依法需要补交海域使用金的，应当提交海域使用金缴纳的凭证。

(5)其他必要材料。

5. 注销登记

申请海域使用权注销登记的，申请人应当提交下列材料。

(1)原不动产权属证书。

(2)海域使用权消灭的材料。

(3)其他必要材料。

因围填海造地等导致海域灭失的，申请人应当在围填海造地等工程竣工后，依照本实施细则规定申请国有土地使用权登记，并办理海域使用权注销登记。

## 4.2.8　地役权登记

1. 首次登记

按照约定设定地役权，当事人可以持需役地和供役地的不动产权属证书、地役权合同以及其他必要文件，申请地役权首次登记。

地役权登记，不动产登记机构应当将登记事项分别记载于需役地和供役地登记簿。供役地、需役地分属不同不动产登记机构管辖的，当事人应当向供役地所在地的不动产登记机构申请地役权登记。供役地所在地不动产登记机构完成登记后，应当将相关事项通知需役地所在地不动产登记机构，并由其记载于需役地登记簿。

地役权设立后，办理首次登记前发生变更、转移的，当事人应当提交相关材料，就已经变更或者转移的地役权，直接申请首次登记。

2. 变更登记

经依法登记的地役权发生下列情形之一的，当事人应当持地役权合同、不动产登记证明和证实变更的材料等必要材料，申请地役权变更登记。

(1)地役权当事人的姓名或者名称等发生变化。

(2)共有性质变更的。

(3)需役地或者供役地自然状况发生变化。

(4)地役权内容变更的。

(5)法律、行政法规规定的其他情形。

供役地分割转让办理登记，转让部分涉及地役权的，应当由受让人与地役权人一并申请地役权变更登记。

3. 转移登记

已经登记的地役权因土地承包经营权、建设用地使用权转让发生转移的，当事人应当持不动产登记证明、地役权转移合同等必要材料，申请地役权转移登记。

申请需役地转移登记的，或者需役地分割转让，转让部分涉及已登记的地役权的，当事人应当一并申请地役权转移登记，但当事人另有约定的除外。当事人拒绝一并申请地役权转移登记的，应当出具书面材料。不动产登记机构办理转移登记时，应当同时办理地役权注销登记。

4. 注销登记

已经登记的地役权，有下列情形之一的，当事人可以持不动产登记证明、证实地役权发生消灭的材料等必要材料，申请地役权注销登记。

(1)地役权期限届满。

(2)供役地、需役地归于同一人。

(3)供役地或者需役地灭失。

(4)人民法院、仲裁委员会的生效法律文书导致地役权消灭。

(5)依法解除地役权合同。

(6)其他导致地役权消灭的事由。

### 4.2.9 抵押权登记

1. 首次登记

对下列财产进行抵押的,可以申请办理不动产抵押登记。

(1)建设用地使用权。

(2)建筑物和其他土地附着物。

(3)海域使用权。

(4)以招标、拍卖、公开协商等方式取得的荒地等土地承包经营权。

(5)正在建造的建筑物。

(6)法律、行政法规未禁止抵押的其他不动产。

以建设用地使用权、海域使用权抵押的,该土地、海域上的建筑物、构筑物一并抵押;以建筑物、构筑物抵押的,该建筑物、构筑物占用范围内的建设用地使用权、海域使用权一并抵押。



自然人、法人或者其他组织为保障其债权的实现,依法以不动产设定抵押的,可以由当事人持不动产权属证书、抵押合同与主债权合同等必要材料,共同申请办理抵押登记。

抵押合同可以是单独订立的书面合同,也可以是主债权合同中的抵押条款。

同一不动产上设立多个抵押权的,不动产登记机构应当按照受理时间的先后顺序依次办理登记,并记载于不动产登记簿。当事人对抵押权顺位另有约定的,从其规定办理登记。

2. 变更登记

有下列情形之一的,当事人应当持不动产权属证书、不动产登记证明、抵押权变更等必要材料,申请抵押权变更登记。

(1)抵押人、抵押权人的姓名或者名称变更的。

(2)被担保的主债权数额变更的。

(3)债务履行期限变更的。

(4)抵押权顺位变更的。

(5)法律、行政法规规定的其他情形。

因被担保债权主债权的种类及数额、担保范围、债务履行期限、抵押权顺位发生变更申请抵押权变更登记时,如果该抵押权的变更将对其他抵押权人产生不利影响的,还应当提交其他抵押权人书面同意的材料与身份证或者户口簿等材料。

3. 转移登记

因主债权转让导致抵押权转让的,当事人可以持不动产权属证书、不动产登记证明、被担保主债权的转让协议、债权人已经通知债务人的材料等相关材料,申请抵押权的转移登记。

4. 注销登记

有下列情形之一的，当事人可以持不动产登记证明、抵押权消灭的材料等必要材料，申请抵押权注销登记。

(1)主债权消灭。

(2)抵押权已经实现。

(3)抵押权人放弃抵押权。

(4)法律、行政法规规定抵押权消灭的其他情形。

5. 最高额抵押权

设立最高额抵押权的，当事人应当持不动产权属证书、最高额抵押合同与一定期间内将要连续发生的债权的合同或者其他登记原因材料等必要材料，申请最高额抵押权首次登记。当事人申请最高额抵押权首次登记时，同意将最高额抵押权设立前已经存在的债权转入最高额抵押担保的债权范围的，还应当提交已存在债权的合同以及当事人同意将该债权纳入最高额抵押权担保范围的书面材料。

有下列情形之一的，当事人应当持不动产登记证明、最高额抵押权发生变更的材料等必要材料，申请最高额抵押权变更登记。

(1)抵押人、抵押权人的姓名或者名称变更的。

(2)债权范围变更的。

(3)最高债权额变更的。

(4)债权确定的期间变更的。

(5)抵押权顺位变更的。

(6)法律、行政法规规定的其他情形。

因最高债权额、债权范围、债务履行期限、债权确定的期间发生变更申请最高额抵押权变更登记时，如果该变更将对其他抵押权人产生不利影响的，当事人还应当提交其他抵押权人的书面同意文件与身份证或者户口簿等。

当发生导致最高额抵押权担保的债权被确定的事由，从而使最高额抵押权转变为一般抵押权时，当事人应当持不动产登记证明、最高额抵押权担保的债权已确定的材料等必要材料，申请办理确定最高额抵押权的登记。

最高额抵押权发生转移的，应当持不动产登记证明、部分债权转移的材料、当事人约定最高额抵押权随同部分债权的转让而转移的材料等必要材料，申请办理最高额抵押权转移登记。

债权人转让部分债权，当事人约定最高额抵押权随同部分债权的转让而转移的，应当分别申请下列登记。

(1)当事人约定原抵押权人与受让人共同享有最高额抵押权的，应当申请最高额抵押权的转移登记。

(2)当事人约定受让人享有一般抵押权、原抵押权人就扣减已转移的债权数额后继续享有最高额抵押权的，应当申请一般抵押权的首次登记以及最高额抵押权的变更登记。

(3)当事人约定原抵押权人不再享有最高额抵押权的，应当一并申请最高额抵押权确定登记以及一般抵押权转移登记。最高额抵押权担保的债权确定前，债权人转让部分债权的，除当事人另有约定外，不动产登记机构不得办理最高额抵押权转移登记。

6. 在建建筑物抵押

以建设用地使用权以及全部或者部分在建建筑物设定抵押的，应当一并申请建设用地使用权以及在建建筑物抵押权的首次登记。在建建筑物，是指正在建造、尚未办理所有权首次登记的房屋等建筑物。当事人申请在建建筑物抵押权首次登记时，抵押财产不包括已经办理预告登记的预购商品房和已经办理预售备案的商品房。

申请在建建筑物抵押权首次登记的，当事人应当提交下列材料。

(1)抵押合同与主债权合同。

(2)享有建设用地使用权的不动产权属证书。

(3)建设工程规划许可证。

(4)其他必要材料。

在建建筑物抵押权变更、转移或者消灭的，当事人应当提交下列材料，申请变更登记、转移登记、注销登记。

(1)不动产登记证明。

(2)在建建筑物抵押权发生变更、转移或者消灭的材料。

(3)其他必要材料。



在建建筑物竣工，办理建筑物所有权首次登记时，当事人应当申请将在建建筑物抵押权登记转为建筑物抵押权登记。

申请预购商品房抵押登记，应当提交材料：①抵押合同与主债权合同。②预购商品房预告登记材料。③其他必要材料。预购商品房办理房屋所有权登记后，当事人应当申请将预购商品房抵押预告登记转为商品房抵押权首次登记。

## 4.3 不动产登记资料和法律责任

### 4.3.1 不动产登记资料

1. 内容

(1)不动产登记簿等不动产登记结果。

(2)不动产登记原始资料，包括不动产登记申请书、申请人身份材料、不动产权属来源、登记原因、不动产权籍调查成果等材料以及不动产登记机构审核材料。

2. 管理

不动产登记资料由不动产登记机构管理。不动产登记机构应当建立不动产登记资料管理制度以及信息安全保密制度，建设符合不动产登记资料安全保护标准的不动产登记资料存放场所。

不动产登记资料中属于归档范围的，按照相关法律、行政法规的规定进行归档管理，具体办法由国土资源部会同国家档案主管部门另行制定。

不动产登记机构应当加强不动产登记信息化建设，按照统一的不动产登记信息管理基础平台建设要求和技术标准，做好数据整合、系统建设和信息服务等工作，加强不动产登记信息产品开发和技术创新，提高不动产登记的社会综合效益。各级不动产登记机构应当采取措施保障不动产登记信息安全。任何单位和个人不得泄露不动产登记信息。

不动产登记机构、不动产交易机构建立不动产登记信息与交易信息互联共享机制，确保不动产登记与交易有序衔接。不动产交易机构应当将不动产交易信息及时提供给不动产登记机构。不动产登记机构完成登记后，应当将登记信息及时提供给不动产交易机构。

3. 查询

国家实行不动产登记资料依法查询制度。权利人、利害关系人按规定可依法查询、复制不动产登记资料的，应当到具体办理不动产登记的不动产登记机构申请。权利人可以查询、复制其个人不动产登记资料。因不动产交易、继承、诉讼等涉及的利害关系人可以查询、复制不动产自然状况、权利人及其不动产查封、抵押、预告登记、异议登记等状况。

人民法院、人民检察院、国家安全机关、监察机关等可以依法查询、复制与调查和处理事项有关的不动产登记资料。其他有关国家机关执行公务依法查询、复制不动产登记资料的，依照本条规定办理。涉及国家秘密的不动产登记资料的查询，按照保守国家秘密法的有关规定执行。

对符合规定的查询申请，不动产登记机构应当当场提供查询；因情况特殊，不能当场提供查询的，应当在5个工作日内提供查询。查询人查询不动产登记资料，应当在不动产登记机构设定的场所进行。不动产登记原始资料不得带离设定的场所。查询人在查询时应当保持不动产登记资料的完好，严禁遗失、拆散、调换、抽取、污损登记资料，也不得损坏查询设备。查询人可以查阅、抄录不动产登记资料。查询人要求复制不动产登记资料的，不动产登记机构应当提供复制。查询人要求出具查询结果证明的，不动产登记机构应当出具查询结果证明。查询结果证明应注明查询目的及日期，并加盖不动产登记机构查询专用章。



权利人、利害关系人申请查询、复制不动产登记资料应当提交下列材料。

(1)查询申请书。

(2)查询目的的说明。

(3)申请人的身份材料。

(4)利害关系人查询的，提交证实存在利害关系的材料。

权利人、利害关系人委托他人代为查询的，还应当提交代理人的身份证明材料、授权委托书。权利人查询其不动产登记资料无需提供查询目的的说明。有关国家机关查询的，应当提供本单位出具的协助查询材料、工作人员的工作证。

有下列情形之一的，不动产登记机构不予查询，并书面告知理由。

(1)申请查询的不动产不属于不动产登记机构管辖范围的。

(2)查询人提交的申请材料不符合规定的。

(3)申请查询的主体或者查询事项不符合规定的。

(4)申请查询的目的不合法的。

(5)法律、行政法规规定的其他情形。

### 4.3.2 法律责任

不动产登记机构工作人员违反本实施细则规定，有下列行为之一，依法给予处分；构成犯罪的，依法追究刑事责任。

(1)对符合登记条件的登记申请不予登记，对不符合登记条件的登记申请予以登记。

(2)擅自复制、篡改、毁损、伪造不动产登记簿。

(3)泄露不动产登记资料、登记信息。

(4)无正当理由拒绝申请人查询、复制登记资料。

(5)强制要求权利人更换新的权属证书。

当事人违反本实施细则规定，有下列行为之一，构成违反治安管理行为的，依法给予治安管理处罚；给他人造成损失的，依法承担赔偿责任；构成犯罪的，依法追究刑事责任。

(1)采用提供虚假材料等欺骗手段申请登记。

(2)采用欺骗手段申请查询、复制登记资料。

(3)违反国家规定，泄露不动产登记资料、登记信息。

(4)查询人遗失、拆散、调换、抽取、污损登记资料的。

(5)擅自将不动产登记资料带离查询场所、损坏查询设备的。



## 【基本知识练习】

**一、判断题**

1. 按照依申请登记原则，当事人不申请，不动产登记机构不予登记。(　　)

2. 土地分别属于村内两个以上农民集体所有的，由村集体经济组织代为申请。(　　)

3. 一本不动产权证书可以记载一个权利人在同一登记辖区内享有的多个不动产单元上的不动产权利。(　　)

4. 没有房屋等建筑物、构筑物以及森林、林木定着物的，以土地权属界线封闭的空间为不动产单元。有房屋等建筑物以及森林、林木定着物的，以该房屋等建筑物以及森林、林木定着物与土地权属界线封闭的空间为不动产单元。(　　)

5. 国有建设用地使用权被查封的，可以办理转移登记，不能办理注销登记。(　　)

6. 宅基地使用权及房屋所有权变更登记的申请主体应当为不动产登记簿记载的权利人。(　　)

7. 依法没收、征收、收回集体建设用地使用权及建筑物、构筑物所有权的，当事人可申请办理注销登记。(　　)

8. 申请人申请不动产变更、转移等登记，不动产界址未发生变化的，可以沿用原不动产权籍调查成果；不动产界址发生变化，或界址无变化但未进行过权籍调查或无法提供不动产权籍调查成果的，应当补充或重新开展不动产权籍调查。(　　)

9. 地役权变更登记，不动产登记机构应当将登记事项分别记载于需役地和供役地的不动产登记簿。(　　)

10. 依法取得国有建设用地使用权，可以单独申请国有建设用地使用权首次登记。

(　　)

答案:1～5　××√√×,6～10　√√√√√

二、选择题

1. 下列情形中,哪一项不能由当事人单方申请:(　　)

A. 按份共有人转让、抵押其享有的不动产份额的。

B. 继承、受遗赠取得不动产权利的。

C. 预售人未按约定与预购人申请预购商品房预告登记,预购人申请预告登记。

D. 尚未登记的不动产申请首次登记的。

2. 已经登记的国有建设用地使用权,因下列情形导致权属发生转移的,当事人可以申请转移登记:(　　)

A. 权利人姓名或身份证号码发生变化的。

B. 权利期限发生变化的。

C. 共有性质变更的。

D. 继承或受遗赠的。

3. 申请国有建设用地使用权首次登记,以下说法错误的是:(　　)

A. 以出让方式取得的,提交出让合同和缴清土地出让价款凭证等相关材料。

B. 国有建设用地使用权被预查封,权利人与被执行人一致的,不得办理国有建设用地使用权首次登记。

C. 以授权经营方式取得的,提交土地资产授权经营批准文件和其他相关材料。

D. 不动产登记申请书、权属来源材料等记载的主体应该一致。

4. 国有建设用地使用权及房屋所有权转移登记审核过程中,下列说法哪一项不正确:(　　)

A. 国有建设用地使用权与房屋所有权被查封的,不予办理转移登记。

B. 涉及买卖房屋等不动产,已经办理预告登记的,受让人与预告登记权利人可以不一致。

C. 设有抵押权的,应该办理抵押权注销登记。

D. 有异议登记的,受让方应签署知悉存在异议登记并自担风险的书面承诺。

5. 已经登记的地役权,下列情形中,当事人不能申请地役权注销登记的是:(　　)

A. 地役权期限届满的。　　　　B. 解除地役权合同的。

C. 供役地和需役地均灭失的。　　D. 供役地、需役地不归于同一人的。

6. 关于抵押权注销登记,下列说法错误的是:(　　)

A. 不动产登记簿记载的抵押权人与抵押人可以共同申请抵押权的注销登记。

B. 债权消灭或抵押权人放弃抵押权的,抵押权人可以单方申请抵押权的注销登记。

C. 人民法院、仲裁委员会生效法律文书确认抵押权消灭的,抵押人等当事人不可以单方申请抵押权的注销登记。

D. 已经登记的抵押权,抵押权人放弃抵押权的,当事人可以申请抵押权注销登记。

7. 下列关于异议登记的说法错误的是:(　　)

A. 利害关系人认为不动产登记簿记载的事项有错误,权利人不同意更正的,利害关系人可以申请异议登记。

B. 异议登记申请人应当是利害关系人。

C. 申请异议登记需提交证实对登记的不动产权利有利害关系的材料。

D. 不动产被查封、抵押或没有地役权的,不得办理该不动产的异议登记。

8. 下列关于不动产登记资料查询的说法错误的是:( )

A. 权利人可以查询、复制其全部的不动产登记资料。

B. 查询不动产登记资料的单位和个人应当向不动产登记机构说明查询目的,不得将查询获得的不动产登记资料用于其他目的。

C. 未经权利人同意,不得泄露查询获得的不动产登记信息。

D. 申请人申请查询不动产登记资料,可以不到不动产登记机构现场提出申请,但应当填写不动产登记机构制定的不动产登记资料查询申请书。

9. 下列选项中,尚未办理不动产首次登记的,不得办理不动产其他类型登记的是:( )

A. 依法取得国有建设用地使用权的。

B. 预购商品房预告登记、预购商品房抵押预告登记的。

C. 在建建筑物抵押权登记的。

D. 预查封登记的。



10. 申请预告登记,下列说法错误的是:( )

A. 买卖房屋或者其他不动产物权的协议中包括预告登记的约定或对预告登记附有条件和期限的约定,必须单独提交相应材料。

B. 申请预告登记,预购商品房的,提交已备案的商品房预售合同。

C. 预售人与预购人在商品房预售合同中对预告登记附有条件和期限的,预购人应当提交相应材料。

D. 不动产被查封的,不予办理。

答案:1～5 ADBBB,6～10 CDDAA

## 【延伸阅读1】

### 不动产登记簿样式

不动产以不动产单元为基本单位进行登记。不动产登记簿以宗地、宗海为单位编成,同一宗地、宗海范围内的所有不动产编入同一不动产登记簿。不动产登记簿依据不动产单元进行填写,具体分为宗地、宗海基本信息、不动产权利信息和抵押权登记、地役权登记、预告登记、异议登记、查封登记信息等部分。

不动产权利的首次、变更、转移、注销、更正和其他登记,在登记簿上记载。但宗地、宗海的界址、面积等变化导致宗地、宗海范围变化的,须更换登记簿。房屋等定着物变化导致不动产单元变化的,根据实际情况,须更换或者增加相应登记簿页。

不动产设定抵押权、地役权或者发生预告登记、异议登记、查封登记情况的,在原登记簿上加页进行记载。通过不动产单元号,与不动产权利登记信息关联。

不动产登记簿采用"活页"方式,不动产权利及其他事项登记信息表格中,一般情况纵向记载不动产权利及其他事项的首次登记信息，横向记载变更登记、转移登记、注销登记、更正登记等信息。登记簿可以根据实际情况续页。纸质介质的登记簿可以单面设置，也可以双面设置。

一个宗地或者宗海内，有两个以上不动产单元的，应填写不动产权利登记目录页和不动产权利及其他事项登记信息封面页。按一个宗地宗海一簿、一个不动产单元一本、一类不动产权利或事项登记信息一页，填写本数和页数。多个登记簿可归集成册。

"登记时间"按照"××××年××月××日"的形式记载登簿的日期，如 2015 年 03 月 01 日。"登簿人"一栏由不动产登记机构的登记人员签名。电子登记簿须使用登记机构的电子签章，纸质介质不动产登记簿须加盖登记机构不动产登记专用章，如××县国土资源局不动产登记专用章。

______省（区、市）______市（区）______县（市、区）

______街道（乡、镇）______街坊（村）______组

# 不 动 产 登 记 簿

宗地/宗海代码：____________________

登记机构：____________________

宗地、宗海基本信息

第　页

<table>
<tr><td colspan="5">宗地基本信息</td></tr>
<tr><td colspan="5">单位:□平方米　□公顷(□亩)、万元</td></tr>
<tr><td>不动产类型</td><td colspan="4">□土地　□房屋等建筑物<br>□构筑物　□森林、林木　□其他</td></tr>
<tr><td colspan="2">坐落</td><td colspan="3">填写土地所在的具体地理位置</td></tr>
<tr><td rowspan="5">土地状况</td><td>宗地面积</td><td></td><td>用途</td><td></td></tr>
<tr><td>等级</td><td></td><td>价格</td><td>基准地价等</td></tr>
<tr><td>权利类型</td><td></td><td>权利性质</td><td></td></tr>
<tr><td>权利设定方式</td><td>填地上、地表、地下</td><td>容积率</td><td></td></tr>
<tr><td>建筑密度</td><td></td><td>建筑限高</td><td></td></tr>
<tr><td colspan="5">空间坐标、位置说明或者四至描述</td></tr>
<tr><td colspan="5">填写宗地的空间坐标信息(含高程值)和位置说明,不能填写空间坐标的,填写四至描述。</td></tr>
<tr><td>登记时间</td><td colspan="2"></td><td>登簿人</td><td></td></tr>
<tr><td>附记</td><td colspan="4"></td></tr>
<tr><td rowspan="6">变化情况</td><td>变化原因</td><td>变化内容</td><td>登记时间</td><td>登簿人</td></tr>
<tr><td></td><td></td><td></td><td></td></tr>
<tr><td></td><td></td><td></td><td></td></tr>
<tr><td></td><td></td><td></td><td></td></tr>
<tr><td></td><td></td><td></td><td></td></tr>
<tr><td></td><td></td><td></td><td></td></tr>
</table>

【宗地面积】填写审核后合法的宗地土地面积。一般以“平方米”为单位;土地所有权登记可以以“公顷”为单位,土地承包经营权登记可以以“亩”为单位。

【用途】按照《土地利用现状分类》(GB/T 21010—2007)的二级类填写土地的用途。涉及林地的,可以依据《森林资源规划设计调查技术规程》(GB/T 26424—2010)在附记栏记载。土地所有权可以不填写。

【等级】填写根据《城镇土地分等定级规程》《农用地质量分等规程》《农用地定级规程》等确定的土地等别或级别。若变化频繁可暂不填写。

【权利类型】填写具体的权利类型,包括集体土地所有权、国家土地所有权、国有建设用地使用权、宅基地使用权、集体建设用地使用权、土地承包经营权、林地使用权、草原使用权、水域滩涂养殖权等法律规定的权利。

其中,土地承包经营权包括耕地、林地、草地、水域滩涂等承包经营权。以承包之外方式取得的草原使用权、水域滩涂养殖权在农用地的其他使用权登记信息页记载。林地的承包经营权和以承包之外方式取得的林地使用权在林权登记信息页记载。

【权利性质】国有土地填写划拨、出让、作价出资(入股)、国有土地租赁、授权经营、家庭承包、其他方式承包等,集体土地填写家庭承包、其他方式承包、批准拨用、入股、联营等。土地所有权可以不填写。

【容积率、建筑密度、建筑限高】填写划拨决定书或者出让合同等文件确定的建筑容积率、建筑密度、建筑限高。

【附记】填写需要对宗地基本情况进一步说明的有关信息。如同一宗地有多种用途的,记载分用途面积;如同一宗地有出让、划拨等多种权利性质的,记载分权利性质面积;承包耕地是否为基本农田,农村承包土地等各类土地的实测面积等。

第　页

<table>
<tr><td colspan="6">宗海基本信息</td></tr>
<tr><td colspan="6">单位:公顷、万元</td></tr>
<tr><td>不动产类型</td><td colspan="5">□海域(□无居民海岛)□房屋等建筑物<br>□构筑物 □森林、林木 □其他</td></tr>
<tr><td>项目名称</td><td colspan="2"></td><td>项目性质</td><td colspan="2"></td></tr>
<tr><td rowspan="8">海域<br>状况</td><td>用海总面积</td><td></td><td>宗海面积</td><td colspan="2"></td></tr>
<tr><td>等别</td><td></td><td>占用岸线</td><td colspan="2">米</td></tr>
<tr><td>用海类型 A</td><td></td><td>用海类型 B</td><td colspan="2"></td></tr>
<tr><td>用海位置说明</td><td colspan="4">用文字描述海域的<br>大致方位或具体位置</td></tr>
<tr><td>用海方式</td><td>面积</td><td>具体用途</td><td colspan="2">使用金数额</td></tr>
<tr><td></td><td></td><td></td><td colspan="2"></td></tr>
<tr><td></td><td></td><td></td><td colspan="2"></td></tr>
<tr><td></td><td></td><td></td><td colspan="2"></td></tr>
<tr><td rowspan="3">无居民<br>海岛状况</td><td>海岛名称</td><td></td><td>海岛代码</td><td colspan="2"></td></tr>
<tr><td>用岛范围</td><td></td><td>用岛面积</td><td colspan="2"></td></tr>
<tr><td>海岛位置</td><td></td><td>用途</td><td colspan="2"></td></tr>
<tr><td colspan="6">用海、用岛坐标</td></tr>
<tr><td>序号</td><td>北纬</td><td>东经</td><td>序号</td><td>北纬</td><td>东经</td></tr>
<tr><td></td><td></td><td></td><td></td><td></td><td></td></tr>
<tr><td></td><td></td><td></td><td></td><td></td><td></td></tr>
<tr><td></td><td></td><td></td><td></td><td></td><td></td></tr>
<tr><td></td><td></td><td></td><td></td><td></td><td></td></tr>
<tr><td></td><td></td><td></td><td></td><td></td><td></td></tr>
<tr><td>登记时间</td><td colspan="2"></td><td>登簿人</td><td colspan="2"></td></tr>
<tr><td>附记</td><td colspan="5"></td></tr>
<tr><td rowspan="4">变化<br>情况</td><td>变化原因</td><td>变化内容</td><td>登记时间</td><td colspan="2">登簿人</td></tr>
<tr><td></td><td></td><td></td><td colspan="2"></td></tr>
<tr><td></td><td></td><td></td><td colspan="2"></td></tr>
<tr><td></td><td></td><td></td><td colspan="2"></td></tr>
</table>

【项目性质】根据用海、用岛项目总体情况,填写公益性或经营性。

【用海总面积】填写用海项目批准使用的全部海域面积。

【宗海面积】填写批准文件或者合同确定的宗海海域面积。

【等别】填写财政、海洋主管部门按规定确定的海域等别。

【占用岸线】填写用海项目占用的海岸线长度。

【用海类型】A. 用海类型。

B. 按照《海域使用分类体系》中海域使用类型的一级类、二级类填写。

【用海方式、面积、具体用途、使用金】用海方式按照《海域使用分类体系》中用海方式的二级类填写,并分别填写其对应的用海面积、用途、使用金数额。

【海岛名称、海岛代码】按照国家发布的全国海岛名称及代码填写。

【用岛范围】填写整岛利用或者局部利用。

【用岛面积】填写批准用岛的面积。

【海岛位置】注明管辖区域,并描述海岛与周边大陆或者海岛的相对位置和距离。

【用途】填写旅游娱乐、交通运输、工业、仓储、渔业、农林牧业、可再生能源利用、城乡建设、公共服务等。能够与《土地利用现状分类》(GB/T 21010—2007)衔接的,在附记栏同时记载二级类。

| 不动产权利登记目录 | | | | 第　页 |
|---|---|---|---|---|
| 序号 | 不动产单元号 | 不动产类型 | 所在本数 | 备注 |
| | | | | |
| | | | | |
| | | | | |
| | | | | |
| | | | | |
| | | | | |
| | | | | |
| | | | | |
| | | | | |
| | | | | |
| | | | | |
| | | | | |
| | | | | |
| | | | | |
| | | | | |
| | | | | |
| | | | | |
| | | | | |



第______本

# 不动产权利及其他事项
# 登记信息

不动产单元号：________________________

______________权登记在第________页

抵押权登记在第________页

地役权登记在第________页

预告登记在第________页

异议登记在第________页

查封登记在第________页

第　本第　页

| 土地所有权登记信息 | | | | | | |
|---|---|---|---|---|---|---|
| 不动产单元号： | | | 单位：□平方米 □公顷(□亩) | | | |
| 内容 \ 业务号 | | | | | | |
| 权利人 | | | | | | |
| 证件种类 | | | | | | |
| 证件号 | | | | | | |
| 共有情况 | | | | | | |
| 登记类型 | | | | | | |
| 登记原因 | | | | | | |
| 分类面积 | 农用地 | | | | | |
| 分类面积 | 其中 | 耕地 | | | | |
| 分类面积 | 其中 | 林地 | | | | |
| 分类面积 | 其中 | 草地 | | | | |
| 分类面积 | 其中 | 其他 | | | | |
| 分类面积 | 建设用地 | | | | | |
| 分类面积 | 未利用地 | | | | | |
| 不动产权证书号 | | | | | | |
| 登记时间 | | | | | | |
| 登簿人 | | | | | | |
| 附记 | | | | | | |

【登记类型】填写登记的具体类型，如首次登记（总登记、初始登记）转移登记、变更登记、注销登记、更正登记等。

【不动产权证书号、不动产登记证明号】填写依法向不动产权利人或申请人颁发的不动产权证书号、不动产登记证明号。

【附记】填写需要对不动产权利及其他事项登记情况进一步说明的信息。如土地出让合同或者土地承包合同等编号，共有不动产权发一本证书时的持证人以及必要的历史登记信息等登记机构需要记载的情况。

【不动产单元号】填写按照不动产权籍调查的有关技术规定编制的不动产单元号。

【业务号】填写业务受理的收件编号。

【权利人】属于国家所有的，填写国家；属于集体所有的，填写××农民集体。

【证件种类】填写权利人身份证件的种类。境内自然人一般为《居民身份证》，无《居民身份证》的，可以为《户口簿》《军官证》；法人或其他组织一般为《组织机构代码证》，无《组织机构代码证》的，可以为《营业执照》《事业单位法人证书》《社会团体法人登记证书》。港澳同胞的为《港澳居民来往内地通行证》或《港澳同胞回乡证》《居民身份证》；台湾同胞的为《台湾居民来往大陆通行证》或其他有效旅行证件，在台湾地区居住的有效身份证件或经确认的身份证件。外籍人的身份证件为《护照》和中国政府主管机关签发的居留证件。

【共有情况】填写单独所有、按份共有或共同共有。属于按份共有的，还要填写共有的份额。

【登记原因】填写第一次登记、置换、征收等土地所有权登记的具体原因。

【分类面积】按照农用地、建设用地和未利用地三大类标准，填写不同用途土地的面积。其中，农用地细分耕地、林地、草地、其他面积。

第　本第　页

| 建设用地使用权、宅基地使用权登记信息 | | | | |
|---|---|---|---|---|
| 不动产单元号： | | | | |
| 业务号<br>内容 | | | | |
| 权利人 | | | | |
| 证件种类 | | | | |
| 证件号 | | | | |
| 共有情况 | | | | |
| 权利人类型 | | | | |
| 登记类型 | | | | |
| 登记原因 | | | | |
| 使用权面积/$m^2$ | | | | |
| 使用期限 | 起<br>止 | | | |
| 取得价格/万元 | | | | |
| 不动产权证书号 | | | | |
| 登记时间 | | | | |
| 登簿人 | | | | |
| 附记 | | | | |

【权利人】宅基地使用权人可以填写户主姓名。

【共有情况】填写单独所有、按份共有或共同共有。属于按份共有的，还要填写共有的份额。按户取得的宅基地的按照姓名（性别、年龄、与户主关系）的格式逐个填写共有人。

【登记原因】填写建设用地使用权、宅基地使用权登记的原因，如划拨、出让、作价出资（入股）、国有土地租赁、授权经营、批准拨用买卖、继承等。

【使用权面积】填写权利人在一宗地内使用的土地面积。共有宗地的为独用面积与按份额分摊的面积之和，非共有宗地的一般为宗地面积。使用权面积与宗地面积一致的，可以不填写。

【取得价格】填写有偿使用土地所支付的用地价款。

第 本第 页

| 房地产权登记信息(项目内多幢房屋) | | | |
|---|---|---|---|
| 不动产单元号： | 房地坐落： | | |
| 业务号 / 内容 | | | |
| 房屋所有权人 | | | |
| 证件种类 | | | |
| 证件号 | | | |
| 房屋共有情况 | | | |
| 权利人类型 | | | |
| 登记类型 | | | |
| 登记原因 | | | |
| 土地使用权人 | | | |
| 独用土地面积/$m^2$ | | | |
| 分摊土地面积/$m^2$ | | | |
| 土地使用期限 | 起<br>止 | | |
| 项目名称 | | | |
| 幢号 | | | |
| 总层数 | | | |
| 规划用途 | | | |
| 房屋结构 | | | |
| 建筑面积/$m^2$ | | | |
| 竣工时间 | | | |
| 总套数 | | | |
| 房地产交易价格/万元 | | | |
| 不动产权证书号 | | | |
| 登记时间 | | | |
| 登簿人 | | | |
| 附记 | | | |

附 图

(房地产平面图，可附页)

【房地坐落】填写有关部门依法确定的房地坐落，一般包括街道名称、门牌号、幢号、楼层号、房号等。

【登记原因】填写房屋所有权登记的原因，如自建、买卖、互换，以房屋出资入股，分割、合并共有房屋，继承、受遗赠、因生效法律文书取得房屋或者房屋灭失等。

【土地使用权人】填写宗地内所有的土地使用权人，按份共有的，按照权利人(份额)填写。建筑小区的土地，土地使用权人填写“全体业主”。

【独用土地面积、分摊土地面积】填写按照不动产权籍调查的有关技术规定计算的独用土地面积、分摊土地面积。权利人在一宗地内的独用土地面积和分摊土地面积之和为该权利人的土地使用面积。

【项目名称、幢号、总层数、规划用途、房屋结构、建筑面积、竣工时间、总套数】按幢分别填写项目名称、幢号、总层数、规划用途、房屋结构、建筑面积、竣工时间、总套数。

【房地产交易价格】通过购买方式取得的，填写交易价格。通过其他方式取得的，填写权利人申报登记的价格。

【规划用途】填写建设工程规划许可文件及其所附图件上确定的房屋用途。

【房屋性质】填写商品房、房改房、经济适用住房、廉租住房、自建房等。

【房屋结构】分为钢结构、钢和钢筋混凝土结构、钢筋混凝土结构、混合结构、砖木结构、其他结构等六类。

第　本第　页

| 房地产权登记信息(独幢、层、套、间房屋) | | | | |
|---|---|---|---|---|
| 不动产单元号： | 房地坐落： | | | |
| 业务号 / 内容 | | | | |
| 房屋所有权人 | | | | |
| 证件种类 | | | | |
| 证件号 | | | | |
| 房屋共用情况 | | | | |
| 权利人类型 | | | | |
| 登记类型 | | | | |
| 登记原因 | | | | |
| 土地使用权人 | | | | |
| 独用土地面积/$m^2$ | | | | |
| 分摊土地面积/$m^2$ | | | | |
| 土地使用期限 | 起<br>止 | | | |
| 房地产交易价格/万元 | | | | |
| 规划用途 | | | | |
| 房屋性质 | | | | |
| 房屋结构 | | | | |
| 所在层/总层数 | | | | |
| 建筑面积/$m^2$ | | | | |
| 专用建筑面积/$m^2$ | | | | |
| 分摊建筑面积/$m^2$ | | | | |
| 竣工时间 | | | | |
| 不动产权证书号 | | | | |
| 登记时间 | | | | |
| 登簿人 | | | | |
| 附记 | | | | |

【所在层/总层数】填写按照《房产测量规范》等技术规定计算的房屋总层数和所在层数。

【建筑面积】按照《房产测量规范》等技术规定测量的房屋建筑面积填写，区分所有建筑物的建筑面积包括专有建筑面积和分摊建筑面积。

【专有建筑面积】填写区分所有的建筑物权利人专有部分建筑面积。

【分摊建筑面积】填写区分所有的建筑物权利人分摊的共有部分建筑面积【建筑物区分所有权业主共有部分权利人】填写"业主共有"，不填写具体业主姓名或名称。

第　本第　页

| 建筑物区分所有权业主共有部分登记信息 | | | | | | | |
|---|---|---|---|---|---|---|---|
| 建筑物区分所有权业主共有部分权利人 | | | | | | | |
| 业务号 | 建(构)筑物编号 | 建(构)筑物名称 | 建(构)筑物数量或者面积/m$^2$ | 分摊土地面积/m$^2$ | 登记时间 | 登簿人 | 附记 |
| | | | | | | | |
| | | | | | | | |
| | | | | | | | |
| | | | | | | | |
| | | | | | | | |
| | | | | | | | |
| | | | | | | | |
| | | | | | | | |
| | | | | | | | |
| | | | | | | | |
| | | | | | | | |
| | | | | | | | |
| | | | | | | | |
| | | | | | | | |
| | | | | | | | |

**【建(构)筑物编号、建(构)筑物名称、数量或者建筑面积】** 填写竣工验收后建(构)筑物编号、建(构)筑物名称、数量或者建筑面积。

第　本第　页

| 海域(含无居民海岛)使用权登记信息 | | | | |
|---|---|---|---|---|
| 不动产单元号: | | | | |
| 业务号<br>内容 | | | | |
| 权利人 | | | | |
| 证件种类 | | | | |
| 证件号 | | | | |
| 共有情况 | | | | |
| 权利人类型 | | | | |
| 登记类型 | | | | |
| 登记原因 | | | | |
| 使用权面积/公顷 | | | | |
| 使用期限 | 起<br>止 | | | |
| 使用金总额/万元 | | | | |
| 使用金标准依据 | | | | |
| 使用金缴纳情况 | | | | |
| 不动产权证书号 | | | | |
| 登记时间 | | | | |
| 登簿人 | | | | |
| 附记 | | | | |

【登记原因】填写申请审批、合同取得等海域、海岛登记的原因。

【使用权面积】填写权利人在一宗海(用岛)内使用的海域、海岛面积。使用权面积与宗海(用岛)面积一致的,可以不填写。

【使用金总额】填写项目用海、用岛的使用金总额。

【使用金标准依据】填写确定项目用海、用岛使用金的标准依据、文件名称。

【使用金缴纳情况】填写海域使用人向管理部门缴纳海域使用金的方式,包括一次性、逐年、分期等不同方式。逐年、分期缴纳的,逐年、逐期分别记载。

第　本第　页

| 构(建)筑物所有权登记信息 | | | | |
|---|---|---|---|---|
| 不动产单元号： | 坐落： | | | |
| 业务号<br>内容 | | | | |
| 构(建)筑物所有权人 | | | | |
| 证件种类 | | | | |
| 证件号 | | | | |
| 构(建)筑物共有情况 | | | | |
| 权利人类型 | | | | |
| 登记类型 | | | | |
| 登记原因 | | | | |
| 土地/海域使用权人 | | | | |
| 土地/海域使用面积/$m^2$ | | | | |
| 土地/海域使用期限 | 起<br>止 | | | |
| 构(建)筑物类型 | | | | |
| 构(建)筑物统划用途 | | | | |
| 构(建)筑物面积/$m^2$ | | | | |
| 竣工时间 | | | | |
| 不动产权证书号 | | | | |
| 登记时间 | | | | |
| 登簿人 | | | | |
| 附记 | | | | |

【构(建)筑物登记原因】填写土地上构筑物及海域(含无居民海岛)上的构筑物、建筑物登记的具体原因。如自建、买卖、互换、继承、受遗赠、因生效法律文书取得构(建)筑物或者构(建)筑物灭失等。

【构筑物类型】填写构筑物的类型,包括隧道、桥梁、水塔等地上构筑物类型,透水构筑物、非透水构筑物、跨海桥梁、海底隧道等海上构筑物类型。无居民海岛上的建筑物登记可以另附页,记载编号、名称及用途、占岛面积、建筑面积、层数、高度、结构方式、建成年份等。

【构(建)筑物规划用途】填写构(建)筑物规划许可文件及其所附图件上确定的用途。

【构(建)筑物面积、竣工时间】填写构(建)筑物的测量面积和竣工验收文件确定的竣工时间。

第　本第　页

| 土地承包经营权、农用地的其他使用权登记信息(非林地) | | | |
|---|---|---|---|
| 不动产单元号： | | 发包方： | |
| 业务号<br>内容 | | | |
| 权利人 | | | |
| 证件种类 | | | |
| 证件号 | | | |
| 共有情况 | | | |
| 登记类型 | | | |
| 登记原因 | | | |
| 承包(使用权)面积(亩) | | | |
| 承包(使用)期限 | 起<br>止 | | |
| 土地所有权性质 | | | |
| 水域滩涂类型 | | | |
| 养殖业方式 | | | |
| 草原质量 | | | |
| 适宜载有量 | | | |
| 不动产权证书号 | | | |
| 登记时间 | | | |
| 登簿人 | | | |
| 附记 | | | |

【发包方】以家庭承包或其他方式取得承包经营权的，填写承包合同的发包方全称。

【权利人】填写权利人的姓名或名称。家庭承包的，填写承包方代表的姓名。

【共有情况】填写单独所有、按份共有或共同共有。属于按份共有的，还要填写共有的份额。家庭承包的按照姓名(性别、年龄、与户主关系)的格式逐个填写共有人。

【登记原因】填写家庭承包、其他方式承包、互换、转让、生效法律文书取得等登记的原因。

【承包(使用权)面积】填写权利人在一宗地内承包或者使用的土地面积。承包(使用权)面积与宗地面积一致的，可以不填写。

【土地所有权性质】填写国家所有或者集体所有。

【水域滩涂类型】填写水域滩涂的类型，包括淡水水域滩涂或其他水域滩涂。

【养殖业方式】填写批准养殖的方式，包括池塘、大水面放养、围栏、工厂化、筏吊式、滩涂底播、网箱等养殖方式。

【草原质量】填写管理部门按照草原评价体系确定的草原质量情况，包括草群盖度、建群、优势种、产草量等。

【适宜载畜量】填写管理部门按照草原的面积、牧草产量和家畜日采食量核定适宜畜养的家畜数量。

第　本第　页

| 林权登记信息 | | | | |
|---|---|---|---|---|
| 不动产单元号： | | 发包方： | | |
| 业务号 / 内容 | | | | |
| 林地权利人 | | | | |
| 证件种类 | | | | |
| 证件号 | | | | |
| 林地共有情况 | | | | |
| 权利人类型 | | | | |
| 登记类型 | | | | |
| 登记原因 | | | | |
| 使用权(承包)面积/亩 | | | | |
| 林地使用(承包)期限 | 起<br>止 | | | |
| 林地所有权性质 | | | | |
| 森林、林木所有权人 | | | | |
| 森林、林木使用权人 | | | | |
| 主要树种 | | | | |
| 株数 | | | | |
| 林种 | | | | |
| 起源 | | | | |
| 造林年度 | | | | |
| 小地名 | | | | |
| 林班 | | | | |
| 小班 | | | | |
| 不动产权证书号 | | | | |
| 登记时间 | | | | |
| 登簿人 | | | | |
| 附记 | | | | |

【林地权利人】填写林地的承包经营权、林地使用权等权利人姓名或名称。

【登记原因】林地使用权登记原因填写划拨等;林地承包经营权登记原因填写家庭承包、其他方式承包、互换、转让、生效法律文书取得等林地登记的原因。

【使用权(承包)面积】填写权利人在一宗地内使用或者承包的林地面积。使用权(承包)面积与宗地面积一致的,可以不填写。

【林地所有权性质】填写国家所有或者集体所有。

【主要树种】填写森林、林木所在宗地上1～3种主要树木种类。

【株数】森林、林木难以用面积准确表明的,填写零星树木、四旁树木和农田林网等的株数。

【林种】填写森林种类,包括防护林、用材林、经济林、薪炭林、特种用途林等。

【起源】填写天然林或者人工林。

【造林年度】填写有关文件确定的造林年度。

【小地名】填写地形图上的标有地名,应以地形图为准,地形图上没有记载或者记载有误的,用当地群众普遍认可的地名。

【林班、小班】根据森林资源规划设计调查所区划的林班和小班数据填写。

第　本第　页

| 地役权登记信息 | | | | |
|---|---|---|---|---|
| 不动产单元号(供役地)： | | | 需役地坐落： | |
| 业务号 / 内容 | | | | |
| 地役权人（需役地权利人） | | | | |
| 证件种类 | | | | |
| 证件号 | | | | |
| 供役地权利人 | | | | |
| 证件种类 | | | | |
| 证件号 | | | | |
| 登记类型 | | | | |
| 登记原因 | | | | |
| 地役权内容 | | | | |
| 地役权利用期限 | 起<br>止 | | | |
| 不动产登记证明号 | | | | |
| 登记时间 | | | | |
| 登簿人 | | | | |
| 附记 | | | | |

【地役权人】填写地役权合同中的地役权人，一般为需役地权利人。

【供役地权利人】填写地役权合同中的设立地役权的供地役权利人。

【登记原因】填写合同设立、因不动产受让取得、因生效法律文书取得，因地役权内容或期限变化进行变更登记等地役权登记的原因。

【地役权内容】填写地役权主要内容，包括地役权合同中约定的供役地利用目的和方法等。附地役权合同的，本栏可以略写。

【地役权利用期限】地役权合同中约定的利用期限。

第　本第　页

| 抵押权登记信息 | | | | |
|---|---|---|---|---|
| 不动产单元号：　抵押不动产类型：□土地 □土地和房屋 □林地和林木 □土地和在建建筑物 □海域 □海域和构筑物 □其他 | | | | |
| 业务号<br>内容 | | | | |
| 抵押权人 | | | | |
| 证件种类 | | | | |
| 证件号码 | | | | |
| 抵押人 | | | | |
| 抵押方式 | | | | |
| 登记类型 | | | | |
| 登记原因 | | | | |
| 在建建筑物坐落 | | | | |
| 在建建筑物抵押范围 | | | | |
| 被担保主债权数额（最高债权数额）/万元 | | | | |
| 债务履行期限（债权确定期限） | 起<br>止 | | | |
| 最高债权确定事实和数额 | | | | |
| 不动产登记证明号 | | | | |
| 登记时间 | | | | |
| 登簿人 | | | | |
| 注销抵押业务号 | | | | |
| 注销抵押原因 | | | | |
| 注销时间 | | | | |
| 登簿人 | | | | |
| 附记 | | | | |

【抵押不动产类型】用勾选的方式填写土地、土地和房屋、林地和林木、土地和在建建筑物、海域、海域和构筑物、其他等。

【抵押权人】填写抵押合同中的抵押权人。

【抵押人】填写抵押合同中的抵押人。

【抵押方式】填写一般抵押或者最高额抵押。

【登记类型】填写登记的具体类型，如初始登记、转移登记、变更登记、更正登记等。

【登记原因】填写合同设立、因不动产受让取得、因生效法律文书取得，因抵押权内容变化进行变更登记等抵押权登记的原因。

【在建建筑物坐落】填写在建建筑物项目的具体坐落位置。

【在建建筑物抵押范围】填写抵押合同约定的在建建筑物抵押范围。可以附图表。

【被担保主债权数额(最高债权数额)】填写被担保的主债权金额。

【债务履行期限(债权确定期间)】填写主债权合同中约定的债务人履行债务的期限。

【最高债权确定事实和数额】填写债权确定的原因及事实，同时注明所确定的债权金额。如约定的债权确定期间届满；没有约定债权确定期间或者约定不明确，抵押权人或者抵押人自最高额抵押权设立之日起满二年后请求确定债权；新的债权不可能发生；抵押财产被查封、扣押；债务人、抵押人被宣告破产或者被撤销等。

第 本第 页

| 预告登记信息 | | | | |
|---|---|---|---|---|
| 不动产单元号： | | 不动产坐落： | | |
| 业务号<br>内容 | | | | |
| 权利人 | | | | |
| 证件种类 | | | | |
| 证件号 | | | | |
| 义务人 | | | | |
| 证件种类 | | | | |
| 证件号 | | | | |
| 预告登记种类 | | | | |
| 登记类型 | | | | |
| 登记原因 | | | | |
| 地土使用权人 | | | | |
| 规划用途 | | | | |
| 房屋性质 | | | | |
| 所在层/总层数 | | | | |
| 建筑面积/$m^2$ | | | | |
| 取得价格/被担保主债权数额/万元 | | | | |
| 不动产登记证明号 | | | | |
| 登记时间 | | | | |
| 登簿人 | | | | |
| 附记 | | | | |

【权利人】填写不动产买卖合同中的购买人或者抵押合同中的抵押权人。

【义务人】填写不动产买卖合同中的转让人或者抵押合同中的抵押人。

【预告登记种类】填写预告登记的种类，包括预售商品房买卖预告登记、其他不动产买卖预告登记、预售商品房抵押权预告登记、其他不动产抵押权预告登记等。

【登记原因】填写买卖、设定抵押等预告登记的原因。

【不动产坐落、土地权利人、规划用途、房屋性质、所在层/总层数、建筑面积】预购的期房办理预告登记时，需要按照购房合同填写相应的不动产坐落、土地权利人、规划用途、房屋性质、所在层/总层数、建筑面积信息。

【取得价格/被担保主债权数额】填写不动产买卖合同中的转让价格或者抵押合同中的被担保主债权数额。

【附记】可以记载“预转现”等情况。

第 本第 页

| 异议登记信息 | | | | |
|---|---|---|---|---|
| 不动产单元号： | | | | |
| 业务号<br>内容 | | | | |
| 申请人 | | | | |
| 证件种类 | | | | |
| 证件号 | | | | |
| 异议事项 | | | | |
| 不动产登记证明号 | | | | |
| 登记时间 | | | | |
| 登簿人 | | | | |
| 注销异议业务号 | | | | |
| 注销异议原因 | | | | |
| 登记时间 | | | | |
| 登簿人 | | | | |
| 附记 | | | | |

【申请人】填写申请异议登记的利害关系人的姓名或名称。

【异议事项】填写利害关系人提出异议的具体内容。

【注销原因】填写异议登记注销的具体原因。

第　本第　页

| 查封登记信息 | | | | |
|---|---|---|---|---|
| 不动产单元号： | | | | |
| 业务号 / 内容 | | | | |
| 查封机关 | | | | |
| 查封类型 | | | | |
| 查封文件 | | | | |
| 查封文号 | | | | |
| 查封期限 | 起<br>止 | | | |
| 查封范围 | | | | |
| 登记时间 | | | | |
| 登簿人 | | | | |
| 解封业务号 | | | | |
| 解封机关 | | | | |
| 解封文件 | | | | |
| 解封文号 | | | | |
| 登记时间 | | | | |
| 登簿人 | | | | |
| 附记 | | | | |

【查封机关】填写依法对不动产实施查封等限制措施的国家有权机关名称，如××市中级人民法院等。

【查封类型】填写查封、轮候查封、预查封、轮候预查封等。

【查封文件】填写查封机关依法作出查封等限制措施的文件。

【查封文号】填写查封机关依法作出查封等限制措施的文件文号。

【查封期限】填写查封文件上填写的限制措施的起止日期。查封文件填写的限制措施的起始日期一般与查封时间一致。

【查封范围】填写查封文件中对不动产单元的查封范围，可附图表。

【解封机关】填写依法对不动产权利解除查封等限制措施的国家机关名称。

【解封文件】填写查封机关依法解除限制措施的文件名称。

【解封文号】填写查封机关依法解除限制措施的文件文号。



## 【延伸阅读 2】

国土资源部不动产登记中心 http://www.rerc.com.cn/.

Chapter 5

# 第5章 规划管理

## 【导入案例】

### 全国国土规划纲要(2016—2030年)

《全国国土规划纲要(2016—2030年)》(以下简称《纲要》)是我国首个国土空间开发与保护的战略性、综合性、基础性规划，对涉及国土空间开发、保护、整治的各类活动具有指导和管控作用。

《纲要》指出，要贯彻区域发展总体战略和主体功能区战略，对国土空间开发、资源环境保护、国土综合整治和保障体系建设等做出总体部署与统筹安排。要进一步优化国土开发格局、提升国土开发质量、规范国土开发秩序；优化生产、生活、生态空间，推进生态文明建设，完善国土空间规划体系和提升国土空间治理能力。

《纲要》提出了加快构建“安全、和谐、开放、协调、富有竞争力和可持续发展的美丽国土”的总体目标。到2030年，国土空间开发格局不断优化，整体竞争力和综合国力显著增强，国土开发强度不超过4.62%，城镇空间控制在11.67万$km^2$以内。城乡区域协调发展取得实质进展，国土开发的协调性大幅提升。资源节约型、环境友好型社会基本建成，可持续发展能力显著增强，单位国内生产总值能耗和用水量大幅下降，坚守耕地“红线”，建成高标准农田12亿亩，新增治理水土流失面积94万$km^2$以上。基础设施体系趋于完善，资源保障能力和国土安全水平不断提升，用水总量控制在7 000亿$m^3$以内。海洋开发保护水平显著提高，建设海洋强国目标基本实现。国土空间开发保护制度更加完善，由空间规划、用途管制、差异化绩效考核构成的空间治理体系更加健全。国土规划具体目标见表5-1。

《纲要》部署了全面协调和统筹推进国土集聚开发、分类保护、综合整治和区域联动发展的主要任务。一是构建“多中心网络型”开发格局，推进建设国土开发集聚区和培育国土开发轴带。二是构建分类分级全域保护格局，依据环境质量、人居生态、自然生态、水资源和耕地资源5大类资源环境主题实施分类保护。三是构建综合整治格局，修复与提升主要城市化地区、农村地区、重点生态功能区、矿产资源开发集中区及海岸带和海岛地区的国土功能。《纲要》提出，要强化国土空间用途管制，提升能源资源保障能力，设置“生存线”，严格保护耕地和水资源；设置“生态线”，将用途管制扩大到所有自然生态空间；设置“保障线”，保障经济社会发展必要的建设用地、能源和重要矿产资源安全。

《纲要》强调，各地区、各部门要尽快组织开展省级国土规划编制工作，调整完善资源环境、产业、投资、财税等相关规划和政策法规，建立部门协调和监督检查机制，全面推进各项工作。

**表5-1　国土规划具体目标**

| 指标名称 | 2015年 | 2020年 | 2030年 | 属性 |
|---|---|---|---|---|
| 1. 耕地保有量/亿亩 | 18.65 | 18.65 | 18.25 | 约束性 |
| 2. 用水总量/亿 $m^3$ | 6 180 | 6 700 | 7 000 | 约束性 |
| 3. 森林覆盖率/% | 21.66 | >23 | >24 | 预期性 |
| 4. 草原综合植被盖度/% | 54 | 56 | 60 | 预期性 |
| 5. 湿地面积/亿亩 | 8 | 8 | 8.3 | 预期性 |
| 6. 国土开发强度/% | 4.02 | 4.24 | 4.62 | 约束性 |
| 7. 城镇空间/万 $km^2$ | 8.90 | 10.21 | 11.67 | 预期性 |
| 8. 公路与铁路网密度/($km/km^2$) | 0.49 | ≥0.5 | ≥0.6 | 预期性 |
| 9. 全国七大重点流域水质优良比例/% | 67.5 | >70 | >75 | 约束性 |
| 10. 重要江河湖泊水功能区水质达标率/% | 70.8 | >80 | >95 | 约束性 |
| 11. 新增治理水土流失面积/$km^2$ | — | 32 | 94 | 预期性 |

## 【讨论】

比较国土和土地的概念，谈谈国土规划。

## 【学习任务】

1. 什么是国土规划？国土规划有哪些作用？
2. 什么是土地利用规划？土地利用规划分为哪几类？
3. 什么是土地利用计划？土地利用计划编制的原则和内容是什么？

【知识内容】

## 5.1 国土规划

### 5.1.1 国土与国土规划

国土是一个国家管辖范围内的全部陆地和领海，包括地面、水面及其上空和下层。国土规划是指对一定区域范围的国土资源制定出一定时期内合理开发、利用、治理和保护的总体方案和进度安排。它要协调好资源、经济、人口与环境四者之间的关系，把资源的开发利用和环境的治理保护密切结合起来，使社会效益、经济效益和生态效益得到统一。

### 5.1.2 国土规划的内容



国土规划可按不同的分类标准划分不同的类型。如按功能规划，可分为城市地区规划、工矿地区规划、农业地区规划以及流域综合开发治理规划、自然保护区规划等；按规划的性质和内容可分为综合性国土规划、行业与专题国土规划等。根据我国多年国土规划工作实践，除各专门问题的国土规划外，对全国的国土规划工作的实践，除各专业问题的国土规划外，对全国的国土规划和区域的国土规划，其主要内容可分为以下几方面。

1. 对国土资源进行综合评价，确定本地区主要自然资源的开发规模和布局

主要是指对国情或区情进行科学分析，这是编制国土规划的出发点和依据。资源评价要对不同种类资源的相互关系及地区组合进行综合分析和区域性论证，指出资源开发利用的特点、资源优势和需要整治的重大问题，预测区域经济发展趋势，制定国土资源的开发规模和布局。同时还要从保护改善生态环境和合理利用资源的角度出发，预测开发资源给环境带来的不利影响，为区域环境的治理规划提供科学依据。

2. 合理开发和利用国土资源，合理布置生产力（包括铁路、公路的那个交通网络和通信网络）

国土规划的任务就是根据国民经济发展的要求和资源、人口、环境条件的可能，确定资源的合理开发利用方式。规划的内容即从区域特点出发，从那些能够带动整个区域经济发展的部门入手，规划整个区域。同时国土资源的合理开发利用，要与地区人口、环境条件相协调，要与国民经济发展的要求和地区经济发展水平相一致。

从对土地、水、矿产、劳动力等资源合理开发利用的角度出发，用全面、综合、发展的观点，通过与相关地区的对比分析，确定规划区域在全国的地位和作用，以及它们彼此联系的经济网络和分工协作关系。然后结合规划区域经济发展方向和结构，来制定工业、农业、交通、城镇、人口及其他基础设施等总体布局。

3. 人口与城镇居民点规划

人口规划是国土规划的重要组成部分，因为认识区域经济的活动主体。人口规划在

对区域人口数量、分布、人口结构及质量特征进行全面分析的基础上，分析、预测人口发展趋势，包括人口增长、劳动力状况、城乡人口比例变化、就业方向等。

城镇化是社会经济发展过程中必然出现的客观规律。国土规划在分析城镇发展、城镇分布现状的基础上，确定各主要城镇的性质、规模、结构与发展方向，提出规划区城镇体系合理布局的方案。作为规划区域的经济联系中心的城镇，对于区域内经济的发展起着重要作用。

4. 环境的综合治理与环境保护规划

随着国土资源开发利用的深度和广度的不断扩展，国土资源的破坏和污染物也不断增加，加上我国人口的迅速增长，给环境保护工作带来很大压力。把环境污染和生态破坏问题解决于国土开发利用过程中，同时以生态平衡的观点治理已被破坏的自然环境，使国土开发利用和环境保护同时发展。

### 5.1.3　国土规划的特点与作用

1. 国土规划的特点

国土规划属长远期规划，是国民经济和社会发展计划体系的重要组成部分，是资源综合开发、建设总体布局、环境综合整治的指导性计划，是编制中、长期计划的重要依据，是一个地区开发、整治、建设的基本蓝图，是确定国土开发整治的大方向、大问题、大措施的一种综合性规划，而不是某种专业部门可以替代的专项规划。因此，它具有鲜明的战略性、综合性、地域性等特点。

(1)战略性。国土规划是国民经济和社会发展计划的重要组成部分，对于合理开发利用资源，提高宏观经济效益，保持生态平衡等具有重要的指导作用。国土规划也是国家制定长期计划的一项重要内容。所以，不论是国土资源的开发和利用、建设总体布局、环境治理保护，还是发挥地区的综合优势，促进国民经济持续、稳定、协调地发展所涉及的一些开发整治工程，都必须是超前的、框架式的规划。如果把国土规划搞到可以直接实施的程度，超前就做不到了，不能超前，也就失去了国土规划的战略意义。

(2)综合性。国土规划涉及的范围很广，是在资源、环境、人口、科技以至国民经济有关部门和不同层次进行综合协调的过程。因此，要在国土开发整治过程中，把各部门、行业的规划，专题规划以及各个地区的规划都协调起来，成为一个有机结合的整体。国土规划"贵在综合，重在协调，目的在于应用"，这是国土规划的一个基本特点。

(3)地域性。国土规划的地域性由国土空间的属性所决定。不同地区的自然条件、社会经济特点和历史基础是不同的，国土规划也要以地域为对象，从地区国土条件差异的实际出发，按照因地制宜、扬长避短的原则，形成合理的地域结构，以充分发挥地区的优势。

2. 国土规划的作用

(1)为国民经济与社会发展计划提供依据。国土规划根据各地区自然、经济技术和其他社会条件的差异，因地制宜地考虑长远建设部署，为国民经济计划在空间布局上提供依据。

(2)为城市规划提供指导。区域资源的开发、区域经济与社会文化的发展，特别是工业布局和人口分布变化，对区域内已有城市的发展及新城镇的形成往往起决定性作用。

同时,城市的发展又影响着整个区域的经济社会发展和建设布局。因此确定城市的性质和发展规模,必须将城市放在一定的区域范围内来考察,客观上要求国土规划为城市的发展方向、生产布局和性质、规模等提供指导。

(3)为部门计划的落实提供空间保证。部门计划必须服从全国总体发展战略与长远规划。每个部门的计划都要把建设落实到一定地区,每个地区的计划也要形成一个或几个部门为骨干的地区经济体系。在全国国土规划纲要的指导下,结合本区具体条件指定的国土规划,可以为部门计划的建设部署落实空间。

### 5.1.4 国土规划的方法和步骤

国土规划所采取的基本方法是:收集、分析现有的基础资料与深入的实地调查相结合,对规划区域的全面了解与重点路线、典型地区调查相结合,综合规划与专题规划相结合;定性分析和定量分析相结合,多方案比较与深入分析论证相结合等方法。

国土规划工作大体分为五个阶段。

1. 组建规划队伍,制定规划计划,落实规划任务

国土规划工作是一项综合性工作,涉及的学科多、部门多,因此必须组建一支精干的多学科的队伍。这支队伍既要包括一个有权威的强有力的指挥协调机构,也要包括一批专家和从事实际工作的业务技术力量。在组建队伍后,要制定规划工作计划,提出规划编制大纲,以指导规划工作的顺利进行。



2. 收集基础资料,规划区域资源、分析经济现状

具体包括:①了解区域经济发展的历史资料,掌握生产布局现状特征,明确国家长远发展战略,进行综合、分析和研究。②重点掌握、分析国土资源状况及其他地区分布、组合特征,各类资源与生产布局结合状况。③分析地区经济发展的优势条件和限制因素。④区域相关规划、区划等的工作成果。⑤在全面收集、分析这些资料的基础上,提出规划意见和下一步需要实地调查的计划。

3. 典型地区和重点项目的实施调查

要对规划区域范围作全面的调查,尤其是应对典型地区和国家重点项目、专业化生产基地,做详细地考察和深入研究,查清区域主要的资源现状、生产布局与地区经济结构特征、地区经济发展的具体要求、专业化生产部门与地区经济发展方向等。

4. 编写规划方案

编写规划方案一般分为专题组和综合组,综合规划方案首先要从专题规划开始,经过综合评价、协调工作,汇总为综合规划方案。由于情况复杂,往往形成多个规划方案,需通过多方案规模比较,选出最优方案。

规划内容一般包括:①经济、社会现状分析。②自然条件和自然资源评价。③区域优势和国土开发治理战略目标。④国土资源开发程度、规模和方向。⑤生产、人口、城镇布局。⑥水、能源、交通开发治理。⑦环境治理保护。⑧效益分析和总投资预算。⑨实施方案和措施。⑩其他。

5. 规划论证与调整定案

由主管部门和有关生产部门、研究部门的专业技术人员、研究人员对规划方案进行全

面论证、平衡和协调，最后形成一个目标明确、结构协调、布局合理、科学可行的综合国土规划。

## 5.2 土地利用规划

土地利用规划在我国是一门比较年轻的学科。我国的土地利用规划工作始于20世纪50年代，由苏联传入我国，由于当时规划的主要目的是组织生产，所以大多数是在国有农场进行的详细规划。

改革开放后，随着国民经济和社会快速发展，土地利用主体也由国家和集体向国家、集体、企业、社会组织和个人等多元化体系转变，市场机制在土地资源配置中的作用大大加强，土地利用中出现私人目标与公共目标、各经济部门之间土地供给与需求之间矛盾加剧的现象。在这种形势下，为加强土地宏观管理，合理利用土地，维护社会公共利益，从1986年我国颁布《中华人民共和国土地管理法》起，各级土地利用总体规划的编制工作在全国范围内部署和开展。

在我国学术界，对土地利用规划的概念的理解，认识有多种。但总体归纳起来可做如下定义：所谓土地利用规划是指以经济、技术、法律等学科为基础，从某一特定区域的自然、社会、经济条件出发，在国家有关法规及方针、政策和计划的规范与指导下，根据市场需求，研究合理组织土地利用规律的一门科学。它一方面组织土地的合理利用；另一方面调整土地关系，做到在国民经济各部门、各用地单位之间合理地分配土地资源，建立合理的土地利用结构与土地组织形式，在较少的投入下获得最大的经济效益、社会效益和生态效益。



土地利用规划按范围和内容，可分为土地利用总体规划、土地利用专项规划及土地利用详细规划。

### 5.2.1 土地利用总体规划

土地利用总体规划是在一定区域范围内，根据当地自然和社会经济条件以及国民经济发展的需要，对土地资源的利用结构和布局进行的一种战略性安排。土地利用总体规划是在一定的区域范围内(包括行政区、自然区和经济区等)进行的。根据我国经济管理体制的特点和土地利用规划控制的可操作性，土地利用总体规划主要应按行政区域来编制，并通过各级政府的行政手段来落实执行。土地利用总体规划由各级人民政府组织编制，可对一定行政区域的土地利用起总体控制作用，是进行土地利用管理的重要手段.是对土地利用进行宏观控制的战略安排，具有综合性、权威性、长期性、区域性和指导性。

我国的土地利用总体规划是由原农牧渔业部土地管理局在1982年提出的，并草拟了《县级土地利用总体规划要点(讨论稿)》，同时选择了有代表性的4个县，即黑龙江平原腹地的集贤县、辽宁省风沙盐碱低丘漫岗的康平县、河南省低山丘陵区的光山县、四川省成都平原边缘的眉山县进行了试点。1986年，《中华人民共和国土地管理法》出台，要求各级人民政府要编制土地利用总体规划。同时,在1986年成立了国家土地管理局,在国家土地管理局内设置了土地利用规划司,并先后在黑龙江、辽宁、四川3省开展了省级土地利用总体规划试点,在黑龙江省穆棱县、湖北省大冶县、广东省花县和河北省辛集市开展了县级土地利用总体规划试点。1988年国务院办公厅转发了国家土地管理局《关于开展土地利用总体规划工作的报告》,土地利用总体规划的编制在全国普遍开展起来。根据土地利用总体规划所控制的层次范围的不同,我国的土地利用总体规划包括全国、省(自治区、直辖市)、地区(省辖市)、县(市)和乡(镇)5个层次的行政区域土地利用规划。从1997年开始,国家进行了第二轮土地利用总体规划修编。2008年10月23日,《全国土地利用总体规划纲要(2006—2020年)》的出台,全国开始了第三轮土地利用总体规划修编,这次总体规划修编的主要在农用地分等和土地调查的基础上,保证耕地在数量和质量上的平衡,确保18亿亩耕地红线不被打破。

1. 土地利用总体规划的任务、体系和内容

我国土地利用总体规划的任务是:对土地利用进行宏观控制,协调各部门间及农业各业间的土地利用,对全局的土地利用进行宏观组织,对土地利用监督服务。

我国目前的土地利用总体规划按行政区域划分为全国、省(区)、地(市)、县(市)和乡(镇)五个层次。



市场经济体制的建立确定了市场机制在土地利用决策与土地资源配置中的基础作用。与此相适应,它要求土地利用规划不应是对某块土地如何利用做出具体安排,而是要对土地利用起调节控制作用,由于每一层次、每种类型的规划所调节控制的范围不同、目的不同,其所要求的规划内容重点、规划编制模式等也不相同。针对我国土地管理的实际状况,各层次的土地利用总体规划的内容叙述如下。

(1)全国性土地利用总体规划。全国性土地利用总体规划应该为国家的宏观经济环境调控提供依据,它应该属于战略性、政策性规划。全国性规划的基本内容应是从促成全国的人口合理分布、资源合理配置、生产力合理布局与经济均衡发展、食物的安全攻击以及环境整治的要求出发,提出全国土地利用战略目标,确定土地开发、利用、政治和保护的重点项目和重点地区,协调全局性的重大基础设施建设的用地关系,提出不同类型地区土地利用方向、目标、重点和土地利用政策。按照政策,同时确定一些土地利用的战略性目标,如全国的耕地保有量指标等,指标应突出重点,不宜面面俱到。

(2)省(区)级土地利用总体规划。省(区)级行政区在我国其区域范围都比较大,经济结构、产业结构、土地利用结构都比较完整,省级土地利用总体规划仍然属于政策性规划的范畴,它的规划内容与全国性规划相近,但它更强调区域土地供需总量的平衡,土地开发、利用、整治和保护的重点地区和项目更加明确,土地利用政策的区域差异性更加明确具体。省级规划应协调好各地市间的用地关系,要根据各地市的经济发展状况与土地资源状况,提出各地级市的耕地总量动态平衡目标和城市用地规模控制目标。省级规划要协调好跨区域的骨干工程建设用地的关系,为下一级规划提供依据。省级规划可以对全省进行地域分区,但应淡化这种地域分区的土地利用布局控制功能,而代之以土地利用政策的区域差异。省级规划以文本为主,应有反映主要用地的控制指标,辅之以反映土地开发、利用、整治与保护的重点地区和项目的示意图。

(3)地(市)级土地利用总体规划。地(市)级土地利用总体规划就其深度而言应属于政策性规划范畴,它是由省级规划向县级规划的过渡层次,其基本内容应是在上级规划的控制下,结合区域规划的要求,在分析本地(市)的人口、土地与经济发展的基础上,进一步分析土地的供需情况,提出土地供应的总量控制指标和确定本市(地)区域土地开发、利用、整治和保护的重点地区和范围。市(地)规划作为一级较大区域的规划,在分析土地的供需关系时,应重点从本地区的工农业发展、城市化水平与进程、区域城市体系和各城市的中心职能与分工等方面研究,合理确定各中心城市的人口规模、用地规模以及区域性骨干基础设施建设的用地关系。

(4)县(市)级土地利用总体规划。县(市)级土地利用总体规划属于管理型规划,重在定性、定量、定位的落实,提高规划的可操作性。县级规划作为总量控制的最基本层次,其规划内容要具体体现定性、定量、定向、定位的要求,其总量控制指标应落实到位,尤其对于城镇用地,不仅要有全县(市)的城镇用地总规模控制,而且要有每一个城镇的控制指标。在土地的开发、整治、保护层面上,县级规划要具体确定重点项目的类型、时序、规模和范围。在控制指标上,县级规划要改变过去指标过细过全,重点不突出的问题,简化指标,可考虑只保留耕地保有量指标和生态性、公益性的用地指标。在土地用途的定位控制上,县级规划的范围还比较大,比例尺较小,难以满足具体地块的具体用途的确定,而是以土地利用大类的用途区域范围的控制为主。



(5)乡(镇)级土地利用总体规划。乡(镇)级土地利用总体规划处于规划的最低层次,属实施型规划,规划成果以规划图为主,为用地管理提供直接依据。乡(镇)级规划内容的重点应是在县级规划总量控制与用地分区控制的基础上进行详细地土地用途编定,即把各类用地定量、定位落实到具体地段,并确定每类用途土地的具体要求和限制条件,为土地的用途管制提供直接的依据。但在用途编定时应避免把用途划分过细,既要考虑用途的确定性,又要考虑用途的不确定性,从而为市场调节留下足够的空间。乡(镇)级规划还应提出需要进行土地整理的具体区段、方式和范围以及实施的时间。

2. 土地利用总体规划的审批和实施

(1)土地利用总体规划的审批。为了加强中央政府对土地利用结构的控制和确保耕地总量动态平衡的实现,《土地管理法》对土地利用总体规划的审批权做了如下规定:①土地利用总体规划实行分级审批。②省、自治区、直辖市的土地利用总体规划,报国务院批准。③省、自治区人民政府所在地的市、人口在100万以上的城市以及国务院指定的城市的土地利用总体规划,经省、自治区人民政府审查同意后,报国务院批准。④上述规定以外的土地利用总体规划,逐级上报省、自治区、直辖市人民政府批准,其中,乡镇土地利用总体规划可以由省级人民政府授权的设区的市、自治州人民政府批准。

(2)土地利用总体规划实施计划与设计施工图。土地利用总体规划一经批准,必须严格执行。土地利用总体规划实施计划可分为中期计划和年度计划,它是按规划的目标和内容,根据国民经济发展情况和投资数额来统筹安排相应的用地结构、占地规模和实施项目。土地利用中期计划通过土地利用年度计划逐步落实。

在土地利用规划方案被相应的各级政府批准以后,就产生法律效力。设计单位可根据该方案编制土地规划施工图,再涂上应绘出工程施工所需要的全部信息(包括确切的位置，施工项目的长度、宽度、深度、质量要求等）以保证按计划施工。

### 5.2.2 土地利用专项规划

土地利用专项规划是在土地利用总体规划的框架控制之下，针对土地开发、利用、整治、保护的某一专门问题或某一产业部门的土地利用问题而进行的规划。

1. 土地开发规划

土地开发是指人类采用工程措施、生物措施和技术措施等，使各种未利用的土地资源投入使用，或使已经使用的土地利用更加合理的行为或过程。

土地开发规划主要包含两方面内容，一是如何开发的决策规划，即进行土地开发的可行性论证，确定土地开发的规模、时间、地点和方法；二是待开发土地的利用规划，即确定区域内各类待开发土地的用途。

土地开发规划可分为农用地开发规划和城镇土地开发规划，两者内容各有侧重。

（1）城镇土地开发规划。城镇土地开发有多种形式，根据城镇土地开发所在区域的不同，可分为新区开发和旧城改造。旧城改造是在原有城镇建成区范围内进行的，必须符合城镇总体规划。而新区开发是在原有城镇建成范围以外进行，开发前需要编制规划。应该注意的是，新区开发不是孤立进行的，制定规划要处理好新区和建成区的关系。



城镇土地开发规划主要包括以下内容：土地勘测调查和社会经济情况调查；土地开发的可行性论证；开发区的总体布局与功能分区；水、电、道路等基础设施的规划布局；小区规划设计；土地开发实施计划，包括开发时间、规模、地段开发顺序等内容；土地开发管理。

（2）农用地开发规划。农用地开发是以发展农林牧渔业生产为目标的土地开发。大面积的农用地开发还包括水利、道路设施和保护水土的生物工程设施的配置，综合性垦区要设置居民点。因此，农用地开发规划比较复杂，应注意多方面因素。开发规模、时间、地点的决策，既要考虑社会经济技术条件的制约，又要适合土地资源的特点；待开发土地的利用规划也不能单纯设计农业土地的安排，要统筹协调，进行总体规划。其中，省、地、县或跨地县的区域性土地开发总体规划是从宏观上进行控制的，乡镇或农业企业内土地开发规划则要求具体、详细。

一般情况下，农用地开发规划应包括以下内容。

待开发土地资源评价。主要是对土地及其形成要素进行评价，确定土地适宜性和生产力，分析土地开发的有利条件和限制因素；土地开发的可行性论证；确定土地开发目标和方向；确定待开发土地的利用结构和布局；配置保护生态的生物工程设施。保护生态是土地开发的中心环节，编制规划时，要分析预测土地开发可能引起的生态破环和土地污染，采取措施，积极预防；土地开发规划方案的实施措施与计划，主要是确定土地开发的时间、地点和方法。

2. 土地整治规划

土地整治是针对土地利用存在的不利因素，而进行的土地质量改造、生态恢复和重建过程。土地整治包括水土流失治理、风沙治理、盐碱地整治和红黄壤综合治理等类型。

土地整治规划一般包括下列内容：划分土地治理类型，确定土地整治措施，进行土地整治效果评价和可行性研究，提出土地整治实施方案、项目竣工验收标准、实施计划和管理办法。

3. 土地复垦规划

土地复垦是指，凡是在生产建设过程中，因挖损、塌陷、压占等造成破环的土地，采取整治措施，使其恢复到可利用的状态，称作土地复垦。土地复垦的范围包括人为造成破坏和废弃的土地，还有各种污染、自然灾害造成破坏废弃的土地，以及村庄四旁坑、洼、塘、废弃宅基地等。

土地复垦规划的内容主要包括：需要复垦土地的调查和预测，复垦土地的适宜性评价，确定土地复垦方案，进行复垦工程设计。

4. 土地保护规划

土地保护是为了维持某种土地用途的稳定性，或者促进土地生态恢复，而对人类活动采取限制行为。土地保护按照其性质可分为两方面：一是土地用途保护，如基本农田保护，历史文化名城保护，旅游风景区和自然保护区的保护等；二是土地质量保护，如退耕还林、退田还湖、退草还牧等。

土地保护规划是对土地保护区域的选择和区域建设的总体部署和具体安排。

(1)以土地用途保护为目的的土地利用规划，其主要内容包括：阐明土地用途保护的作用和意义，确定土地保护的目标；确定需要保护土地的面积、空间范围和保护等级；落实土地用途保护区建设的责任，明确土地保护与土地利用、土地经营的关系，进行土地保护的经济可行性研究；制定土地用途保护的政策和土地保护规划实施的措施。

(2)以土地质量保护为目的土地利用规划，其主要内容包括：土地质量保护为目的和意义；土地保护的面积、空间范围和生态恢复的目标；制定土地保护的工程设计方案。土地生态恢复对于原来土地使用者的经济师收入的影响和所需要进行的劳动力安置与土地补偿；土地生态保护工程的经济可行性研究；制定土地保护的政策和实施土地保护规划的措施。

5. 土地整理规划

土地整理是对现实土地利用分布、土地利用方式、利用强度以及土地关系等进行调整的合理过程。土地整理包括农地整理和非农地整理。

根据我国国情，现阶段土地整理一般指农地整理，即“按土地利用总体规划，对田、水、路、林、村综合整治，提高耕地质量，增加有效耕地面积、改善农业生产条件和生态环境”。农地整理是以土地利用的平面布局调整为主，主要包括：一是调整农地结构，归并零散地块；二是平整土地，改良土壤；三是道路、沟渠综合建设；四是归并农村居民点、乡镇企业等；五是复垦废弃土地；六是划定缔结、确定权属；七是改善环境，维护生态平衡。

土地非农整理是通过对城镇的用地重划，完善城市基础配套设施和生活服务设施，提高土地的建筑容积率或者高地价土地用途的面积比例，或者通过拆除城市危棚简屋，改良城市景观风貌，来实现土地资产的增值，提高土地利用的效率和效益。

土地整理规划的内容主要包括：提出土地整理的任务，确定需要进行土地整理的地域范围；分析和论证土地整理的必要性和可行性，明确土地整理的土地利用潜力；制定土地整理方案；落实土地整理所需要的前提条件；制定整理后土地的处置方案和收益分配办法;提出土地整理规划实施措施。

### 5.2.3 土地利用详细规划

土地利用详细规划就是在总体规划的控制和指导下,详细规定各类用地的各项控制指标和规划管理要求,或直接对某一地段、某一土地使用单位的土地利用做出具体的安排和规划设计。土地利用详细规划一般以土地使用单位和土地所有单位为单位进行,如农场土地规划、林场土地规划、茶园规划、果园规划、养殖场规划、工业小区规划、村庄用地规划、休闲农业园用地规划和开发区用地规划等。

从土地利用详细规划的作用来看,它可区分为两大类型,一是控制性土地利用详细规划,二是开发性土地利用详细规划。控制性土地利用详细规划是地方政府为规范和控制土地使用者的微观土地利用行为而编制的规划,它详细规定了各类土地的使用范围、使用界线、使用强度、利用要求、限制条件等。开发性土地利用详细规划则是为指导某一具体地段、地块或某一土地使用单位的土地如何开发利用而进行的具体规划设计。从政府对土地利用的规划控制来看,它指的是控制性的土地利用详细规划,制定控制性土地利用详细规划是实施土地用途控制的最基本的依据和前提条件。每一个土地使用者都必须按照控制性详细规划所确定的土地用途、使用要求和限制条件使用土地。根据我国目前的土地使用实际情况,土地利用详细规划主要有两种类型,即城市土地利用规划和乡村土地利用规划。



## 5.3 土地利用计划

### 5.3.1 土地利用计划的概念

土地利用计划是指国家或地方政府对土地资源开发利用做出部署和安排的中期和年度计划,是土地利用总体计划规划实施的重要途径。

土地利用计划按时间序列划分可分为中期计划和年度计划。中期计划一般为五年计划,它是土地利用总体规划的阶段性实施计划,要对土地利用总体规划的目标和任务做出详细的核算,确定较详细的计划指标。年度计划是以一年为期的计划,它是中期计划的具体细化,是具体的执行计划。由于现阶段我国在编制土地利用总体规划时,已经分阶段编制了五年规划。因此,编制土地利用计划实际上就是编制土地利用年度计划。

新《土地管理法》指出:“土地利用年度计划,根据国民经济和社会发展计划、国家产业政策、土地利用总体规划以及建设用地和土地利用的实际状况编制。”其具体任务有:①通过编制土地利用年度计划,实现土地利用总体规划的目标和任务。②合理确定各类用地的计划指标,调整土地利用结构、规模和速度,促进国民经济均衡协调发展。③研究制定用地计划的政策措施,保证计划顺利实施。

## 5.3.2 土地利用计划的编制

1. 编制的原则

编制土地利用计划应在“一要吃饭，二要建设，三要保护环境”的原则下，体现统筹兼顾、控制建设用地总量、引导集约用地、切实保护耕地等方针，以保证土地资源的合理利用和有效管理。编制应遵循的具体原则如下。

(1)严格依据土地利用总体规划，控制建设用地总量，保护耕地。

(2)以土地供给制约和引导需求，合理利用土地。

(3)优先保证国家重点建设项目和基础设施项目用地。

(4)占用耕地与补充耕地相平衡。

(5)保护和改善生态环境，保障土地的可持续利用。

2. 编制的内容

我国现阶段土地利用计划编制的内容主要包括农用地转用计划、耕地保有量计划和土地开发整理计划等。这些内容由下述指标体系构成。

(1)农用地转为建设用地指标。其中重点是耕地转为建设用地的计划指标，包括由国务院批准转用和省级人民政府批准转用两部分。耕地占用指标是指令性的，必须特别严格执行。

(2)土地开发整理增加耕地指标。包括开发增加耕地和整理增加耕地两部分。

(3)生态退耕指标。指对破坏生态环境开垦、围垦的土地，有计划有步骤地退耕还林、还牧、还湖的面积。

(4)耕地保有量指标。指计划年末耕地实有数量。

3. 编制的程序

当前主要采用“上下结合”的土地利用年度计划编制方法，其基本程序如下。

(1)上报计划建议数。首先由县级以上地方人民政府土地行政主管部门会同有关部门，按照国土资源部的统一部署和计划控制指标，根据本行政区域土地利用总体规划、国民经济和社会发展计划、土地利用的实际状况，参考基期(本年度)计划执行情况，提出本行政区域计划期(下一年度)的土地利用计划建议数(预报数)，经同级人民政府审查后，报上一级人民政府土地行政主管部门。国务院批准的建设项目和国务院有关部门批准的道路、管线工程及大型基础设施建设项目等使用土地，涉及农用地转用的，由国务院有关部门以建设项目为单位，按照国土资源部管理和地方土地行政主管部门管理两类提出下一年度的土地利用年度的计划建议，应当于每年的 11 月 20 日前报国土资源部。

(2)下达计划指标。国土资源部会同国务院有关部门，根据国民经济和社会发展计划、国家产业政策、全国土地利用总体规划及建设用地和土地利用的实际情况，在各地和国务院有关部门提出的土地利用年度计划建议的基础上，综合平衡，编制土地利用年度计划，报国务院批准。土地利用年度计划应当分别列出全国和省、自治区、直辖市以及由国务院批准土地利用总体规划的城市和新疆生产建设兵团的各项计划指标。编制的土地利用年度计划应当于本年度 12 月 10 日前报国务院，经批准后下达到各部门和各省、自治区、直辖市以及由国务院批准土地利用总体规划的城市和新疆生产建设兵团,以指导他们编制计划。

(3)上报计划修正数。县级以上地方人民政府土地行政主管部门等接到上级下达的计划指标后,结合本地区、本部门的实际情况,对控制数进行研究,组织所属基层土地管理部门和计划部门对原上报建议数进行修正,将上级下达的农用地转用计划指标、耕地保有量计划指标和土地开发整理计划指标逐级分解,拟定实施方案。各地在拟定实施方案时,可以根据当地实际情况,增加若干控制指标。实施方案经同级人民政府批准后下达。省、自治区、直辖市以及由国务院批准土地利用总体规划的城市和新疆生产建设兵团在实施土地利用年度计划时,需调整土地利用年度计划指标的,应当向国土资源部提出申请。国土资源部审核同意后,报国务院批准。

### 5.3.3 土地利用计划的实施和检查

1. 用地计划的实施

为了使计划得到贯彻执行,必须制定相应的措施,保证用地计划实施。

(1)严格用地审批制度。用地计划是宏观管理措施,要通过具体的微观管理实现。因此,在项目审批时,一定要严格把关。具体来讲,一是把好选址关,能用非耕地则不用耕地,能用劣地则不用好地。二是把好用地标准关,严格按照建设用地定额标准审批土地,节约用地。三是坚持按计划审批土地,用地指标不落实不批地,突破指标的不批地。



(2)实行土地有偿使用。土地有偿使用是国家运用经济杠杆,通过协调各方面的经济利益关系,使微观经济活动与国家的宏观计划加以协调。目前,国家已开征耕地占用税、土地使用税、新菜田开发基金,以及实行国有土地有偿出让和有偿划拨,这些都能促使用地单位考虑本单位经济利益,主动节约用地,从而推动了用地计划的实施。

(3)制定用地计划管理办法。为使用地计划管理工作有章可循,应制定用地计划管理办法,包括计划的编报、下达、实施、调整、检查、奖惩办法等多方面,计划执行得好与坏,奖惩一定要分明、严肃。

2. 用地计划的检查

计划下达后,必须对计划的执行情况进行经常地和系统地检查。

首先,要检查用地计划的贯彻落实情况,计划执行单位是否把国家计划规定的任务作为本单位实现的目标,是否制定了执行计划的相应措施,以保证国家计划的实现。其次,要检查计划执行情况,及时发现计划执行中存在的问题,以便采取措施消除薄弱环节,同时,还要发现和总结执行计划的好经验,及时加以推广,促进计划的完成。

检查计划的主要办法是:通过统计全面反映和检查计划的执行情况,定期公布执行情况;通过各地土地管理部门和计划部门深入基层进行检查,发现问题,及时采取措施予以解决。

用地计划一经下达,就要遵照执行。各级土地管理部门和计划部门一定要维护计划的严肃性,不得擅自修改计划。在计划执行过程中,如遇到不可预料的情况或国家重大决策的改变,允许对国家计划进行修改。

3. 年度建设用地计划指标的调整

建设用地计划下达以后，各级土地管理部门在实施用地计划时，可能会出现“实际需求大于计划指标”和“计划指标大于实际需求”两种情况，造成的原因主要是编报计划时漏项、漏报及测算不准。一个城市，如确属建设需要，原定用地指标又不足时，可向上级主管部门申请追加用地指标。上级主管部门可根据各地区建设用地计划实际需要的余缺，进行协调和平衡。无法平衡而需要突破总指标的，再向更上一级主管部门申请追加计划指标。申请追加计划指标的程序与编报计划的程序相同。

在追加建设用地计划指标有困难的情况下，还要按照“三保三压”的办法，进行用地需求的压缩。“三保三压”内容如下。

(1)保证能源、交通、通信、重要原材料和农业等短线产品项目用地；压缩一般加工工业长线产品的项目用地。

(2)保证必须的生产性建设项目用地；压缩非生产建设项目，特别是楼、堂、馆、所建设的项目用地。

(3)保证重要引进技术、列入国家计划的重大企业改造和生产市场急需产品所必需的技术改造项目用地；压缩一般技术改造项目，特别是以扩大外延再生产为主的项目用地。

对某些地区，当年建设用地指标不突破，可以调整建设用地指标结构。凡将集体建设用地、农村个人建房用地指标改为用作国家建设的，由各地区确定，报上级主管部门备案；若将国家建设用地指标调整用作集体建设或农村个人建房的，必须报上级主管部门批准后执行。



## 5.3.4 土地利用年度计划的任务和组成

土地利用年度计划，是根据国民经济和社会发展计划，国家产业政策，土地利用总体规划以及建设用地和土地利用的实际状况编制的。它是以一年为期，属于中期土地利用计划的具体化。土地利用年度计划要对中期土地利用计划所规定的分年任务做出具体安排，但它的指标并非是对中期指标的机械分段，而是在不断总结经验的基础上，充分考虑当年的实际情况，对中期土地利用计划进行必要地调整和补充。土地利用年度计划必须与中期土地利用计划相互衔接，才能保证土地利用年度计划的连续性。

土地利用年度计划按分级管理原则，分为国家土地利用计划和地方土地利用计划。国家土地利用计划属于全国性土地利用计划，其内容包括国家全局性的土地利用决策，规定国民经济及其各部门的用地比例和规模，以及实现计划的重大政策措施和步骤。它是制定地方土地利用计划的主要依据。在地方土地利用计划与国家土地利用计划发生矛盾时，地方计划应当服从国家计划，并首先保证国家土地利用计划的实现。地方土地利用计划则是国家土地利用计划在各地区的具体化，主要是指省(自治区、直辖市、计划单列市和区)、市、县级土地利用计划。它是以全国土地利用计划按地区分列的指标为基本依据，结合本地区的实际情况，因地制宜地对本地区的土地利用做出具体安排。

土地利用年度计划，按调节控制程度序列分为指令性计划和指导性计划。指令计划是由国家制定的，具有法律效力和强制性，由国家直接控制的计划。由于我国可耕地资源有限，耕地面积的数量是关系到“一要吃饭、二要建设”的大事，而且耕地一旦改作非农业建设用地很难逆转。因此在用地计划中,目前对非农业建设和农业建设占用耕地的面积实行指令性计划。指导性计划中,只规定一定幅度的指标,用以指导国民经济各部门对土地的利用,一般不具有强制性。但是执行单位要以指导性计划为依据,结合本地区实际条件加以安排,并保证有一定程度的调整幅度,报计划主管部门备案。国家主要通过经济政策、经济杠杆和经济法规进行指导和调节,必要时辅以行政手段。在土地利用计划中,目前对非农业建设占用非耕地面积和土地复垦开发面积实行指导性计划。

### 5.3.5 土地利用年度计划指标体系

土地利用年度计划指标,可分为农业生产用地、农业建设用地、非农业建设用地和土地开发整理指标四类。

1. 农业生产用地计划指标

农业生产用地包括耕地、园地、林地、草地和水产养殖用地等,农业生产用地计划指标的重点是耕地保有量计划指标,包括基本农田保有量和一般耕地保有量计划指标。为了反映农业产业结构调整的情况,还可以列出退耕还园、还林、还牧、还渔等计划指标。

2. 农业建设用地指标



农业建设用地指标包括农村道路、农田水利建设等用地指标。农村道路是指村际道路、村组道路以及直接为农业生产服务的田间道路。农田水利用地是指直接为农业生产服务的各级沟渠、泵站、堤坝等用地。

3. 非农业建设用地计划指标

非农业建设用地计划指标,包括国家建设、乡镇集体建设和农村个人建房用地计划指标。国家建设用地是指县级以上全民所有制和城市大集体所有制投资、列入国家固定资产投资计划或准许建设的各项基本建设用地。乡镇集体建设用地是指乡镇企业、乡(镇)村公共设施和公益性事业用地。农村个人建房用地是农业和非农业人口使用集体土地建设住宅的用地,不包括庭院经济用地。非农业建设用地指标的核心是农用地转用计划指标,即耕地、园地、林地、牧草地、养殖水面等转为建设用地的计划指标。

4. 土地开发整理计划指标

土地开发整理计划指标包括未利用土地开发计划指标、废弃地复垦计划指标、土地整理计划指标和已利用土地再开发指标等。这类指标既要有土地开发复垦整理的总量计划指标,又要有通过开发复垦整理后新增耕地的计划指标。

## 5.4 建设项目用地预审

### 5.4.1 建设用地的概念及主要类型

建设用地是土地利用方式的一种,是相对于农业用地而言的。它是指通过工程工段,为人们的生产和生活提供建筑空间和操作场地的土地。它对于土地的利用,主要是把土地作为生产基地和生活场所,而不是以取得生物产品为主要目的。

建设用地按其利用方式不同,分为农业建设用地和非农业建设用地。按照其土地权属性质、投入资金来源和土地利用类型的不同,非农业建设用地又分为国家建设用地、乡(镇)村建设用地和外商投资企业用地三种类型。

国家建设用地,是指国家进行经济、文化、国防以及兴办社会公共事业所需要的建设用地,包括城镇建设用地、工矿企业用地、交通运输用地、水利工程用地和特殊用地等。

乡(镇)村建设用地,是指乡(镇)村集体和农民个人投资的各项生产、生活和社会公共设施和公益事业建设时所需的建设用地。

外商投资企业用地,是指中外合资经营企业、中外合作经营企业、外资企业进行生产经营和工程建设所需用地。

### 5.4.2 建设地供应方式与政策

建设用地供应就是提供建设用地。它是指土地行政主管部门依据国家法律法规与政策,将土地提供给建设用地单位使用的过程。它需要回答是否提供建设用地、以什么方式提供建设用地、提供多少建设用地、提供哪一块建设用地以及以什么条件提供建设用地等问题。

1. 供地的基本依据与政策

依据《当前国家重点鼓励发展的产业、产品和支持目录》《外商投资产业指导目录》和国务院转发的《关于公布第一批淘汰产品、生产工艺和生产能力的通知》的要求,对于不同类别的项目,有不同的供地政策。国家鼓励类项目——可以供地,甚至要积极地提供土地;国家限制类项目——限制供地;国家禁止类项目——一般禁止供地。为此,国家资源部、国家经贸委发布和实施第一批《限制供地项目目录》《禁止供地项目目录》(国土资发〔1999〕357号)。

(1)按照《限制供地项目目录》限制提供建设用地的是:对须在全国范围内统筹规划布点,涉及国防安全和国家利益的,生产能力过剩需总量控制的,大量损毁土地资源或以土壤为生产原料的,需要低于国家规定地价出让、出租土地的,按照法律法规限制的其他建设项目。

凡列入《限制工地项目目录》属于在全国范围内统一规划布点、生产能力过剩需总量控制和涉及国防安全、重要国家利益的建设项目,地方人民政府批准提供建设用地前,须先取得国土资源部许可证,再履行批准手续。凡列入《限制供地项目目录》,属于以土壤为生产原料或大量损耗土地资源、地域规定地价出让土地和法律法规限制的其他项目,由省、自治区、直辖市人民政府土地行政主管部门采取有效措施,对其供地进行严格的监督管理和指导。

对限制供地项目用地,必须根据建设用地标准和设计规范进行严格审查,对超过用地标准,违反集约用地原则的,要坚决予以核减用地面积。由于限制供地项目多为竞争性项目,要尽量采取招标、拍卖方式提供建设用地。

对未经国土资源部许可或不符合省、自治区、直辖市土地行政主管部门有关规定向限制供地项目提供建设用地的，国土资源部可责成地方政府回收用地批准文件；省、自治区、直辖市土地行政主管部门也可根据有关限制供地条件做出相应规定。

(2)按照《禁止供地项目目录》禁止提供建设用地的是：危害国家安全或者损害社会公共利益的，国家产业政策明令淘汰的生产方式、产品和工艺所涉及的，国家产业政策规定禁止投资的，按照法律法规规定禁止的其他建设项目。

凡列入《禁止供地项目目录》的建设项目，在禁止期限内，土地行政主管部门不得受理其建设项目用地报件，各级人民政府不得批准提供建设用地。

(3)国土资源部和国家经贸委将根据经济技术进步、社会发展、集约用地和保护环境的要求，按照国家产业政策和建设用地状况，不定期地组织编制、发布和调整《限制供地项目目录》和《禁止供地项目目录》。

除此之外，一般都允许供地，特别是国家鼓励类项目应优先提供建设用地。

2. 供地的具体要求

(1)供地方式。

①划拨供地方式。按照《土地管理法》第五十四条规定，经过县级以上人民政府依法批准，国家机关用地和军事用地、城市基础设施用地和法律、行政法规规定的其他用地可采用划拨方式供地。土地使用者可以无偿、无限期地使用依法划拨的国有土地。为了防止划拨用地供给过程中，任何单位或者个人肆意占有国有土地资产，国土资源部编制《划拨供地项目目录》，详细规定了可按划拨方式提供建设用地的土地用途。



②有偿使用供地方式。除可以划拨方式供应建设用地以外的所有建设项目，可按有偿方式提供国有土地。有偿使用的形式包括：国有土地使用权出让、出租和作价出资或者入股。

③依法使用集体土地。严格地说，这不是国家供应土地，而是国家对这种用地方式的许可(即许可土地所有者使用自己的土地)。

可以使用集体土地的建设项目包括：农民个人建住宅，但是农村村民一户只能拥有一处住宅，农村村民出卖、出租住房后，再申请宅基地的，不予批准；乡(镇)村公共设施、公益事业建设，不管是使用本集体所有的土地，还是使用其他集体所有的土地都是允许的；乡(镇)企业[主要有三种类型，一是乡(镇)企业使用本乡(镇)集体所有的土地，二是村办企业使用本村集体所有的土地，三是农村集体经济组织使用本集体所有的土地与其他单位、个人以土地使用权入股、联营等形式共同举办乡(镇)企业]。

(2)供地位置。根据土地利用总体规划、城市规划、村庄和集镇规划，决定供地的具体位置。

(3)供地时间。根据建设用地时间和土地供应年度计划，决定供地时间。

(4)供地数量。根据国家规定的具体建设用地定额指标，确定供地数量。

### 5.4.3 建设用地审批

1. 建设用地审批制度的改革

为了控制建设用地供给总量，切实保护耕地，国土资源部根据《中华人民共和国土地管理法》,制订了《建设项目用地预审管理办法》《建设用地审查报批管理办法》等一系列文件,对于建设用地审批制度进行了多方面改革。

(1)实行建设用地预审。建设项目用地预审是指在建设项目可行性研究阶段,有关人民政府土地行政主管部门依法对建设项目涉及土地利用的事项进行的审查。审查内容包括:建设项目用地选址是否符合土地利用总体规划;是否符合土地管理法律、法规规定的条件;建设项目是否符合国家供地政策;建设项目用地选址是否符合地质灾害防治规划;占用耕地的,补充耕地资金是否落实,计列费用是否合理。

(2)强化农用地转用审批。今后建设用地涉及农用地的,建设单位应申请办理农用地转用审批手续,并提出占用农用地的初步方案,占用耕地的,还应提出补充耕地的初步方案,承担占用农用地、补充耕地的相应义务。

(3)规范土地征用审批权。建设项目需要征用农村集体所有土地的,建设单位必须依法办理土地征用审批手续,同时提出征用土地的初步方案,承担征地补偿相关义务。

(4)集中审批权限。按照《中华人民共和国土地管理法》的规定,农用地转用及征地审批权上收至省级以上人民政府,其中省会城市等部分城市的审批权全部上收至国务院。农村村民申请使用宅基地的,改为由乡(镇)人民政府审核,县级人民政府批准;宅基地使用涉及农用地的,也要依法办理农用地转用审批手续,审批权同样在省级以上人民政府,其中部分城市的审批权在国务院。



(5)完善报批程序。在土地利用总体规划确定的城市建设用地范围内使用土地的,必须先由县人民政府按照土地利用总体规划分批报省级以上人民政府办理农用地转用、土地征用审批手续后,方可统筹安排具体建设项目用地,即必须先"批发"后"零售"。而在土地利用总体规划确定的城市建设用地范围外使用土地的,仍以项目为单位上报,由省级以上人民政府审批。

(6)实行项目用地审批。具体建设项目用地审批是建设项目落实到具体地块的最后审批环节。其中在土地利用总体规划确定的城市建设用地范围内使用土地的,并已批准农用地转用的,由市、县人民政府在省政府规定的全县范围内具体确定;在土地利用总体规划确定的城市建设用地范围外使用土地的,具体建设项目用地审批一般由省级以上人民政府直接审批。

(7)明确供地方式。依据现行土地管理法的规定,今后根据项目性质的不同,实行土地有偿使用、划拨使用或集体土地使用等不同方式供地。

2. 建设用地审查报批管理的规定

为加强土地管理,规范建设用地审查报批工作,根据《中华人民共和国土地管理法》《中华人民共和国土地管理实施条例》,国土资源部制定通过《建设用地审查报批管理办法》。其中主要条款如下。

(1)建设项目可行性研究论证时,建设单位应当向建设项目批准机关的同级土地行政主管部门提出建设用地预申请。受理预申请的土地行政主管部门应当依据土地利用总体规划和国家土地供应政策,对建设项目的有关事项进行预审,出具建设项目用地预审报告。

(2)在土地利用总体规划确定的城市建设用地范围外单独选址的建设项目使用土地的,建设单位应当向土地所在地的市、县人民政府土地行政主管部门提出用地申请。

建设单位提出用地申请时，应当填写《建设用地申请表》，并附具下列材料：建设单位有关资质证明；项目可行性研究报告批复或者其他有关批准文件；建设项目总平面布置图；占用耕地的，必须提出补充耕地方案；建设项目位于地质灾害易发区的，应当提供地质灾害危险性评估报告。

市、县人民政府土地行政主管部门对材料齐全、符合条件的建设用地申请应当受理，并在收到申请之日起30日内拟定农用地转用方案、补充耕地方案、征用土地和供地方案，编制建设项目用地呈报说明书，经同级人民政府审核同意后，报上一级土地行政主管部门审查。

(3)在土地利用总体规划确定的城市建设用地范围内，为实施城市规划占用土地的，由市、县人民政府土地行政主管部门拟定农用地转用方案、补充耕地方案和征用土地方案，编制建设项目用地承包说明书，经同级人民政府审核同意后，报上一级土地行政主管部门审查。

在土地利用总体规划确定的村庄和集镇建设用地范围内，为实施村庄和集镇规划占用土地的，由市、县人民政府土地行政主管部门拟定农用地转用方案、补充耕地方案和征用土地方案，编制建设项目用地呈报说明书，经同级人民政府审核同意后，报上一级土地行政主管部门审查。



3. 建设用地审批程序

(1)具体建设项目用地审批程序。各级土地行政主管部门对建设用地的申请、受理、报批和实施，要严格依照法定程序办理。

预审程序。具体建设项目可行性研究报告批准前(不需要进行可行性研究的，在项目正式立项前)，建设单位应当向建设项目批准机关的同级土地行政主管部门提出建设用地预审申请，填写《具体建设项目用地预审申请表》，同时报送建设项目建议书批复、建设项目可行性研究报告(草案)。受理预审申请的土地行政主管部门依据土地利用总体规划、土地利用年度计划、国家土地供应政策和用地定额等，对建设项目的有关事项进行预审，进行实地调查踏勘，出具《具体建设项目用地预审意见书》。可行性研究报告报批时，必须附有土地行政主管部门出具的《具体建设项目用地预审意见书》。

正审程序。根据现行法律、法规规定，具体建设项目用地申请、受理、审查、报批按以下程序进行：项目可行性研究报告报批前(不需进行可行性研究的项目，在项目立项前)，由土地行政主管部门进行预审，提出预审意见——项目正式立项——领取建设用地规划许可证或其他有关文件(包括建设农用地需占用林地的，办理使用林地手续等)——建设单位提出用地申请——拟定农用地转用方案、补充耕地方案、征用土地方案、供地方案[包括拟定《国有土地划拨决定书》《建设用地集体所有土地决定书》等草案或草签出让(租赁)合同]；占用已经分批次批准建设用地的，只需经过拟定供地方案，编制建设用地项目承包说明书，县级人民政府审查、审批，需报上级人民政府批准的，逐级上报审查、审批，需报国务院审批的由省政府上报给国务院，批准后公告和实施征地、供地等程序。

(2)分批次建设用地审批程序。分批次建设用地申请、审查、审批按以下程序进行：市、县人民政府土地行政主管部门凭土地利用年度计划等用地指标和预审通过的建设项目需求及其他供地需求预测，初步编制分批次用地预安排方案，经同级人民政府协调认可后向省、市土地行政主管部门预报、预审——市、县人民政府土地行政主管部门拟定农用地转用方案、补充耕地方案、征地土地方案、供地预案，并编制建设用地项目承包说明书——预审原则同意的，报同级人民政府审查——由市、县人民政府提出用地申请——逐级报省审查、审批——需报国务院审批的由省政府上报国务院——批准后公告和实施征地——分项按建设用地审批权限批准供地。

(3)建设用地审批权限。建设用地审批权限包括农用地审批权限、土地征用审批权限和供地审批权限。

首先，农用地审批权限。在土地利用总体规划确定的城市、村庄和集镇确定的规划建设用地范围内，为实施该规划而将农用地转为建设用地的，按土地利用年度计划分批次由原批准土地利用总体规划的机关批准。如土地利用总体规划是经国务院批准的，则在该总体规划内为实施土地利用总体规划确定的城市、村庄和集镇规划范围内的建设用地转为农用地的须由国务院批准。由国务院、省级人民政府直接行文批复的单独选址建设项目，或经国务院、省级人民政府有关部门行文批复，但在批复文件中注明经国务院、省级人民政府批复的单独选址建设项目占用土地，涉及农用地转用的，由国务院批准。单独选址的建设项目确需占用基本农田的，应调整土地利用总体规划，补划数量和质量相当的基本农田，依法办理农用地转用审批手续。

其次，土地征收审批权限。征收基本农田以外的耕地超过35 $hm^2$ 或其他土地超过70 $hm^2$ 的须经国务院审批；征收前述规定以外的土地的，由省、自治区、直辖市人民政府批准，并报给国务院备案。单独选址建设项目用地占用基本农田，按经批准的土地利用总体规划重新调整划定的基本农田保护区范围认定。确需占用基本农田，且被占用基本农田属农村集体土地，需要征收的报国务院审批。

再次，土地供应审批权限。不涉及农用地转用和征地的，具体建设项目用地可以由市、县、人民政府批准；涉及征用的，同征收的审批权限；不涉及征收但涉及农转用的，同农转用的审批权限。



## 【基本知识练习】

### 一、判断题

1. 土地规划的目的是社会整体利益最大化，其衡量的标准就是经济效益、社会效益、生态效益的综合指标是否达到最优值。(　　)

2. 我国现阶段编制的土地利用总体规划属于中长期规划。(　　)

3. 编制和实施土地利用总体规划是合理利用土地的基础。(　　)

4. 土地利用总体规划是国家实行用途管制的基础。(　　)

5. 土地利用总体规划是一个多层次的规划体系。根据分级管理的原则，规划按行政区域分为国家、省(自治区、直辖市)级、市(地)级、县(市)级4个层次。(　　)

6. 县一级的土地利用总体规划是乡一级土地利用整体规划的依据。(　　)

7. 土地利用总体规划与国土规划是相互关联而不能相互替代的两项带有宏观战略性的规划，国土规划是土地利用规划的一项专项计划并对土地利用规划起反馈作用。(　　)

8. 各级土地利用总体规划的审批部门是上级土地管理部门。(　　)

9. 土地利用总体规划经审核批准后，成为具有法律约束力的规划，对规划的修编必须符合一定的程序，即必须由同级人大及其常委会批准通过。（　）

10. 根据规定，各省、自治区、直辖市的土地利用年度计划建议，应当于每年 12 月 31 日前报国土资源部，同时抄报国家发展和改革委员会（　）。

答案：1～5　√√√√×，6～10　√××××

**二、单项选择题**

1. 土地利用总体规划主要解决________的问题。

A. 用地规模　B. 用地布局　C. 用地规模和布局　D. 粮食问题

2. 上一级土地利用总体规划对下一级土地利用总体规划起着________作用，下级土地利用总体规划对上级土地利用总体规划有反馈作用。

A. 反馈作用　B. 联系作用　C. 控制作用　D. 协调作用

3. 编制和实施________是合理利用土地的基础。

A. 土地利用总体规划　B. 土地利用专项规划

C. 国土规划　D. 城市规划

4. 乡(镇)土地利用总体规划可以由________人民政府批准。

A. 县级　B. 市级



C. 省级　D、省级人民政府授权的设区的市级

5. 2008 年新修订的《工业项目建设用地控制指标》由投资强度、容积率、建筑系数、行政办公及生活服务设施用地所占比例、绿地率五项指标构成，下列说法错误的是（　）。

A. 工业项目的建筑系数应不低于 30％

B. 工业项目所需行政办公及生活服务设施用地面积不得超过工业项目总用地面积的 7％

C. 可以在工业项目用地范围内建造专家楼和培训中心等非生产性配套设施

D. 工业企业内部绿地率最多不得超过 20％

6. 农用地转为建设用地的依据是（　）。

A. 土地利用总体规划、城市规划、土地利用年度计划

B. 土地利用总体规划、城市规划、建设用地供应政策

C. 土地利用总体规划、土地利用年度计划、建设用地供应政策

D. 建设用地供应政策、城市规划、土地利用年度计划

7. 与土地利用总体规划相比，下列不属于土地利用专项规划特点的是（　）。

A. 全局性　B. 针对性　C. 实用性　D. 局部性

8. 土地利用计划编制的内容不包括（　）。

A. 农用地转为建设用地的指标

B. 土地开发整理增加耕地的指标

C. 生态退耕指标

D. 耕地保有量指标

9. 征收集体土地实行国务院和省级人民政府两级审批制度。在以下情形中，应由国务院批准的情形有（　）。

A. 征收基本农田5亩　　B. 征收基本农田以外的耕地25 $hm^2$

C. 征收园地600亩　　D. 征收集体建设用地45 $hm^2$

10. 下列关于土地利用总体规划与国土规划的关系，说法正确的是(　　)。

A. 国土规划不涉及土地利用问题

B. 土地利用总体规划是最高层次的空间规划

C. 国土规划是土地利用规划的一项专项规划，并对土地利用规划起反馈作用。

D. 土地利用总体规划与国土规划是相互关联而不能相互取代的两项带有宏观战略性的规划

答案：1～5　CCADC，6～10　CACAD

## 【延伸阅读】

### 全国土地利用总体规划纲要(2006—2020年)

为了深入贯彻科学发展观，切实落实十分珍惜、合理利用土地和切实保护耕地的基本国策，更好地统筹土地资源的开发、利用和保护，促进国民经济又好又快发展，依据《中华人民共和国土地管理法》等法律法规和国家有关土地利用的方针、政策，在《全国土地利用总体规划纲要(1997—2010年)》基础上，制定《全国土地利用总体规划纲要(2006—2020年)》(以下简称《纲要》)。

《纲要》主要阐明规划期内国家土地利用战略，明确政府土地利用管理的主要目标、任务和政策，引导全社会保护和合理利用土地资源，是实行最严格土地管理制度的纲领性文件，是落实土地宏观调控和土地用途管制、规划城乡建设和各项建设的重要依据。

《纲要》以2002年为基期，以2020年为规划期末年。《纲要》的规划范围未包括香港特别行政区、澳门特别行政区和台湾省。

根据全面建设小康社会的总体要求和"十一五"经济社会发展的目标任务，规划期内努力实现以下土地利用目标：

——守住18亿亩耕地红线。全国耕地保有量到2010年和2020年分别保持在12 120万公顷(18.18亿亩)和12 033.33万公顷(18.05亿亩)。规划期内，确保10 400万公顷(15.6亿亩)基本农田数量不减少、质量有提高。

——保障科学发展的建设用地。新增建设用地规模得到有效控制，闲置和低效建设用地得到充分利用，建设用地空间不断扩展，节约集约用地水平不断提高，有效保障科学发展的用地需求。到2010年和2020年，全国新增建设用地分别为195万公顷(2 925万亩)和585万公顷(8 775万亩)。

——土地利用结构得到优化。农用地保持基本稳定，建设用地得到有效控制，未利用地得到合理开发；城乡用地结构不断优化，城镇建设用地的增加与农村建设用地的减少相挂钩。到2010年和2020年，农用地稳定在66 177.09万公顷(92 656万亩)和66 883.55万公顷(1 003 253万亩)，建设用地总面积分别控制在3 374万公顷(50 610万亩)和3 724万公顷(55 860万亩)以内；城镇工矿用地在城乡建设用地总量中的比例由2005年的30%调整到2020年的40%左右，但要从严控制城镇工矿用地中工业用地的比例。

——土地整理复垦开发全面推进。田水路林村综合整治和建设用地整理取得明显成效，新增工矿废弃地实现全面复垦，后备耕地资源得到适度开发。到 2010 年和 2020 年，全国通过土地整理复垦开发补充耕地不低于 114 万公顷(1 710 万亩)和 367 万公顷(5 500 万亩)。

——土地生态保护和建设取得积极成效。退耕还林还草成果得到进一步巩固，水土流失、土地荒漠化和“三化”(退化、沙化、碱化)草地治理取得明显进展，农用地特别是耕地污染的防治工作得到加强。

——土地管理在宏观调控中的作用明显增强。土地法制建设不断加强，市场机制逐步健全，土地管理的法律、经济、行政和技术等手段不断完善，土地管理效率和服务水平不断提高。

围绕规划目标，明确以下主要任务：

——以严格保护耕地为前提，统筹安排农用地。实行耕地数量、质量、生态全面管护，严格控制非农建设占用耕地特别是基本农田，加强基本农田建设；加大土地整理复垦开发补充耕地力度，确保补充耕地质量；统筹安排各类农用地，合理调整农用地结构和布局。

——以推进节约集约用地为重点，提高建设用地保障能力。坚持需求引导与供给调节，合理确定新增建设用地规模、结构和时序，从严控制建设用地总规模；加强建设用地空间管制，严格划定城乡建设用地扩展边界，控制建设用地无序扩张；积极盘活存量建设用地，鼓励深度开发地上地下空间，充分利用未利用地和工矿废弃地拓展建设用地空间。



——以加强国土综合整治为手段，协调土地利用与生态建设。充分发挥各类农用地和未利用地的生态功能，保护基础性生态用地；积极推进以土地整理复垦为重点的国土综合整治，统筹土地利用与生态环境建设；制定不同区域环境保护的用地政策，因地制宜改善土地生态环境。

——以优化结构布局为途径，统筹区域土地利用。加强区域土地利用调控和引导，明确区域土地利用方向；制定和实施差别化的土地利用政策，促进主体功能区的形成；强化省级土地利用调控，落实土地利用规划目标和空间管制措施。

——以落实共同责任为基础，完善规划实施保障措施。严格执行保护耕地和节约集约用地目标责任制，强化土地利用总体规划的整体控制作用，落实差别化的土地利用计划政策，健全保护耕地和节约集约用地的市场调节机制，建立土地利用规划动态调整机制，确保土地利用规划目标的实现。

Chapter 6

# 第6章 耕地保护管理

## 【导入案例】

### 牢牢守住耕地保护红线

“务农重本，国之大纲”。耕地关系十几亿人吃饭的大事。耕地保护事关国家粮食安全、生态安全和社会稳定，始终是国计民生的头等大事，绝不能有闪失。

近日，中共中央、国务院印发《关于加强耕地保护和改进占补平衡的意见》（以下简称《意见》），这是1997年以来，中央再一次就耕地保护专门发文。《意见》围绕全面建成小康社会目标，坚持严保严管、节约优先、统筹协调、改革创新的原则，着力推动供给侧结构性改革，破解耕地保护和占补平衡难题，破解耕地保护制度政策与经济发展新常态的适应性，从6方面为新时期耕地保护工作确立了目标任务，明确了总体要求和政策措施，为在新形势下进一步做好这项关系全局的重要工作提供了重要遵循。

加强耕地保护，既要坚守底线也要解决现实问题，出路在于深化改革。农业供给侧结构性改革的核心，就是要促进农业农村发展由过度依赖资源消耗、主要满足“量”的需要，向追求绿色生态可持续、更加注重“质”的需求转变。《意见》要求，要控增量、挖存量、促集约、强占补，做到“少占”、确保“补足”，大规模推进高标准农田建设，积极开展退化耕地、污染耕地综合治理和修复。“三管齐下”对耕地实行数量、质量、生态“三位一体”的系统性保护，就能为深化农业供给侧结构性改革夯实基础、创造有利条件。

加强耕地保护，要用好占补平衡这个补救措施。据统计，1999—2015年期间，全国通过实施耕地占补平衡补充耕地6 929万亩，比建设占用耕地面积多出1 001万亩；全国年均建设占用耕地规模大幅下降。实践证明，占补平衡既能有效弥补建设用地占用造成的耕地损失，也有利于倒逼节约集约用地，促进经济发展方式转变。当务之急，是针对当前一些地方出现的困难和问题，改进耕地占补平衡管理，按照"控占用、调方式、算大账、差别化"的思路，以严格落实耕地占补平衡责任，大力实施土地整治落实补充耕地任务，规范省域内补充耕地指标调剂管理，探索补充耕地国家统筹，严格补充耕地检查验收为抓手，改进和规范占补平衡管理措施，确保补充耕地数量质量相当、量质协同。

资料来源：新华网 http://news.xinhuanet.com/2017-01/24/c_129459413.htm.

## 【讨论】

1. 进行土地保护的措施有哪些？
2. 耕地保护的重要意义？
3. 土地整治与耕地保护的关系？

## 【学习任务】

1. 掌握基本农田保护。
2. 熟悉土地整治的概念。
3. 熟悉耕地占补平衡。
4. 掌握土地征收的相关知识。



## 【知识内容】

# 6.1 基本农田保护

### 6.1.1 基本农田概念

根据《基本农田保护条例》的规定，基本农田是指按照一定时期人口和社会经济发展对农产品的需求以及对建设用地的预测，根据土地利用总体规划而确定的不得占用的耕地。

基本农田，又称之为"吃饭田""保命田"，是耕地的其中一部分，而且主要是高产优质的那一部分耕地，但并不是所有的耕地都是基本农田。

基本农田保护是为了保障国家粮食安全，保障经济社会的可持续发展，而采取行政、法律、技术或经济的方法对基本农田实施的特殊保护。根据《基本农田保护条例》第 3 条规定，基本农田保护方针是："全面规划、合理利用、用养结合、严格保护"。

### 6.1.2 基本农田保护区划定

划定基本农田保护区的依据是土地利用总体规划，土地利用总体规划是协调各行业用地的最高规划。特别在县、乡级土地利用总体规划中，将明确划出各种土地利用区，包括城市建设用地区、村庄和集镇建设用地区、林地区、耕地区、基本农田保护区等。在编制土地利用总体规划时也要考虑到各行业对用地的需要、耕地的保有量和基本农田保护的需要。因此，划定基本农田保护区应当以土地利用总体规划为依据，把按土地利用总体规划的要求应该划入基本农田保护的耕地划入基本农田保护区，并对此进行特殊保护。划定基本农田保护区应当依据县、乡级土地利用总体规划划区定界，以乡(镇)为单位具体落实到地块，并到实地进行划区界定，确定具体的范围、四至，并建立基本农田保护区的档案。

基本农田保护区以乡(镇)为单位划区定界，由县级人民政府土地行政主管部门会同同级农业行政主管部门组织实施。根据国民经济和社会发展要求，现行《土地管理法》规定了划定基本农田的数量要求，即各省、自治区、直辖市划定的基本农田应当占本行政区域内耕地的80%以上。

### 6.1.3　划入基本农田保护区的范围

现行《土地管理法》规定，下列耕地应当根据土地利用总体规划划入基本农田保护区，并进行严格管理。

(1)经国务院有关主管部门或者县级以上地方人民政府批准确定的粮、棉、油生产基地内的耕地。

(2)有良好的水利与水土保持设施的耕地，正在实施改造计划以及可以改造的中、低产田。

(3)蔬菜生产基地。

(4)农业科研、教学试验田。

(5)国务院规定应当划入基本农田保护区的其他耕地。

根据土地利用总体规划，铁路、公路等交通沿线，城市和村庄、集镇建设用地区周边的耕地，应当优先划入基本农田保护区；需要退耕还林、还牧、还湖的耕地，不应当划入基本农田保护区。

### 6.1.4　耕地保护政策体系

1. 建立耕地保护的产权机制

目前我国混乱、虚化的集体所属耕地产权不仅不利于国家对耕地资源的管理与保护，而且束缚了农民的生产自由，侵犯了农民的社会保障权益。因此，国家应当明晰安排耕地产权并以法律法规的形式确定下来，通过制度变迁来实现资源配置效率的提高。这也是确保农民能从土地上获得社会保障所必需的权益。

(1)明晰集体土地产权，保障土地财产权特别是农民土地财产权。应当按照“建立归属清晰、权责明确、保护严格、流转顺畅的现代产权制度”的要求，改革完善现行集体土地产权制度，明确集体土地所有权主体和所有权实现方式，将农民的土地产权落到实处。乡(镇)政府和村委会不应成为土地产权制度改革所确认的最终产权主体，土地产权应归还于农民，即明确土地归全体村民所有，其法人代表由产权主体成员依法定程序推选，通过选举以契约形式授权，规定任期，报乡国土所登记，乡国土所核实各村产权主体后报县国土资源局登记。集体土地产权主体明晰后,它应享有比较完整的产权权能,要求国家将农地产权尤其是农地的收益权和处置权归还给明晰的主体,并使之法律化。同时,要强化农民的土地财产权与国家对农村土地的调控权,明确土地产权在国家、集体与农民之间的分配关系。

(2)建立土地流转机制,通过产权的最优配置促进土地的合理利用。允许农户根据实际情况,在规定的期限内将土地承包经营权依法采取转包、出租、互换、转让或其他方式流转,通过建立有效的流转机制促进农用地的规模经营。2003 年 3 月,我国颁布了《农村土地承包法》,从法律上、理论上消除了土地再分配的威胁。这也是政府将自己拥有的财产权转让给农民而采取的一个重大举措和明智的选择。2016 年末,中共中央办公厅、国务院办公厅印发了《关于完善农村土地所有权承包权经营权分置办法的意见》,深化农村改革,完善农村基本经营制度,确立农村土地所有权、承包权、经营权三者之间的关系,依法推进土地经营权有序流转。“三权分置”创新了农村土地产权制度,拓展了农村土地集体所有制的有效实现形式;丰富了双层经营体制内涵,展现了我国农村基本经营制度的持久活力;顺应了发展适度规模经营的时代要求,为中国特色新型农业现代化开辟了新路径。

“三权分置”首要任务是明确界定所有权、承包权、经营权的权利边界,以利于各项权能独立行权,充分发挥各自独特效用。集体所有权的核心是处置权,集体通过行使所有权,可以控制和约束其他权利的不规范行使;农户承包权的核心是财产权,在社会保障水平较低的情况下,承包权是其最基本的生活保障,经营权的流转不能影响农户承包地的财产权益;土地经营权的核心是收益权,其创新要义在于优化土地资源配置,实现“农地农民有、农地农业用”,既促使提升土地产出率,又保障务农者的劳动效益和收入水平。同时,从中国农村土地制度的演变历程看,所有权、承包权和经营权在“三权分置”中位于不同的权格,既有层层派生的关系,相互间也存在一定的独立性,要准确把握“三权”关系,促进形成集体所有权、农户承包权和土地经营权相互衔接、大体均衡、同等保护的格局。



“三权分置”下,集体所有权要得到更加充分的体现和保障。农户承包权的获得、转让、互换、继承、退出等权能的行使,应体现农民集体的意志;土地经营权的使用和流转,农民集体享有知情权和监督权,防止毁损、闲置和浪费土地资源。特别是在承包权人转移进城而流转经营权的情况下,更要强化农民集体对土地使用的监督权,保护农地资源用于农业,维护集体土地权益。农民家庭承包的土地,可以由农民家庭经营,也可以通过流转经营权由其他主体经营,但不论承包土地经营权如何流转,集体土地承包权都属于农户家庭。土地经营权是土地作为农业生产要素功能的直接体现。实施“三权分置”的重要目的,就是更好用活土地经营权,实现土地资源的优化配置,有利于规模经营和现代农业发展。“三权分置”下,土地经营权的行使,要确保不改变土地集体所有的性质,并接受农民集体和承包农户的监督;土地经营权权能的设置,要以不改变农户家庭承包地位为前提,不损害农户承包权益;土地经营权权能的完善,要便于新型经营主体集中集约利用土地从事农业生产,充分发挥其农业生产要素功能。

2. 完善耕地总量动态平衡政策

(1)鼓励农地整理,不断提高耕地质量。耕地及基本农田保护的核心在于保持其农业综合生产能力。耕地总量动态平衡要实现数量和质量的双重平衡。在耕地数量不可能大规模增量供给的情况下,提高耕地质量对保障粮食安全、实现土地总量供需平衡的意义重大。首先，要在查明耕地环境质量现状的基础上，调整农业区划与规划，对农用地资源进一步优化配置，把优质的农用地用于名特优农产品的生产，对已受污染的土地进行种植结构调整。其次，建立严格的土地质量生态保护制度。建立全省的农业地质环境数据库平台、农业地质环境检测网、绿色土地保护制度、土地检测制度、土地质量公告制度、绿色农业产品地质环境评价制度等，通过制度和地方法规来保证土地的生态质量。再次，要落实耕地数量保护与质量保护、生态保护相结合的政府责任制。

(2)因地制宜，构建科学合理的跨省耕地保护"异地指标调剂"运行机制。根据各省对耕地需求的情况而定，在经济发达地区和不发达地区之间实行耕地保护指标调剂机制，在全国范围内实现耕地总量动态平衡。另外，要合理利用耕地占用税，征收的耕地占用税不仅要用于新耕地的开发，还应该用于耕地品质的提高。耕地占用税是对占用耕地从事非农业建设的单位和个人征收的一次性税收。其目的是要限制非农业建设占用耕地，鼓励在不影响水土保持，不破坏生态平衡的前提下，尽可能利用非农用土地，以有效地保护宝贵的农用土地资源。

3. 建立科学土地规划体系

土地规划不仅要着重于规划土地用途，而且更要着重于确定具体的土地利用数量，要彻底改变本应带有指导性、预见性的土地利用规划严重滞后的局面。因此在制定科学、合理的土地规划时，要先进行充分的土地评价，明确各块土地最合适的用途后，再进行综合考虑。对于高产地和基本农田，一定要在规划中反映清楚，并且要严格加以保护。其余耕地和其他农用地，要根据实际情况分别对待，如果经过评估，确定发展房地产业能给更多的人带来更多利益的话，则可以发展房地产业，用一种更加有效的资源配置的方法来实现它的价值，不要拘泥于保护耕地的限制中。另外，要有强有力的措施保障土地规划的实施。在现实中，一些部门无视土地规划的权威性和严肃性，常常为了一己小利或地方利益擅自修改土地规划，使土地利用陷入混乱的状态。因此要从制度上、法律上、体制上给土地规划一个严肃的、权威的地位，保证规划的顺利实施。



## 6.2 农用地转用管理

### 6.2.1 农用地转用概念

农用地转用又称为农用地转为建设用地，是现状的农用地按照土地利用总体规划和国家规定的批准权限报批后转变为建设用地的行为。

农用地转用是《土地管理法》重要的内容，也是在市场经济条件下，许多国家控制建设用地增长，保护农用地尤其是耕地普遍采用的手段。在世界各国和地区，名称不尽相同，但含义基本相似。有些称为"土地开发许可"，有的称为"建筑许可"，还有叫"非都市土地使用管制"，但目的都是根据土地利用总体规划或城市规划，控制建设项目占用农用地，尤其是占用耕地的行为。

### 6.2.2 农用地转用的条件

(1)在土地利用总体规划确定的城市、村庄和集镇规划区范围内的农用地转用必须符合下列条件。

①城市、村庄和集镇建设规划。

②土地利用年度计划确定的控制指标(包括上级下达的计划指标和土地整理折抵指标)。

③保质足额补充所占耕地。

④符合国家的土地供应政策。

(2)在土地利用总体规划确定的城市、村庄和集镇规划区范围以外单独选址的建设项目,确需占用农用地的,应当符合下列条件之一。

①土地利用总体规划已经明确预留的项目用地。

②经国务院和省人民政府批准的能源、水利等基础设施建设项目用地。

③供水、供电、排污等确实无法在土地利用总体规划确定的城市、村庄和集镇建设用地范围内的特殊建设项目用地。



### 6.2.3 农用地转用的批准权限

根据中央确定的土地要实行集中统一管理的原则,《土地管理法》对农用地转为建设用地实行两级审批的制度,即国务院和省级人民政府。现将有关审批权限分别予以介绍。

1. 国务院的批准权限

(1)国务院批准的建设项目占用农用地的。包括按照国家基本建设程序规定,由国务院及国务院有关部门批准可行性研究报告的项目,并且是在城市建设用地区之外需要单独选址的项目。同时包括国务院和国务院有关部门批准的能源、交通、水利、矿山等项目,也包括中央军委批准建设的军事项目用地。

(2)省、自治区、直辖市人民政府批准可行性研究报告的铁路、公路、各种管线及大型的能源、交通、水利等基础设施需要在城市建设用地区外单独选址的项目用地。

(3)城市建设用地区内统一征地的,包括直辖市,省、自治区人民政府所在地城市、城区人口在100万以上的其他城市,以及国务院指定的其他城市用地。这里要说明的是,这些城市中只有城市本身用地需要报国务院审批,而市辖县的县城则由省级人民政府批准,市内农村集体建设用地由地(市)办理农用地转用手续。但对于一些市设的开发区、卫星城将按城市市区同样对待,需报国务院批准。

(4)涉及基本农田的。根据《基本农田保护条例》第15条规定,农用地转用需要报国务院批准。

2. 省级人民政府的批准权限

(1)除了报国务院审批之外的其他城市的市区占用农用地的。

(2)县和县级市所在的城镇及其他城镇建设占用农用地的。

(3)地、市以下政府批准可行性研究或建设项目需要占用农用地的。

### 6.2.4 农用地转用的审批程序

1. 提出申请

由组织实施土地利用总体规划的县、市人民政府提出申请,其土地行政主管部门负责编制《农用地转用方案》《补充耕地方案》等报批材料。

2. 逐级报批

按规定由县、市人民政府逐级上报至省级人民政府,省级人民政府土地行政主管部门根据土地利用总体规划、土地利用年度计划、国家产业政策及补充耕地等情况进行审查。

3. 组织实施

农用地转用经批准后,由实施土地利用总体规划的地方人民政府及其土地行政主管部门具体组织农用地转用的实施。如果占用耕地,必须履行补充耕地的义务和责任。

### 6.2.5 补充耕地方案的编制与审核



1. 补充耕地方案编制的主体

一般由县级人民政府土地行政主管部门负责编制。

直辖市或省辖市人民政府申请城市建设用地占用耕地的,由直辖市或省辖市人民政府土地行政主管部门负责编制。

2. 补充耕地方案的内容

补充耕地方案包括建设用地名称,被占用耕地面积,补充耕地负责单位,补充耕地实施单位,已经完成补充耕地情况,拟完成补充耕地位置、数量,补划基本农田地块的位置、面积情况等内容,并以表格的形式填写。

3. 补充耕地方案审核的内容

(1)补充耕地责任单位、实施单位是否落实。

(2)补充耕地地块位置、面积是否确定。

(3)补充耕地的方式方法是否得当。

(4)补充耕地的保证措施是否得力。

(5)若建设占用基本农田,则须审查补划基本农田的位置是否已落实,质量是否符合要求。

## 6.3 土地整治

### 6.3.1 基本内涵

2003年3月,国土资源部颁发的《全国土地开发整理规划(2001—2010)》,包含了土地整理、土地复垦和土地开发三项内容。给出了相关的定义:土地整理是指采用工程、生物等措施,对田、水、路、林、村进行综合整治,增加有效耕地面积,提高土地质量和利用效率,改善生产、生活条件和生态环境的活动;土地复垦是指采用工程、生物等措施,对在生产建设过程中因挖损、塌陷、压占造成破坏、废弃的土地和自然灾害造成破坏、废弃的土地进行整治、恢复利用的活动;土地开发是指在保护和改善生态环境、防止水土流失和土地荒漠化的前提下,采用工程、生物等措施,将未利用土地资源开发利用的活动。2012 年 3 月,《全国土地整治规划(2011—2015 年)》经国务院批准正式颁布实施,明确了"十二五"期间土地整治的五项主要任务:一是统筹推进土地整治,二是大力推进农用地整治,三是规范推进农村建设用地整治,四是有序开展城镇工矿建设用地整治,五是加快土地复垦。

我国于 1999 年实施的《土地管理法》,提出了"国家鼓励土地整理",后来陆续出现了很多概念,如土地开发整理、土地整理复垦开发、土地整理复垦、土地整治、土地综合整治、农村土地整治、土地开发整理复垦等,甚至不同的概念在中央文件里同时出现,造成了概念和理解上的混乱。编制《全国土地整治规划(2011—2015 年)》时,首先在概念上进行统一,即选择了"土地整治"这一术语。从土地开发整理到土地整治,不仅仅是概念上的变更,其内涵和外延也发生了深刻的变化。在范围上,已由相对孤立的、分散的土地开发整理项目向集中连片的综合整治转变,从农村延伸到城镇;在内涵上,已由增加耕地数量为主向增加耕地数量、提高耕地质量、改善生态环境并重转变;在目标上,已由单纯的补充耕地向建设性保护耕地与推进新农村建设和城乡统筹发展相结合转变;在手段上,已由以项目为载体向以项目、工程为载体结合城乡建设用地增减挂钩、工矿废弃地复垦调整利用等政策的运用转变;从内容上,已由以农用地整理为主,转向农用地、农村建设用地、城镇工矿建设用地、未利用地开发与土地复垦等综合整治活动。



新一轮《全国土地整治规划(2016—2020 年)》提出坚持最严格的耕地保护制度和最严格的节约用地制度,实施藏粮于地和节约优先战略,以提升粮食产能为目标,大力推进农用地整理和高标准农田建设,夯实农业现代化基础;以促进城乡统筹发展为导向,大力推进城乡散乱、闲置、低效建设用地整理,推动美丽宜居乡村建设和新型城镇化发展;以精准扶贫、精准脱贫为要求,大力推进贫困地区土地综合整治,加大政策、项目、资金支持,助力脱贫攻坚;以保护生态环境为前提,大力推进废弃、退化、污染、损毁土地的治理、改良和修复,促进土地资源永续利用。

### 6.3.2 土地整治主要任务

1. 以大规模建设旱涝保收高标准基本农田为重点,大力推进农用地整治

加强农田基础设施建设,按照"田成方、树成行、路相通、渠相连、旱能灌、涝能排"的标准,大规模建设旱涝保收高标准基本农田。科学划定基本农田集中区及整备区,有效引导耕地集中连片,优化耕地多功能布局。建立基本农田建设集中投入制度,加强 500 个高标准基本农田建设示范县建设,改造提高 116 个基本农田保护示范区,新建 5 000 处万亩连片的旱涝保收高标准基本农田保护示范区。组织实施基本农田整治重大工程。适度开发宜耕后备土地,强化补充耕地的质量建设与管理,加强国家粮食战略后备区建设。合理引

导农业结构调整，提高其他农用地利用效率。

2. 以改善农村生产生活条件为前提，稳妥推进农村建设用地整治

科学编制乡村土地利用总体规划，优化乡村土地利用。以“空心村”整治和乡（镇）企业用地整治为重点，尊重农民意愿，维护农民权益，稳妥推进农村建设用地整治，加强农村基础设施与公共服务设施配套建设。严格控制城乡建设用地增减挂钩试点的规模与范围，合理使用节余指标，确保增减挂钩所获土地增值收益及时全部返还农村，促进城乡一体化发展。

3. 以推进土地节约集约利用为出发点和落脚点，积极开展城镇工矿建设用地整治

鼓励有条件的地区开展旧城镇改造，加强配套设施与节地建设。积极开展旧工矿改造，优化工矿用地布局。有计划有步骤地推进“城中村”改造，加强土地权属管理，切实改善“城中村”人居环境。在保护和改善生态环境的前提下，充分利用荒山、荒坡进行城镇和工业建设。

4. 以合理利用土地和改善生态环境为目的，加快土地复垦

加大历史遗留损毁土地的复垦力度，全面推进生产建设新损毁土地的复垦，及时复垦自然灾害损毁的土地，努力做到“快还旧账、不欠新账”。完善土地复垦质量控制标准，加强土地复垦监测监管，推进土地生态环境整治，不断提高生态环境质量。



5. 制度建设为基础，切实保障规划实施

统筹区域土地整治，构建整体推进土地整治的工作模式。完善规划体系，充分发挥规划对土地整治的管控作用。加强规划实施的公众参与，切实维护人民群众合法权益。健全规划实施管理制度，加强规划实施监测监管和考核评价。探索市场化运作模式，创新土地整治激励机制。加强土地整治法制、科技和队伍建设，夯实规划实施基础。

### 6.3.3　土地整治规划和实施管理

1. 土地整治规划管理

土地整治规划实行逐级控制，土地整治规划应当依据上一级土地整治规划编制。县级以上人民政府国土资源主管部门应当会同发展改革、财政、农业、水利、林业、交通运输、住房城乡建设、城乡规划、环境保护等部门，编制本行政区域土地整治规划，报本级人民政府批准后实施，并向社会公布。土地整治规划应当符合国民经济和社会发展规划、土地利用总体规划、城乡规划，并与农业发展、林地保护利用、水利建设、产业布局、环境保护、交通运输等专项规划相衔接。土地整治规划应当注重保护历史文化名镇、名村和名胜古迹等历史文化遗产。禁止在 25°以上陡坡地和风景名胜区、自然保护区、地质遗迹保护区、饮用水水源保护区、森林、湿地等重点保护区域以及法律、法规禁止的其他区域内开发耕地。禁止以土地整治项目的名义开采矿产资源、毁坏森林、围湖造田、围垦河道。

2. 土地整治实施管理

项目组织实施单位应当向县（市、区）国土资源主管部门提交材料，一般包括：土地整治项目立项申请书，土地整治项目规划设计材料及相关图件，土地整治项目资金预算，建筑物所有权人、土地使用权人以及村经济合作社或者村民（代表）会议的意见，土地整治后

形成耕地的后续管护方案，法律、法规规定应当提交的其他材料。

规划设计和资金预算，应当按照国家和省有关标准编制。其中，规划设计应当按照项目所在乡(镇)、街道同类型耕地的最高等级，预设整治后形成耕地的质量等级；资金预算应当包括土地整治项目涉及的青苗补偿费用、建筑物搬迁或者拆除的补偿费用以及土地整治后形成耕地的后续管护费用等。国土资源主管部门应当自收到土地整治项目立项申报材料之日起20日内，组织有关部门和专家进行实地踏勘、论证，提出论证意见，报本级人民政府审批。县(市、区)人民政府应当在20日内作出是否同意立项的决定。

土地整治项目的规划设计单位、施工单位、监理单位依照招标投标法律、法规规定的条件和程序确定。其中，施工单位由项目组织实施单位确定，规划设计单位、监理单位由县(市、区)国土资源主管部门确定。

项目组织实施单位在土地整治项目实施过程中，不得变更土地整治项目的规划设计。确需变更的，资金预算的变化幅度在10%以内的规划设计变更，应当报经县(市、区)土地整治机构批准；资金预算的变化幅度超过10%的规划设计变更，应当按照原立项审批程序报经批准。

土地整治项目竣工后，县(市、区)国土资源主管部门应当会同同级农业主管部门，根据国家农用地质量分等定级规程组织开展耕地质量等级评定。耕地质量等级评定的内容包括土壤质地、有机质、酸碱度以及耕作层厚度、田面平整度、灌排水条件、道路通达条件等指标。未经耕地质量等级评定或者经评定耕地质量等级未达到规划设计预设的质量等级的，不得进行土地整治项目验收。



土地整治项目由县(市、区)国土资源主管部门组织有关部门和专家进行验收。验收合格的，由项目组织实施单位负责后续管护工作。项目组织实施单位应当监督村经济合作社、村民委员会、耕地承包方等单位和个人落实后续管护措施。后续管护期限不得少于3年。土地整治后形成的耕地应当用于农业生产，未依法办理农用地转用手续，不得转为非农业生产用地。

## 6.4 耕地占补平衡

### 6.4.1 耕地占补平衡的含义

耕地占补平衡，指非农业建设经批准占用耕地的，按照“占多少，垦多少”的原则，由占用耕地的单位负责开垦与所占用耕地的数量和质量相当的耕地；没有条件开垦或者开垦的耕地不符合要求的，应当按照省、自治区、直辖市的规定缴纳耕地开垦费，专款用于开垦新耕地。耕地占补平衡是占用耕地单位和个人的法定义务。《国务院关于深化改革严格土地管理的决定》中提出按等级折算补充耕地，具体要求：“严格执行占用耕地补偿制度。各类非农业建设经批准占用耕地的，建设单位必须补充数量、质量相当的耕地，补充耕地的数量、质量实行按等级折算，防止占多补少、占优补劣。不能自行补充的，必须按照各省、自治区、直辖市的规定缴纳耕地开垦费。耕地开垦费要列入专户管理，不得减免和挪作他用。政府投资的建设项目也必须将补充耕地费用列入工程概算。”

## 6.4.2　耕地占补平衡制度的基本要求

1. 任何建设占用耕地都必须履行开垦耕地的义务

无论是国家建设重点工程、城市建设，还是乡镇企业、农村居民建房，占用耕地的都必须履行开垦耕地的义务。没有特殊情况，也没有例外。这就改变了过去经国务院批准可以占用基本农田并可以免缴基本农田保护区耕地造地费的规定。国家投资的能源、水利、交通、国防用地等大中型建设项目与其他项目一样，没有特殊待遇，也体现了公平的原则。保护耕地不但是地方政府的事，中央投资占用耕地也应当履行义务，确保了建设占用耕地与开垦耕地的平衡。

2. 开垦耕地的责任者是占用耕地的单位

从法律上明确责任单位是非常重要的，这样有利于执法过程中的监督和履行职责。根据目前建设用地的情况，可以分为三种类型。

(1)城市建设用地区统一征地后供地的，承担造地义务的为市、县人民政府，造地的费用可以打入建设用地的成本，但责任必须由县、市人民政府承担。

(2)城市建设用地区外的建设项目用地，承担开垦耕地义务的是建设单位，县、市人民政府土地行政主管部门负责监督和验收。

(3)村庄、集镇建设占用耕地，承担开垦耕地义务的是农村集体经济组织或村民委员会，县、市人民政府土地管理部门负责监督和验收。

3. 开垦耕地的资金必须落实

过去开垦耕地的资金不落实，有一部分是因为有计划没有资金。因此，建设单位和地方人民政府都必须根据需要落实开垦耕地的资金。

4. 开垦耕地的地块应当落实

各地在制定土地利用总体规划时，应当根据当地土地资源的状况制定耕地后备资源开发的区域，使建设单位有地可开发。开垦耕地还应当与生态环境建设结合起来，防止乱开滥伐，破坏土地生态环境。

5. 没有条件开垦，或者开垦出的耕地不符合要求的，建设单位可以按照有关规定缴纳耕地开垦费，由地方政府土地管理部门履行造地义务

没有条件开垦是指建设单位没有开垦的人力和机械，而无法从事土地开垦工作。开垦的耕地不符合要求是指开垦出的耕地的数量和质量没有达到规定耕地的应有指标。做这样的规定，既解决了一些建设单位由于人力、物力的不足，不能组织专门力量开垦耕地的问题，又达到了建设单位缴纳造地费后，可以由地方政府统一组织力量开垦耕地，以保证开垦出耕地的数量和质量符合有关要求。

6. 省级人民政府应确保本行政区域内耕地总量不减少

省、自治区、直辖市人民政府应当严格执行土地利用总体规划和土地利用年度计划，采取措施，确保本行政区域内耕地总量不减少；耕地总量减少的，由国务院责令在规定期

限内组织开垦与所减少耕地的数量与质量相当的耕地,并由国务院土地行政主管部门会同农业行政主管部门验收。个别省、直辖市确因土地后备资源匮乏,新增建设用地后,新开垦耕地的数量不足以补偿所占用耕地的数量的,必须报经国务院批准减免本行政区域内开垦耕地的数量,进行易地开垦。

7. 实行耕地占补平衡考核,每个建设用地项目需实现耕地占补平衡

耕地占补平衡考核,以建设用地项目为单位进行,主要考核经依法批准的补充耕地方案确定的补充耕地的数量、质量和资金。建设用地项目,包括能源、交通、水利、矿山、军事设施等单独选址建设项目用地和城市、村庄、集镇分批次建设用地。

8. 建立耕地储备制度,全面实行先补后占,用地报批以耕地补充为前提

各级地方国土资源部门都要建立健全补充耕地储备库,先行实施土地整理复垦开发项目,实现耕地先补后占。所有依法报国务院或省级人民政府(含授权的城市人民政府)审批的各类建设用地,在省(区、市)或市、县报批用地前,必须先行完成补充耕地,做到先补后占。各级地方国土资源部门在审查用地时,要严格把关,按照建设用地项目与补充耕地项目挂钩的要求,认真核对项目备案和耕地占补平衡情况;建立本地区耕地占补平衡台账,随时掌握耕地储备和占补挂钩情况,做好项目衔接,防止补充耕地重复计算,确保补充耕地真实。



### 6.4.3 耕地占补平衡指标

耕地占补平衡指标,又称新增耕地指标,是指通过实施整治项目,整理农用地与未利用地,经验收合格增加的耕地面积。补充耕地指标是指通过实施农村土地整治项目,由项目所在地的市(州)、县(市)国土资源部门会同农业部门对补充耕地初验合格后,且通过国土资源部备案确认,可用于农地转用审批的耕地占补平衡指标。

耕地占补平衡指标可通过市场有偿转让进行流转,实行易地占补。为充分挖掘补充耕地潜力,调动社会各方面积极性,多途径、多渠道补充耕地,有条件的地区可积极探索耕地占补平衡市场化运作方式。鼓励有条件的企业或个人依据土地利用总体规划和管理有关要求,利用自筹资金或结合生产建设活动,组织实施土地整理复垦开发项目补充耕地;耕地指标通过市场有偿转让,用于建设占用耕地的占补平衡。”

建设占用耕地易地占补平衡以流转补充耕地指标方式进行。补充耕地指标应优先在本耕地占补平衡指标可用于土地报征时的耕地补充,以满足按项目实现耕地占补平衡的要求。

## 6.5 土地征收

### 6.5.1 土地征收的概念

一般来说,土地征收是指国家或政府为了公共目的强制取得土地所有权人的土地,并

依法给予补偿的行为。世界上大多数国家都有土地征收制度。英国法律称之为"强制收买"，法国、德国法律称之为"征收"，日本法律称之为"官地收回"，而我国法律则称为"土地征收"。我国《宪法》和《土地管理法》都规定了国家为了公共利益的需要，可以依照法律规定对土地实行征收或者征用并给予补偿。具体讲，我国的土地征收是指国家为了公共利益的需要，依法将集体所有的土地有偿转为国有的措施。

## 6.5.2　土地征收的特征

我国土地征收具有以下特征。

1. 土地征收以公共利益为目的

各国有关征收土地的概念和称呼虽不完全相同，但有一点是共同的，即征收的目的应是公共利益的需要，只不过对什么是公共利益，公共利益的标准和范围有不同的理解和规定。我国有关公共利益范围的界定目前还比较原则，缺少具体明确的规定。

2. 行使征地权的主体只能是国家

只有国家才能在国家建设征收土地法律关系中充当征收主体(实际行使征地权的是各级土地行政主管机关和人民政府)。虽然直接需要土地的并非国家，而是具体的国家机关、企事业单位、社会团体以及个人，但一切单位和个人只能根据自己用地的实际需要，依照法律规定的程序向土地管理机构提出用地申请，并在申请被批准后获得土地的使用权。



3. 征地的标的只能是集体土地

根据我国法律规定，征地的标的只能是集体所有的土地。集体所有的土地被征收后，被征土地则由集体所有变为国家所有。

4. 征地行为具有强制性

根据法律规定，土地征收法律关系的产生并非基于双方的自愿和协商一致，而是基于国家的单方意思表示，无需被征收土地的所有人同意，征地行为具有很强的行政强制色彩。

5. 征收土地应以土地补偿为条件

国家建设用地虽然并不遵循平等自愿、等价有偿的原则，但这种征收也不同于无偿没收或无偿地强制性进行，而是按照国家法定的标准有偿地强制性进行，土地征收要支付各项补偿费用。

## 6.5.3　土地征收的审批

根据我国《土地管理法》，土地征收实行二级审批，即国务院和省级人民政府。

《土地管理法》第四十五条规定："征收下列土地的，由国务院批准：(1)基本农田；(2)基本农田以外的耕地超过三十五公顷的；(3)其他土地超过七十公顷的。征收前款规定以外的土地的，由省、自治区、直辖市人民政府批准，并报国务院备案。征收农用地的，应当依照本法第四十四条的规定先行办理农用地转用审批。其中，经国务院批准农用地转用的，同时办理征地审批手续，不再另行办理征地审批；经省、自治区、直辖市人民政府在征地批准权限内批准农用地转用的，同时办理征地审批手续，不再另行办理征地审批，超过征地批准权限的，应当依照本条第一款的规定另行办理征地审批。”

《土地管理法》第四十四条规定：“建设占用土地，涉及农用地转为建设用地的，应当办理农用地转用审批手续。省、自治区、直辖市人民政府批准的道路、管线工程和大型基础设施建设项目、国务院批准的建设项目占用土地，涉及农用地转为建设用地的，由国务院批准。在土地利用总体规划确定的城市和村庄、集镇建设用地规模范围内，为实施该规划而将农用地转为建设用地的，按土地利用年度计划分批次由原批准土地利用总体规划的机关批准。在已批准的农用地转用范围内，具体建设项目用地可以由市、县人民政府批准。本条第二款、第三款规定以外的建设项目占用土地，涉及农用地转为建设用地的，由省、自治区、直辖市人民政府批准。”

### 6.5.4 土地征收补偿

1. 统一年产值倍数法

根据《土地管理法》，征收土地的，按照被征收土地的原用途给予补偿。征收耕地的补偿费用包括土地补偿费、安置补助费以及地上附着物和青苗的补偿费。具体规定如下。

(1)征收耕地的土地补偿费，为该耕地被征收前3年平均年产值的6～10倍。



(2)征收耕地的安置补助费，按照需要安置的农业人口数计算。需要安置的农业人口数，按照被征收的耕地数量除以征地前被征收单位平均每人占有耕地的数量计算。每一个需要安置的农业人口的安置补助费标准，为该耕地被征收前3年平均年产值的4～6倍。但是，每公顷被征收耕地的安置补助费，最高不得超过被征收前3年平均年产值的15倍。

(3)征收其他土地的土地补偿费和安置补助费标准，由省、自治区、直辖市参照征收耕地的土地补偿费和安置补助费的标准规定。

(4)被征收土地上的附着物和青苗的补偿标准，由省、自治区、直辖市规定。

(5)征收城市郊区的菜地，用地单位应当按照国家有关规定缴纳新菜地开发建设基金。

(6)依照《土地管理法》规定支付土地补偿费和安置补助费，尚不能使需要安置的农民保持原有生活水平的，经省、自治区、直辖市人民政府批准，可以增加安置补助费。但是，土地补偿费和安置补助费的总和不得超过土地被征收前3年平均年产值的30倍。

(7)国务院根据社会、经济发展水平，在特殊情况下，可以提高征收耕地的土地补偿费和安置补助费的标准。

(8)大中型水利、水电工程建设征收土地的补偿费标准和移民安置办法，由国务院另行规定。

2. 征地区片价法

征地区片价，是指在县(市)级行政区土地利用总体规划确定的建设用地范围内，在农用地定级的基础上，按照农用地质量状况、土地区位、人均耕地水平、农村社会经济发展水平等划分征地区片，并在标准耕作制度和一定农田基本设施状况条件下，根据区片农用地条件和社会保障水平等评估确定的某一估价基准日的农用地平均征收价格。

征地区片综合地价由被征收农用地质量价格和社会保障价格构成。农用地质量价格是指在标准耕作制度、一定农田基本设施状况和正常年景条件下，根据农用地自然、社会经济等因素，农用地所能实现的价格；社会保障价格是指农民土地被征收后，为获得基本生活保障、接受教育、再就业培训等应得到的补偿。征地区片综合地价的基准日一般为县(市)人民政府发布征地区片综合地价当年的6月30日。

征地区片综合地价初步成果制订后，应按照《国土资源听证规定》规定的程序和有关要求组织听证。制订征地区片综合地价的结果，由省(区)、市(县)人民政府通过新闻媒体向社会公示。然后，由省(区)、市(县)人民政府通过广播、电视、报纸等新闻媒体向社会发布实施。发布内容包括征地区片综合地价图、农用地社会保障价格图、征地区片综合地价表、征地区片综合地价相关说明等。为保持成果的现势性，每2～3年，应根据实际情况对征地区片综合地价进行全部更新或局部更新。

### 6.5.5　征收集体土地的工作程序

根据《土地管理法实施条例》和《建设用地审查报批管理办法》，征收土地一般是按照下列工作程序办理的。

1. 申请用地

建设单位持经批准的设计任务书或初步设计、年度基本建设计划以及地方政府规定需提交的相应材料、证明和图件，向土地所在地的县级以上地方人民政府土地管理部门申请建设用地，同时填写《建设用地申请表》，并附下列材料。

(1)建设单位有关资质证明。

(2)项目可行性研究报告批复或其他有关批准文件。

(3)土地行政主管部门出具的建设项目用地预审报告。

(4)初步设计或者其他有关材料。

(5)建设项目总平面布置图。

(6)占用耕地的，提出补充耕地方案。

(7)建设项目位于地质灾害地区的，应提供地质灾害危险性评估报告。

2. 受理申请并审查有关文件

县级以上人民政府土地行政管理部门负责建设用地的申请、审查、报表工作，对应受理的建设项目，在30日内拟定农用地转用方案、补充耕地方案、征地方案和供地方案，编制建设项目用地呈报说明书，经同级人民政府审核同意后报上一级土地管理部门审查。

3. 审批用地

有批准权的人民政府土地行政管理部门，收到上报土地审批文件，按规定征求有关部门意见后，实行土地管理部门内部会审制度审批土地。

4. 征地实施

经批准的建设用地，由被征收土地所在地的市县人民政府组织实施。

(1)发布征地公告。公告的内容包括：批准征地的机关、文号、土地用途、范围、面积、征地补偿标准、农业人员安置办法和办理补偿的期限等。

(2)支付土地补偿费、地上附着物和青苗补偿费。

(3)安置农业人口。

(4)征收用地单位的费税。

(5)协调征地争议。

5. 签发用地证书

(1)有偿使用土地的,应签订土地使用合同。

(2)以划拨方式使用土地的,向用地单位签发《国有土地划拨决定书》和《建设用地批准书》。

(3)用地单位持使用土地证书办理土地登记。

6. 征地批准后的实施管理

建设用地批准后直至颁发土地使用权证书之前,应进行跟踪和管理,其主要任务如下。

(1)会同有关部门落实安置措施。

(2)督促被征地单位按期移交土地。

(3)处理征地过程的各种争议。

(4)填写征地结案报告。

7. 颁发土地使用证

建设项目竣工验收后,用地单位向当地土地管理部门提出土地登记申请,经测绘部门测绘,核定用地面积、确认土地权属界限,地籍管理部门注册登记后,由人民政府颁发土地使用证,作为使用土地的法律凭证。



8. 建立征收土地档案

(1)整理和收集征收土地过程中形成的各种文件。

(2)收集存档的文件一律要原件。

(3)市、县范围内的土地档案应统一格式。

## 【基本知识练习】

### 一、判断题

1. 基本农田保护区以乡(镇)为单位进行划区定界,由乡(镇)人民政府组织实施。(　　)

2.《土地管理法》规定,可以占用基本农田发展林果业和挖塘养鱼。(　　)

3. 国家对集体土地征收或征用后,土地所有权发生转移。(　　)

4. 征收土地的,按照被征收土地的新用途给予补偿。(　　)

5. 国务院根据社会、经济发展水平,在特殊情况下,可以提高征收耕地的土地补偿费和安置补助费的标准。(　　)

6. 以出让等有偿使用方式取得国有土地使用权的建设单位,按照国务院规定的标准和办法,缴纳土地使用权出让金等土地有偿使用费和其他费用后,方可使用土地。(　　)

7. 征收基本农田以外的耕地不超过 35 $hm^2$ 的,不需国务院批准。(　　)

8. 我国耕地保护工作包括耕地数量保护和耕地质量保护两方面。其中,耕地的数量保护是对耕地的地力和农业生态环境的保护。(　　)

9. 按照规定,农用地转用方案、补充耕地方案、征用土地方案和供地方案经有批准权的人民政府批准后,同级土地行政主管部门应当在收到批件后 15 日内将批复发出。(　　)

10.《耕地占补平衡考核办法》规定，县级以上地方农业部门负责本行政区域内耕地占补平衡的考核工作。(　　)

答案：××××√√√×××

## 二、单项选择题

1.《土地管理法》的制定目的是“为了加强土地管理，维护土地的社会主义公有制，保护、开发土地资源，合理利用土地，切实保护耕地，(　　)”。

A. 适应社会主义现代化建设的需要　　B. 促进社会经济的可持续发展

C. 促进房地产业的健康发展　　D. 保障房地产权利人的合法权益

2. 征收土地实行(　　)级审批制度。

A. 一　　B. 两　　C. 三　　D. 四

3. 征收基本农田，基本农田以外的耕地超过 40 $hm^2$ 的，由(　　)审批。

A. 国务院　　B. 省级政府　　C. 市级政府　　D. 县级政府

4. 省、自治区、直辖市人民政府批准的道路、管线工程和大型基础设施建设项目、国务院批准的建设项目占用土地，涉及农用地转为建设用地的，由(　　)批准。

A. 全国人大　　B. 国务院

C. 国务院土地管理部门　　D. 省级政府

5. 征收集体土地，土地补偿费应当归(　　)所有。

A. 县级以上人民政府土地管理部门　　B. 乡(镇)人民政府

C. 农村集体经济组织　　D. 土地使用者

6. 国家征收土地的，依照法定程序批准后，由(　　)予以公告并组织实施。

A. 县级以上人民政府　　B. 县级以上人民政府土地管理部门

C. 乡级以上人民政府　　D. 乡级以上人民政府土地管理部门

7. 每公顷被征收耕地的安置补助费，最高不得超过被征收前 3 年平均年产值的(　　)倍。

A. 10　　B. 15　　C. 20　　D. 30

8. 某开发公司开发一项目，征收某村 260 $hm^2$ 基本农田外的耕地，已知该耕地前 3 年平均年产值为 1 000 元/亩，那么该耕地的土地补偿费的最高额为(　　)万元。

A. 2 600　　B. 260　　C. 3 900　　D. 390

9. 对人均耕地特别少的地区，由省级政府批准，可增加安置补助费，但土地补偿和安置补助费之和，不得超过被征收前 3 年平均年产值的(　　)倍。

A. 10　　B. 15　　C. 20　　D. 30

10.《土地管理法》规定，征收耕地的补偿费用不包括(　　)。

A. 土地补偿费　　B. 土地使用费

C. 安置补助费　　D. 地上附着物和青苗的补偿费

答案：1～5　BBABC，6～10　ABCDB

## 三、多项选择题

1. 下列征收土地情况中，应由国务院审批的包括(　　)。

A. 基本农田

B. 基本农田以外的耕地超过 35 $hm^2$ 的

C. 基本农田以外的耕地未超过 35 $hm^2$ 的

D. 其他土地超过 70 $hm^2$ 的

E. 其他土地超过 100 $hm^2$ 的

2. 具有征收土地审批权的部门有(　　)。

A. 国务院　　B. 省级人民政府

C. 市级人民政府　　D. 县级人民政府

E. 乡级人民政府

3.《土地管理法》规定，土地利用年度计划，根据(　　)编制。

A. 国民经济和社会发展计划　　B. 国家产业政策

C. 土地利用总体规划　　D. 建设用地和土地利用的实际状况

E. 土地占补平衡计划

4. 国家实行占用耕地补偿制度中，占用耕地补偿方式主要包括(　　)。

A. 按照“占多少，垦多少”的原则，由占用耕地的单位负责开垦与所占用耕地的数量和质量相当的耕地

B. 按照“占多少，垦多少”的原则，由被占用耕地的单位负责开垦与所占用耕地的数量和质量相当的耕地



C. 没有条件开垦的，应当按照省、自治区、直辖市的规定缴纳耕地开垦费，专款用于开垦新的耕地

D. 有条件开垦或者开垦的耕地不符合要求的，可以按照省、自治区、直辖市的规定缴纳耕地开垦费，专款用于开垦新的耕地

E. 开垦的耕地不符合要求的，应当按照省、自治区、直辖市的规定缴纳耕地开垦费，专款用于开垦新的耕地

5. 具有征收土地审批权的部门有(　　)。

A. 国务院　　B. 省级人民政府　　C. 国土资源部　　D. 市级人民政府

E. 县级人民政府

答案：1. ABDE　2. AB　3. ABCD　4. ACE　5. AB

## 【延伸阅读】

### 四川省耕地占补平衡指标交易情况

(1)成都市域内的交易情况：近年来均价约 3.5 万/亩。“2009 年 12 月 28 日，蒲江县以亩均 2.5 万元的价格将 1 000 亩指标交易给大邑县，成为我市首例成交的耕地占补平衡指标。截至目前(2013 年 3 月)，全市耕地占补平衡指标共交易 16 800 亩，成交总价共计 8.47 亿元。其中 2011 年 8 月 17 日，在崇州市耕地占补平衡指标交易中最高成交价达 10.46 万元/亩；2012 年，蒲江县交易占补指标 3 000 亩，成交价仅为每亩 3.5 万元。”

(2)四川省域内的交易情况:巴中与成都市天府新区交易价格约1.5万/亩。"巴中市国土资源局受巴中市人民政府委托与成都市国土资源局签订的用于成都市天府新区建设占用耕地占补平衡有偿使用协议顺利实施,已完成交易面积1.05万亩,成交金额1.6亿元。这是全省首例耕地易地占补平衡指标交易。"

(3)耕地占补平衡指标与挂钩周转指标的区别与联系(表6-1)。

**表6-1　耕地占补平衡指标与挂钩周转指标**

| | 耕地占补平衡指标 | 挂钩周转指标 |
|---|---|---|
| 指标来源 | 通过实施农村土地整治项目 | 通过实施城乡建设用地增减挂钩项目 |
| 对应证书 | 土地整理复垦开发项目新增耕地验收证书 | 城乡建设用地增减挂钩项目区验收合格证书 |
| 指标内涵 | 新增耕地 | 新增建设用地及对应补偿耕地 |
| 报征作用 | 用于耕地补充,完成报征还需农用地转用指标 | 可直接用于建新区报征 |
| 流转限制 | 可在四川省内流转,但优先在本市(州)的县(市、区)之间进行流转;<br>跨省(直辖市)流转,需报国务院批准 | 原则上不能跨县(市、区),根据庐山灾后政策可在指定市(州)异地流转 |
| 最近流转情况(随市价波动) | 跨县流转:3.5万/亩<br>跨市流转:1.5万/亩 | 异挂:35万/亩 |

注:*报征前置条件:占用耕地需补充、农用地需转建设用地。

资料来源:《成都市开展耕地占补平衡指标交易的做法与思考》《巴中市国土资源局在全省率先实现耕地易地占补平衡指标交易》。

Chapter 7

# 第7章 土地利用管理

## 【导入案例】

### 国家级开发区土地集约利用评价情况通报(2016年度)

按照《国土资源部办公厅关于开展2016年度开发区土地集约利用更新评价工作的通知》(国土资厅函〔2016〕480号)要求,共有472个国家级和1 100多个省级开发区依据相关技术标准,对土地集约利用状况进行了评价。近期,国土资源部部对各地上报的国家级开发区评价成果进行了汇总分析。

一、基本情况

本次评价工作在2014年度全面评价的基础上开展,评价时点为2015年12月31日。参与评价的国家级开发区共472个,批复四至范围内土地总面积4 651.79平方公里①,约占全国建设用地面积的1.21%,平均每个开发区面积为9.86平方公里。按区域分,东部地区232个,中部地区95个,西部地区105个,东北地区40个。按评价类型分,工业主导型开发区386个,产城融合型开发区86个。按管理类型分,经济技术开发区、边境经济合作区等经济类开发区237个,高新技术产业开发区等高新类开发区135个,海关特殊监管区域100个。

截至2015年12月31日,472个国家级开发区累计完成工业(物流)企业固定资产投资总额10.60万亿元;2015年度实现工业(物流)企业总收入21.79万亿元、开发区二三产业税收总额2.02万亿元、工业(物流)企业税收总额0.99万亿元、高新技术产业总收入9.31万亿元、高新技术产业税收总额0.49万亿元。国家级开发区经济社会效益突出,充分发挥了作为经济发展、产业集聚的载体和平台作用。

注:① 1平方公里=1平方千米($km^2$),此处按国土资源部通报原文引用。下同。

二、土地集约利用总体状况

评价结果显示，国家级开发区土地开发建设程度稳步提升，产业用地主导特征不断显化，土地利用日趋集约，土地管理绩效进一步提高。

（一）土地开发建设程度稳步提升。参与评价的国家级开发区批复四至范围内扣除河流、湖泊、山体等，可开发建设土地面积4 478.13平方公里。达到“三通一平”以上供应条件的土地3 904.83平方公里，占可开发面积的87.20%。已供应国有建设用地3 583.15平方公里，土地供应率达到91.76%，比2010年度提高了1.01个百分点，比2012年度和2014年度提高了0.51个百分点。已建成城镇建设用地3 315.96平方公里，土地建成率达到92.54%，比2010、2012、2014年度分别提高了4.04、2.06、0.71个百分点。国家级开发区土地开发有序、供应及时、建设充分，开发利用建设程度稳步提升。

（二）产业用地主导特征不断显化。国家级开发区已建成城镇建设用地中，工矿仓储用地1 642.76平方公里，工业用地率达到49.54%，比2010、2012、2014年度分别提高了4.07、1.08、1.11个百分点。住宅用地、商服用地、交通运输用地、公共管理与公共服务用地、其他城镇建设用地，分别占已建成城镇建设用地的14.63%、3.84%、17.83%、12.91%、1.25%。与2014年度相比，住宅用地比例下降了0.30个百分点，开发区作为现代制造业和生产性服务业的集聚区，产业主导特征不断显化。

（三）土地利用日趋集约。从单项指标看，国家级开发区综合容积率为0.91，比2010、2012、2014年度分别提高了0.07、0.08、0.03。建筑密度31.46%，比2010、2012、2014年度分别提高了3.88、2.18、1.05个百分点。工业用地综合容积率0.87，比2010、2012、2014年度分别提高了0.06、0.04、0.03。工业用地建筑系数49.79%，比2010、2012、2014年度分别提高了4.97、2.49、1.03个百分点。开发区工业用地地均固定资产投资达到6 452.67万元/公顷，比2010、2012、2014年度分别提高了34.08%、19.33%、10.08%。工业用地地均收入达到13 264.76万元/公顷，比2010、2012、2014年度分别提高了5.58%、2.15%、2.28%。工业用地地均税收、综合地均税收达到602.57万元/公顷、609.22万元/公顷，分别比2014年度提高了4.45%、7.56%。本轮评价探索测算开发区集约利用综合水平指数，以2014年度评价值为基准100，综合测算得出2016年度开发区集约利用综合水平：工业主导型开发区提高到了102.81，产城融合型开发区提高到了103.07。总体看，开发区土地利用日趋集约。



（四）土地管理绩效进一步提高。开发区已供应国有建设用地中，以招拍挂等有偿使用方式供应的土地2 449.97平方公里，占已供应土地的68.37%，比2010、2012、2014年度分别提高了4.99、2.10、0.44个百分点，土地市场化程度进一步提高。2016年，472个国家级开发区共有闲置土地3.79平方公里，在参评开发区数量比2014年度多40个的情况下，闲置土地面积减少了1.34平方公里。闲置土地占开发区土地总面积的0.11%，比2014年度减少0.04个百分点。

三、开发区土地利用中的问题

（一）部分国家级开发区四至范围内发展空间不足。评价结果显示，一些国家级开发区四至范围内无地可用、尚可供地空间不足，一定程度上制约了开发区的发展。参评的472个国家级开发区四至范围内无地可供的有29个，占6.12%，尚可供应土地不足30公顷的有110个，占23.31%，尚可供应土地不足50公顷的有153个，占32.42%；按照前三年年均供应土地面积测算尚可供地年数不足1年的有78个，占16.53%，尚可供地年数不足3年的有122个，占25.85%。

(二)部分开发区土地利用强度较低，集约利用水平不理想。472个国家级开发区中，综合容积率最高的为3.03，最低仅为0.08；建筑密度最高达到63.71%，最低仅为3.89%。工业用地综合容积率最高达到3.36，最低仅为0.18；工业用地地均收入最高为256 554.78万元/公顷，最低仅为6.68万元/公顷，发展不平衡的情况较为突出。部分开发区土地利用强度偏低，有61个开发区综合容积率低于0.50，占12.92%；50个开发区建筑密度低于20%，占10.59%；部分开发区投入产出效益偏低，有100个开发区工业用地地均收入在3 000万元/公顷以下，占21.19%。有22个开发区工业用地地均固定资产投资低于1 000万元/公顷，占4.66%。这些开发区的土地集约利用水平仍有一定的提升空间。

(三)少数开发区仍存在土地闲置和粗放利用的现象。评价结果显示，近年来，各地对闲置土地的清理处置力度不断加大，闲置土地总面积明显减少，但受宏观经济形势等多方面因素影响，个别开发区仍然存在一定数量的闲置土地。472个国家级开发区中，土地闲置率超过1%的有10个，占2.12%，闲置土地面积超过10公顷的有8个，占1.69%。还需进一步加大处置力度，促进土地及时开发利用。

资料来源：http://www.mlr.gov.cn/zwgk/zytz/201701/t20170110_1426459.htm.



## 【讨论】

1. 如何理解土地集约节约利用？
2. 什么是土地用途的管制？
3. 如何理解土地储备？

## 【学习任务】

1. 掌握节约集约用地评价方法。
2. 熟悉土地用途的管制。
3. 了解土地储备与土地供应。

## 【知识内容】

## 7.1 节约集约用地评价

### 7.1.1 土地集约利用内涵

土地集约利用来自于农业土地利用，也称作农业土地集约经营或农业集约经营。传统上，土地集约利用的内涵是通过土地粗放利用(农业粗放经营)概念来相对界定的。所谓的土地粗放利用是指在单位土地面积上投入较少的生产要素，对土地进行浅耕粗作、广种薄收的土地利用方式。相对土地粗放利用而言,土地集约利用是指在一定土地面积上投入较多的生产资料、技术措施和劳动,进行精耕细作,以提高单位面积产量来增加农产品总量的一种土地利用方式(生产经营方式)。

从集约内容上划分,农业土地集约利用可分为三种类型,即劳动集约(在单位面积的土地上投入更多的活劳动)、资金集约(在单位面积土地上投入更多的资金或物化劳动)、技术集约(在单位面积的土地上采用较多的先进技术)。也有人认为,由于土地利用科学技术必须通过劳动集约或资金集约才能实施,所以不必分出技术集约类型,农业土地集约利用只分为劳动集约和资金集约两种即可。

### 7.1.2 城市土地集约利用评价

城市土地节约集约利用评价的目的是为全面掌握区域、城市建设用地节约集约利用状况及集约利用潜力,科学管理和合理利用建设用地,提高土地利用效率,为国家和各级政府制定土地政策和调控措施,为土地利用规划、计划及相关规划的制订提供科学依据。目前,我国城市土地(建设用地)集约利用评价主要包括区域建设用地节约集约利用状况评价(简称"区域用地状况评价")和城市建设用地集约利用潜力评价。城市建设用地集约利用潜力评价包括城市建设用地集约利用状况评价(简称"城市用地状况评价")和城市建设用地集约利用潜力测算(简称"城市用地潜力测算")。

1. 区域用地状况评价

区域用地状况评价是以行政区范围内的全部建设用地作为评价对象,在特定时间点或特定时间段内,通过对相同或相近类型的区域建设用地利用现实状况进行评价和比较,揭示其节约集约利用总体状况及差异的过程。区域用地状况评价应区分评价对象全部或部分位于城市建成区的不同情形。评价对象部分位于城市建成区的,应开展定性分析和定量评价工作;全部位于城市建成区的,仅开展定量评价工作。区域用地状况评价中的定性分析将确定各评价对象的土地利用趋势类型。区域用地状况评价中的定量评价将确定各评价对象的土地利用状况类型。可依据具体工作目标,开展针对特定类型区域的区域用地状况评价。

2. 城市用地状况评价

城市用地状况评价是在分析城市建设用地利用状况的基础上,以划分的城市功能区为评价对象,在特定时间点或特定时间段内,按照居住、工业、商业、教育等功能区类型,分别评价其土地集约利用程度的过程。城市用地状况评价应分别开展定性分析和定量评价工作。城市用地状况定量评价将确定功能区的土地利用状况类型,按照功能区的土地集约利用程度,划分过度利用区、集约利用区、中度利用区和低度利用区。

3. 城市用地潜力测算

城市用地潜力测算主要是针对城市用地状况评价划定的低度利用区和中度利用区,分别测算特定时间点的规模潜力和经济潜力的过程。必要时,城市用地潜力测算范围可以扩大到以上两类之外的其他类型区。城市用地规模潜力是将特定时间点的现实土地容量与达到符合土地利用总体规划,城市规划及相关法规规定的土地容量差距换算形成的土地规模,开展规模潜力测算时,应考虑给予现状用途和给予规划用途的不同情形。城市用地经济潜力是指将现状土地改造为规划允许的土地利用状况时产生的经济价值差额。开展经济潜力测算时，应考虑利用空闲地挖潜、部分改造挖潜和整体拆除重建挖潜的不同情形。在潜力测算基础上，进行潜力分区，并对土地潜力的利用时序进行配置。

### 7.1.3 区域建设用地集约利用状况评价

1. 区域用地状况评价指标体系

区域用地状况评价应依据区域用地状况评价指标体系（表 7-1）进行。按照工作目标，有关指数指标应依照定性分析和定量评价、必选和备选的有关要求使用。区域用地状况评价指标分为正向相关指标和反向相关指标。

**表 7-1 区域用地状况评价指标体系**

| 指数（代码） | 分指数（代码） | 选择要求 | 分指数指标（代码） | 适用情形 | 选择要求 |
|---|---|---|---|---|---|
| 利用强度指数（UII） | 人口密度指数（PUII） | 必选 | 城乡建设用地人口密度（PUII1） | 定量评价 | 必选 |
| | 经济强度指数（EUII） | 必选 | 建设用地地均固定资产投资（EUII1） | 定量评价 | 必选 |
| | | | 建设用地地均地区生产总值（EUII2） | 定量评价 | 必选 |
| | 建设强度指数（CUII） | 备选 | 城市综合容积率（CUII1） | 定量评价 | 必选 |
| 增长耗地指数（GIC） | 人口增长耗地指数（PGIC） | 必选 | 单位地区生产消耗新增城乡建设用地量（PGIC1） | 定量评价 | 必选 |
| | 经济增长耗地指数（EGIC） | 必选 | 单位地区生产总值耗地下降率（EGIC1） | 定量评价 | 必选 |
| | | | 单位地区生产总值增长消耗新增建设用地量（EGIC2） | 定量评价 | 必选 |
| | | | 单位固定资产投资消耗新增建设用地量（EGIC3） | 定量评价 | 必选 |
| 用地弹性指数（EI） | 人口用地弹性指数（PEI） | 必选 | 人口与城乡建设用地增长弹性指数（PEI1） | 定量评价 | 必选 |
| | 经济用地弹性指数（EEI） | 必选 | 地区生产总值与建设用地增长弹性系数（EEI1） | 定量评价 | 必选 |
| CI | 人口贡献指数（PCI） | 必选 | 人口与呈现建设用地增长贡献度（PCI1） | 定量评价 | 必选 |
| | 经济贡献指数（ECI） | 必选 | 地区生产总值与建设用地增长贡献度（ECI1） | 定量评价 | 必选 |
| API | ULAPI | 必选 | 城市土地供应市场化比率（ULAPI1） | 定量评价 | 必选 |
| | | | 城市闲置空闲土地与供应比率（ULAPI2） | 定量评价 | 必选 |
| | | | 城市批次土地供应比率（ULAPI3） | 定量评价 | 必选 |

注：当评价对象全部位于城市建成区范围内，仅选择表中的利用强度指数和管理绩效指数测算。管理绩效指数（城市用地管理绩效指数）仅选择城市土地供应市场化比率、城市闲置空闲土地与供应量比率进行测算。

2. 区域用地状况评价定性分析

区域用地状况定性分析是通过对人口发展与城乡建设用地变化、经济发展与建设用地变化的匹配程度，判断评价对象的土地利用趋势类型，并进行相应分析。必要时，可对评价对象有关的土地利用趋势类型做进一步细分。

土地利用趋势类型按照集约程度，从优到劣，依次为：①挖潜发展型。②集约扩张型。③低效扩张型。④发展迟滞型。⑤粗放扩张型。

区域用地状况定性分析选取用地弹性指数、贡献比较指数的有关指标，分别开展人口发展与城乡建设用地变化、经济发展与建设用地变化的匹配程度分析。人口发展与城乡建设用地变化的匹配程度分析选取人口与城乡建设用地增长弹性系数、人口与城乡建设用地增长贡献度指标，依照相关要求进行；经济发展与建设用地变化的匹配程度分析选取地区生产总值与建设用地增长弹性系数、地区生产总值与建设用地增长贡献度指标进行。依照相关要求进行。

3. 区域用地状况定量评价

区域用地状况定量评价是在定性分析的基础上，按照表7-1的要求选择评价指标，进行分指数指标标准化，计算有关指数，划分评价对象的土地利用状况类型。

(1)分指数指标标准化。区域用地状况定量评价的分指数指标标准化可选择极值标准化或理想值标准化等方法。



(2)指标和权重的确定。权重应依据评价的指数、分指数指标对建设用地节约集约利用的影响程度确定。指数、分指数、分指数指标的权重值在0～1之间，每个指数对应下一层分指数或分指数指标的权重值之和都应为1。权重的确定方法有特尔菲法、因素成对比较法、层次分析法等方法。

(3)区域用地状况定量评价的指数计算。

①区域用地状况定量评价分指数计算。

$$a_i = \sum_{i=1}^{n}(w_{ji} \times S_{ji}) \times 100$$

式中：

$a_j$——第 $j$ 项分指数的值；

$w_{ji}$——第 $j$ 项分指数下第 $i$ 个指标的权重；

$S_{ji}$——第 $j$ 项分指数下第 $i$ 个指标的标准化值；

$n$——第 $j$ 项分指数下的分指数指标个数。

②区域用地状况定量评价指数计算。

$$\beta_k = \sum_{j=1}^{n}(w_{ki} \times a_j)$$

式中：

$\beta_k$——第 $k$ 项指数的值；

$w_{kj}$——第 $k$ 项指数下第 $j$ 个分指标的权重；

$a_j$——第 $j$ 项分指数的值；

$n$——第 $k$ 项指数下的分指数指标个数。

③区域用地状况定量评价的总指数。可综合形成区域用地状况定量评价的总指数，

具体按照以下公式计算。

$$总指数 = \sum_{k=1}^{n}(w_k \times \beta_k)$$

式中：

$w_k$——第 $k$ 项指数的权重；

$\beta_k$——第 $k$ 项指数的值；

$n$——总指数下的指数个数。

(4)土地利用状况类型确定。区域用地状况评价中的土地利用状况类型可根据工作需要，按照总指数、指数、分指数分别确定。

土地利用状况类型根据有关指数分值的高低，从大到小，依次分为Ⅰ型、Ⅱ型、Ⅲ型、Ⅳ型等，其对应的土地集约利用程度由高到低。土地利用状况类型划分原则上控制在3～5类。

土地利用状况类型的确定，选择以下方法进行。

对评价对象总指数、指数、分指数进行分值区段划分。分值区段可以按照数轴法、总分频率曲线法等划分。

数轴法将有关指数值点绘在数轴上，按土地利用效果的实际状况，选择点数稀少处作为分值区段的分界点。



总分频率曲线法则是对有关指数值进行频率统计，绘制频率直方图，按土地利用效果的实际状况，选择频率曲线波谷处作为分值区段的分界点。

对分值区段划分确定的土地利用类型，可选择聚类分析等方法进行校核。

当校核结果与土地利用类型存在差异时，应进一步分析差异原因，结合专家咨询等方式予以判别确定。

## 7.2 土地用途管制

### 7.2.1 土地用途管制的概念

土地用途管制，是指为保证城市土地资源合理利用，促进社会、经济和环境协调发展，依据土地利用规划，划定土地用途分区，确定各分区的用途限制内容，实行用途变更许可的一种制度。即实行土地用途管制，首先按照当地土地资源状况和社会经济发展对土地资源利用的要求，考虑到对土地资源保护和利用相结合，编制土地利用规划，划定不同的土地用途区，并确定各用途分区的用途限制内容，凡经规划确定的用途，如需变更，必须申请许可，否则不允许变更土地用途。

### 7.2.2 土地用途管制内容

土地用途管制的重点是非农建设用地的用途管制，主要包括增量非农业建设用地的用途管制和存量非农业建设用地的用途管制，其中增量非农业建设用地的用途管制与农用地许可转移管制密不可分。因此，非农用地用途管制的重点应是非农业建设用地的用途管制。存量土地的用途管制是指存量建设用地土地利用结构调整和土地利用方式置换的管制，实际上就是盘活存量建设用地。存量建设用地主要指非农业建设闲置或低效利用，在现有经济技术条件下，可挖潜利用的土地，包括破产、停产、半停产企业用地、征而未用、占而未用闲置土地以及城镇内部因规划调整可挖潜改造、利用的土地等。加强对这类土地的管制，对控制和减少项目建设新占土地，特别是新占耕地，提高土地利用效率和效益，实现土地资源的优化配置具有十分重要的意义。

存量土地的用途管制同样是依据土地利用总体规划和城市规划。存量土地的用途管制的对象主要在以下几方面。

(1)土地使用用途因用地功能的改变而发生的调整，如旧城改造、污染企业搬迁、退二进三等。

(2)土地使用用途和方式因土地使用、经营方式的改变而发生的调整，如原地翻建等。

(3)因土地资产处置方式发生变化的调整，如划拨土地入市、企业改制土地资产处置等。

(4)利用不充分或闲置土地的再利用。

### 7.2.3　实施土地用途管制应遵循的规律



1. 农业用地优先原则

农业用地和建设用地最容易发生矛盾。为了实现我国经济的快速增长，大力推进工业化和城市化的发展进程是必然趋势，在此进程中也必将占用大量耕地及其他农用地；另外，还要同时满足人的基本生活水平的需求。这是一个随处存在的矛盾。但是，由于农业用地对土壤的水、肥、气、热要求严格，而且我国适宜的农用土地资源有限，仅占全部土地资源的70%，因此在农业用地与建设用地发生矛盾时，应该优先满足农业用地的需求，尽量通过开发未利用地或其他用地来满足建设用地的需求。从开发过程来看，将未利用地改造成建设用地与将农用地改造成建设用地投资和难度相当，甚至改造未利用地更容易；而将未利用地改造成农用地，则不但开发难度大、投资大，而且也不一定能达到原有耕地的生产力水平，与保留原有耕地相比，是净增的多余投资。因此，实行农业用地优先，不仅具有社会效益，还具有经济效益。

2. 合理利用经济机制和市场机制，促进土地资源充分利用

在市场经济条件下，经济刺激是决定性的杠杆。政府在调控土地用途变更过程中，可以充分利用经济机制的作用。在限制土地用途变更，如由农用地变成建设用地，或防止不合理的土地开发与利用时，可以采用高地价政策，或采用罚款措施，使其经济能力难以承受新的开发利用；如果土地用途变更是政府鼓励的方向，或对社会效益和生态效益都有利的方向，可以给予政策、资金优惠或开发项目上的扶持，以提高开发者的积极性，促成有益的用途变更。

3. 完善土地税收体系，实施土地用途变更的税收调控

税收是国家调控经济的重要措施之一。目前直接涉及土地用途变更过程的税种是土

地增值税。但是,目前土地增值税在征收管理过程中,只有在土地权属发生变更或进行土地市场交易时,才对其交易过程中所产生的增值进行征税。而土地用途变更则不仅在土地权属变更时发生,在土地权属不变更时,也可能发生土地用途变更,如某单位将其原有的居住用地改作宾馆或饭店用地等,在这种情况下土地权属主体不发生明显的变化,也没有土地市场交易行为,因此通常不在土地增值税的征收范围,难以进行税收调控。为此,建议将土地增值税的征收范围扩大,并将征收过程与企业工商登记或变更登记过程相联系,这样才能有效地防止这种比较"隐形"的土地用途变更。因为企业单位在改变经营方式或经营范围时,都需要经过工商管理部门的变更登记,那么在变更登记过程中,如果涉及土地用途变更的,根据其变更的类型和引起土地价格变化的大小,经过评估确定其增值额,并依此征收土地增值税。

## 7.3 土地供应

### 7.3.1 城市土地供给



城市是随着人类社会经济发展而逐渐形成和发展起来的区域中心,有了城市同时也就有了城市用地,并随着城市社会经济的发展而逐渐扩展。当代经济的迅速发展使城市化进程不断加快,城市化水平的不断提高,意味着城市人口规模的不断增长与城市经济规模的不断增大。无论是人口规模的扩大,还是城市经济规模的增大,都意味着城市用地面积的增加,也就意味着对城市建设用地需求的增加。可见,城市化进程实际上就是城市地域空间不断扩大的过程,也就是城市建设用地不断增加的过程。因此,城市土地供给的实质是土地经济供给。

1. 土地供应总量调控

土地供应总量调控主要是建设用地总量调控。建设用地总量是影响经济发展速度和效益的重要因素,控制建设用地总量,是调控经济运行的重要手段。建设用地总量调控主要通过编制科学合理的土地利用总体规划和土地利用年度计划来实现。为此:一是要做好土地利用规划的编制和修编工作,二是要做好土地利用年度计划的编制工作。

为科学合理地编制土地利用总体规划和土地利用年度计划,有效实现建设用地总量调控,要求土地利用总体规划和土地利用年度计划编制的基础资料必须准确、可靠;要进一步细化各业用地标准,制定和完善建设用地定额指标和土地集约利用指标体系,开展城市和工业用地集约利用评价;积极推行单位土地面积的投资强度、土地利用强度、投入产出率等指标控制制度;坚持节约用地、合理用地,通过各种法律的和行政的手段提高土地利用率,引导建设部门和用地单位走内涵式发展道路,盘活存量建设用地。

2. 土地供应结构调控

通过对不同用途土地的供应,促进产业结构调整和产业优化升级,这就需要按照国家产业政策,适时调整供地政策,对符合国家、省、市产业结构调整方向的项目予以用地扶持;对于禁止性项目,停止供地;对于限制性项目,提高供地标准和条件。例如,自2005年以来,各地区、各部门贯彻中央关于加强房地产市场调控的决策和部署,房地产投资增长和房价上涨过快的势头初步得到抑制。但是,房地产领域的一些问题尚没有得到根本解决,少数城市房价上涨过快,住房供应结构不合理矛盾突出,房地产市场秩序比较混乱。为切实解决当前房地产市场存在的问题,2006年5月24日国务院办公厅转发了建设部等部门《关于调整住房供应结构稳定住房价格意见》的通知(国办发〔2006〕37号),要求制定和实施住房建设规划,要重点发展满足当地居民自住需求的中低价位、中小套型普通商品住房。为此,要求保证中低价位、中小套型普通商品住房土地供应。各级城市人民政府要编制年度用地计划,科学确定房地产开发土地供应规模。要优先保证中低价位、中小套型普通商品住房(含经济适用住房)和廉租住房的土地供应,其年度供应量不得低于居住用地供应总量的70%;土地的供应应在限套型、限房价的基础上,采取竞地价、竞房价的办法,以招标方式确定开发建设单位。继续停止别墅类房地产开发项目土地供应,严格限制低密度、大套型住房土地供应。土地供应结构的调整对调整住房供应结构起到了重要保证作用。

3. 区域供地政策调控

不同的土地供应政策会形成不同的激励与约束机制,会导致政府、组织和个人在土地利用中做出不同的行为选择,从而产生不同的土地资源配置效率,利用土地供应政策进行宏观调控,其实质是以中央政府为主的国家各级政府通过对全国或本辖区内土地资源的供应总量和结构的干预,对一定范围内宏观经济的总体运行进行引导和调节的过程。因此,根据国民经济的地区布局需要,制定不同区域的供地政策,引导产业区域合理布局和区域协调发展,促进产业的梯度转移。在市场经济条件下,产业布局一般按照资源察赋和区位条件由市场来调节。我国正处于体制转轨时期,市场体制尚不完善,行业垄断、地区保护以及各种恶性竞争远未消除,各种低水平重复建设时有发生。根据国家和区域经济社会发展战略,按照资源察赋和区位比较优势,完善国土规划、土地利用总体规划等空间规划和各专项规划,制定相应的土地利用和供应政策,进而充分发挥市场配置资源的基础性作用,有效地整合资源,优化空间布局,促进区域经济的分工协作和协调发展。



4. 土地供应方式调控

土地供应方式从广义上说,应包括土地有偿供应和划拨供应两方面。土地有偿供应主要是指通过土地使用权出让等方式的土地供应。起初我国土地使用权出让的方式有协议、招标和拍卖三种,而且绝大部分是以协议出让为主。由于协议出让存在着缺乏公开、公平、公正,地价偏低,国有土地资产流失和经济腐败等问题,国家不断要求规范土地市场,扩大招标和拍卖出让比例。2002年5月9日国土资源部发布的《招标拍卖挂牌出让国有土地使用权规定》第四条规定:"商业、旅游、娱乐和商品住宅等各类经营性用地,必须以招标、拍卖或者挂牌方式出让。"2006年出台的《国务院关于加强土地调控有关问题的通知》,把工业用地纳入了市场竞争的范围,要求"工业用地必须采用招标拍卖挂牌方式出让,其出让价格不得低于公布的最低价标准"。2007年3月16日颁布的《物权法》明确规定:"工业、商业、旅游、娱乐和商品住宅等经营性用地以及同一土地有两个以上意向用地者的,应当采取招标、拍卖等公开竞价的方式出让。"由此,工业和经营性用地招拍挂出让,由国家政策上升为国家法律。

### 7.3.2 设施农用地供应

1. 概念

依据《土地利用现状分类》(GB/T 21010—2007),设施农用地是指:直接用于经营性养殖的畜禽舍、工厂化作物栽培或水产养殖的生产设施用地及其相应附属设施用地,农村宅基地以外的晾晒场等农业设施用地。根据设施农用地特点,从有利于规范管理出发,设施农用地具体分为生产设施用地和附属设施用地。

2. 范围

(1)生产设施用地是指在农业项目区域内,直接用于农产品生产的设施用地。包括:工厂化作物栽培中有钢架结构的玻璃或PC板连栋温室用地等,规模化养殖中畜禽舍(含场区内通道)、畜禽有机物处置等生产设施及绿化隔离带用地,水产养殖池塘、工厂化养殖、进排水渠道等水产养殖的生产设施用地,育种育苗场所、简易的生产看护房用地等。

(2)附属设施用地是指农业项目区域内,直接辅助农产品生产的设施用地,包括管理和生活用房用地,指设施农业生产中必须配套的检验检疫监测、动植物疫病虫害防控、办公生活等设施用地;仓库用地,存放农产品、农资、饲料、农机农具和农产品分拣包装等必要的场所用地;硬化晾晒场、生物质肥料生产场地、符合"农村道路"规定的道路等用地。



3. 供应程序

农业设施的建设与用地由经营者提出申请,乡镇政府申报,县级政府审核同意。按以下程序和要求办理。

(1)经营者申请。设施农业经营者应拟定设施建设方案,方案内容包括项目名称、建设地点、用地面积,拟建设施类型、数量、标准和用地规模等;并与有关农村集体经济组织协商土地使用年限、土地用途、补充耕地、土地复垦、交还和违约责任等有关土地使用条件。协商一致后,双方签订用地协议。经营者持设施建设方案、用地协议向乡镇政府提出用地申请。

(2)乡镇申报。乡镇政府依据设施农用地管理的有关规定,对经营者提交的设施建设方案、用地协议等进行审查。符合要求的,乡镇政府应及时将有关材料呈报县级政府审核;不符合要求的,乡镇政府及时通知经营者,并说明理由。

涉及土地承包经营权流转的,经营者应依法先行与农村集体经济组织和承包农户签订土地承包经营权流转合同。

(3)县级审核。县级政府组织农业部门和国土资源部门进行审核。农业部门重点就设施建设的必要性与可行性,承包土地用途调整的必要性与合理性,以及经营者农业经营能力和流转合同进行审核,国土资源部门依据农业部门审核意见,重点审核设施用地的合理性、合规性以及用地协议,涉及补充耕地的,要审核经营者落实补充耕地情况,做到先补后占。符合规定要求的,由县级政府批复同意。

4. 供应要求

(1)明确设施农用地管理方式。生产设施用地和附属设施用地直接用于或者服务于农业生产，其性质不同于非农业建设项目用地，依据《土地利用现状分类》(GB/T 21010—2007)，按农用地管理。

兴建农业设施的，经营者应拟定设施建设方案，并与当地农村集体经济组织签订用地协议。涉及土地承包经营权流转的，应先行依法签订土地流转合同。兴建农业设施占用农用地的，不需办理农用地转用审批手续。其中，生产设施占用耕地的，生产结束后由经营者负责复耕，不计入耕地减少考核；附属设施占用耕地的，由经营者按照“占一补一”要求负责补充占用的耕地。

(2)合理控制设施农业附属设施用地规模。进行工厂化作物栽培的，附属设施用地规模原则上控制在项目用地规模5%以内，最多不超过10亩；进行规模化种植的附属设施用地规模原则上控制在项目用地规模3%以内，最多不超过20亩；规模化畜禽养殖的附属设施用地规模原则上控制在项目用地规模7%以内(其中，规模化养牛、养羊的附属设施用地规模比例控制在10%以内)，最多不超过15亩；水产养殖的附属设施用地规模原则上控制在项目用地规模7%以内，最多不超过10亩。

(3)严格把握设施农用地范围。在以农业为依托的休闲观光项目以及各类农业园区，涉及建设永久性餐饮、住宿、会议、大型停车场、工厂化农产品加工、中高档展销等的用地，不属于设施农用地范围，按非农建设用地管理。确需建设的，必须符合土地利用规划，依法办理建设用地审批手续。

在土地利用总体规划确定的建设用地范围内，因设施农业项目发展需要，申请按建设用地使用土地的，可按建设用地管理，并依法办理建设审批手续。

(4)引导设施农业合理选址。根据农业发展规划和土地利用规划，在保护耕地、合理利用土地的前提下，积极引导设施农业发展。设施建设应尽量利用荒山荒坡、滩涂等未利用地和低效闲置的土地，不占或少占耕地，严禁占用基本农田。确需占用耕地的，也应尽量占用劣质耕地，避免滥占优质耕地，同时通过工程、技术等措施，尽量减少对耕作层的破坏。

(5)加强设施农用地监督管理。一是切实加强设施农用地的用途管制。经营者要坚持农地农用的原则，按照协议约定使用土地。

二是建立设施农用地监管的共同责任机制。市、县国土资源部门、农业部门和乡镇政府都应将设施农用地纳入日常管理，建立制度，分工合作，形成联动工作机制。

三是设施农用地使用纳入土地巡查和卫片执法检查范围。县级国土资源部门和乡(镇)国土所在土地巡查中要对设施农用地开展巡查，对不符合规定要求使用土地的，做到早发现、早制止、早报告、早查处。

四是严肃查处设施农用地中违法违规用地行为。市县国土资源部门在设施农用地跟踪监管、土地巡查和卫片执法检查中，发现违法违规用地行为的，应严肃查处。对于未经审核同意的设施农用地，要依法依规进行处理。不符合设施农业用地规定的，要恢复土地原状；符合规定的，处理到位后确需用地的，按规定完善用地手续。



### 7.3.3　农村集体建设用地供应

1. 供应范围

《中华人民共和国土地管理法》第四十三条规定，任何单位和个人进行建设，需要使用土地的，必须依法申请使用国有土地。但是，兴办乡镇企业和村民建设住宅经依法批准使用本集体经济组织农民集体所有的土地的，或者乡（镇）村公共设施和公益事业建设经依法批准使用农民集体所有的土地的除外。这规定了经过批准可以使用农民集体所有土地的三类建设。

(1)乡镇企业建设使用本集体经济组织农民集体所有的土地。包括乡（镇）办企业使用本乡镇集体所有的土地，村办企业使用本村集体所有的土地。村民组办企业使用本村民组集体所有的土地。这就规定，今后，乡镇办企业不能使用村或村民组所有的土地，村办企业也不能使用村民组所有的土地。但是，村或村民组可以用本集体所有的土地与其他单位和个人联办企业。除此之外，兴办乡镇企业也应当申请使用国有建设用地。

(2)农村村民建设住宅使用本集体经济组织农民集体所有的土地。即村民建住宅使用本乡或本村、村民组所有的土地，村民不能申请其他乡或村、村民组所有的土地。城市居民也不得到农村申请使用农民集体所有土地建设住宅。这既保证了农村宅基地属于村农民集体经济组织所有，又防止利用申请宅基地搞别墅，搞房地产。除上述规定外，建住宅也应当申请使用国有土地，或购买城市统一建设的住宅。

(3)乡（镇）村公共设施和公益事业建设使用农民集体所有的土地。乡（镇）村公共设施包括：乡村级道路、乡村级行政办公、农技推广、供水排水、电力、电讯、公安、邮电等行政办公、文化科学、生产服务和公用事业设施，公益事业包括学校、幼儿园、托儿所、医院（所）、敬老院等教育、医疗卫生设施。这些设施无论是使用本集体所有，还是其他集体所有的土地，经过批准都是允许的.即乡镇公共设施和公益事业的建设可以使用村或村民组集体所有的土地，村公共设施和公益事业建设可以使用村民组或其他村农民集体所有的土地。



2. 供应审批

(1)乡镇企业建设用地。乡（镇）办企业使用本乡镇集体所有的土地，村办企业使用本村集体所有的土地，村民组办企业使用本村民组集体所有的土地，均应当向县级以上地方人民政府国土资源部门提出申请，国土资源部门根据有关规定审查后，按规定的批准权限报批。涉及占用农用地的，应当先办理农用地转用审批手续。

(2)村民宅基地建设用地。国土资源部关于印发《关于加强农村宅基地管理的意见》的通知（国土资发〔2004〕234 号）要求："严格宅基地申请条件。坚决贯彻"一户一宅"的法律规定。农村村民一户只能拥有一处宅基地，面积不得超过省（区、市）规定的标准"。农村村民建住宅需要使用宅基地的，应向本集体经济组织提出申请，并在本集体经济组织或村民小组张榜公布。公布期限满无异议的，报经乡（镇）审核后，报县（市）审批。经依法批准的宅基地，农村集体经济组织或村民小组应及时将审批结果张榜公布。

(3)乡（镇）村公共设施和公益事业建设用地。乡（镇）村公共设施和公益事业建设使用农民集体所有的土地，应当经乡（镇）人民政府审核后，向县级以上人民政府国土资源部门申请。按规定的批准权限批准。涉及占用农用地的，应当先办理农用地转用审批。使用其他集体所有土地的，应当给予补偿或调换土地。使用农民承包经营权的，农民集体经济组织应当给予安置。

## 7.3.4　国有建设用地供给

《中华人民共和国城市房地产管理法》《中华人民共和国土地管理法》等法律法规确立了我国的国有土地供给制度的基本法律框架，也是我们对国有土地供给方式进行分析的基本法律依据。总结起来，我国国有土地的供给方式有以下5种。

1. 划拨

将国有土地使用权无偿交付给土地使用者使用，土地使用者无须为此支付土地出让金（农民补偿除外），但该土地只限于土地使用者自己使用，在改变土地用途或将土地转让他人时，应补交土地出让金。

2. 出让

国家行使国有土地所有者的权利，将国有土地使用权在一定年限内有偿出让给土地使用者使用，土地使用者要为此支付相应的土地出让金，土地使用者在足额交纳土地出让金后，取得该土地在一定年限内的使用权利，并可以将该土地使用权在符合规定条件的前提下转让、出租或抵押。

3. 租赁

国家作为土地所有者将土地使用权出租给使用者使用，由使用者与县级以上人民政府土地行政主管部门签订一定年期的土地使用租赁合同，并支付租金的行为。

4. 作价出资（入股）

国家以一定年限期的国有土地使用权作价，作为出资投入改组后的新设企业，该土地使用权由新设企业持有，可以依照土地管理法律法规关于出让土地使用权的规定转让、出租、抵押。

5. 授权经营

国家根据需要，可以一定年限期的国有土地使用权作价后授权给经国务院批准设立的国家控股公司，作为国家授权投资机构的国有独资公司和集团公司经营管理。

## 7.3.5　土地供应计划

国有建设用地供应计划，是指市、县人民政府在计划期内对国有建设用地供应的总量、结构、布局、时序和方式做出的科学安排。供应总量是指计划期内各类国有建设用地供应的总规模，供应结构是指计划期内商服用地、工矿仓储用地、住宅用地、公共管理与公共服务用地、特殊用地、水域及水利设施用地、交通运输用地等各类国有建设用地的供应规模和比例关系，供应布局是指计划期内国有建设用地供应在空间上的分布，供应时序是指计划期内国有建设用地供应在不同时段的安排，供应方式包括划拨、出让、租赁、作价出资或入股等方式。

1. 组织实施

（1）编制主体。市、县国有建设用地供应计划由市、县国土资源行政主管部门组织编制。

（2）组织方式。市、县国土资源行政主管部门组织编制国有建设用地供应计划，可以根据实际情况选择自行编制、指定或授权下属事业单位编制、委托专业机构编制三种方式的一种。

(3)协调决策机构。市、县人民政府可根据实际,设立由国土资源行政主管部门和相关部门组成的国有建设用地供应计划编制协调决策机构,负责解决计划分配等计划编制中的重大问题,集体决定有关事项。

2. 计划编制程序

(1)发布编制国有建设用地供应计划通知。市、县国土资源行政主管部门应当提请同级人民政府于每年的10月31日前,发布编制下年度国有建设用地供应计划的通知。

(2)调查分析国有建设用地供应能力。市、县国土资源行政主管部门应当会同相关部门,对土地利用现状和土地利用总体规划、城市规划进行对比分析,依据规划实施状况,初步确定国有建设用地供应潜力。

市、县国土资源行政主管部门通过对依法办理农用地或未利用地转用和征收的建设用地、政府收购储备的土地、政府收回的土地、围填海(湖)造地形成的建设用地、待转让的军队空余土地、增减挂钩的建设用地和年度土地利用计划中当年拟供应土地等来源,进行潜力分析。



依据土地前期开发程度、土地权属状况、土地利用计划及转用征收审批手续办理情况、宗地规划手续办理情况、军用空余土地转让许可手续办理情况等,综合确定计划期内可实施供应的国有建设用地。

有条件的市、县,可将计划期内可实施供应的国有建设用地细化到宗地,建立计划供应宗地数据库,数据库包括计划供应宗地的面积、用途、规划建设条件、土地使用标准、空间矢量等信息。

(3)预测国有建设用地需求量。国有建设用地需求预测主要包括国有建设用地需求总量和商服用地、工矿仓储用地、住宅用地(含廉租房用地、经济适用房用地、商品房用地等)、公共管理与公共服务用地、交通运输用地、水域及水利设施用地、特殊用地等各类国有建设用地需求量预测。

市、县国土资源行政主管部门在组织开展本辖区经济社会发展情况、土地利用、地产市场状况等调查分析的基础上,科学预测国有建设用地需求总量和结构,结合对本辖区、相关单位申报的国有建设用地需求审核情况,综合确定国有建设用地需求量。

(4)拟定国有建设用地供应计划草案。依据计划期内可实施供应的国有建设用地量和计划期国有建设用地需求量,统筹确定国有建设用地供应计划指标。市、县国土资源行政主管部门可按行政辖区、城市功能区、住房和各业发展用地需求、土地用途和供应方式,对国有建设用地供应计划指标进行分解。最后,拟定国有建设用地供应计划草案。计划草案包括计划文本、编制说明、图件及附件。

(5)国有建设用地供应计划征求意见和报批。市、县国土资源行政主管部门应当将形成的国有建设用地供应计划草案征询各相关单位意见,修改完善后,报同级人民政府批准。县人民政府批准国有建设用地供应计划前,应当征得上一级国土资源行政主管部门同意。国有建设用地供应计划应报省(区、市)国土资源行政主管部门备案。

(6)国有建设用地供应计划公布和实施。市、县人民政府应在每年3月31日前,公布年度国有建设用地供应计划。年度国有建设用地供应计划应当在国土资源部门户网站(中国土地市场网页)和相关媒体公开。市、县国土资源行政主管部门应依据批准的国有建设用地供应计划,编制国有建设用地供应方案,实施国有建设用地供应。

## 7.4 闲置土地管理

### 7.4.1 闲置土地概念

闲置土地,是指土地使用者依法取得土地使用权后,未经原批准用地的人民政府同意,超过规定的期限未动工开发建设的建设用地。认定和处置闲置土地以宗地为单位。闲置土地的认定标准应当符合下列情形之一。

(1)超过国有土地使用权出让合同约定或者建设用地批准书规定的动工开发期限未动工开发建设的。

(2)国有土地使用权出让合同未约定或建设用地批准书未规定动工开发日期的,自国有土地使用权出让合同或建设用地批准书生效之日起满1年未动工开发建设的。

(3)经批准使用集体土地的,自土地批文生效之日起满1年未动工开发建设的。

(4)经批准划拨使用国有土地的,自土地批文生效之日起满1年未动工开发建设的。

(5)已动工开发建设,但开发建设的土地面积占应动工开发建设土地总面积不足1/3或者已投资额占总投资额不足25%,且未经批准中止开发建设连续满1年的;“总投资额”是指土地使用者直接投入用于土地开发的资金总额,不包括取得土地使用权的费用;“已投资额”是指土地使用者已经投入用于土地开发建设的资金总额。

(6)法律、行政法规规定的其他情形。

国有土地使用权出让合同约定或建设用地批准文件规定分期开发的,闲置土地认定时应当按照分期开发范围核定闲置土地面积。

### 7.4.2 闲置土地认定程序

土地管理部门应当对已批用地的使用情况进行跟踪检查,可以发出土地使用调查通知书,要求土地使用者如实提供已使用土地的范围、面积、开工建设的时间和开发利用的其它有关情况等。

区土地管理部门初步认定为闲置土地的,应当对土地使用者进行土地闲置调查,制作土地闲置调查笔录。土地闲置调查应当现场勘测、拍照、摄像,并应当听取土地使用者对土地闲置原因的说明及处置方式的选择意见。

区土地管理部门最终认定为闲置土地的,应当制作闲置土地认定通知书,将认定的事实、依据等情况书面通知土地使用者;闲置土地依法设有抵押权的,还应通知抵押权人。无法通知土地使用者或者相关权利人的,可以采用公告等方式,公告期不少于30日。

区土地管理部门可以根据闲置土地的具体情况和本暂行办法的相关规定，通知土地使用者协商拟订闲置土地处置方案。闲置土地处置方案经原批准具体建设项目用地的人民政府批准后，由区土地管理部门组织实施。

区土地管理部门应当根据已批准的闲置土地处置方案，向土地使用者送达闲置土地处置决定书。

### 7.4.3　闲置土地处置方式

1. 缴纳土地闲置费

(1)因土地使用者自行变更规划设计方案、开发计划或资金不足等主观原因造成土地闲置的，土地使用者应当按照本市的有关规定缴纳土地闲置费。符合城市总体规划和土地利用总体规划要求、并按规定已全额支付土地相关费用，具备开发建设条件的，可以适当延长不超过1年的开发建设期限或者重新确定动工日期。因政府或者政府有关部门规划调整等客观原因造成土地闲置的，可以适当延长不超过1年的开发建设期限或者重新确定动工日期。



(2)已经取得拆迁许可证，因土地使用者动迁资金、动迁计划等主观原因致使动拆迁工作尚未完成造成土地闲置的，土地使用者应当按照本市的有关规定缴纳土地闲置费。具备开发建设条件的，可以重新确定动工日期。已经取得拆迁许可证，因政府原因致使动拆迁工作尚未完成造成土地闲置的，可以适当延长不超过1年的开发建设期限或者重新确定动工日期。

按照有关规定，应当取得拆迁许可证但因土地使用者的原因未取得拆迁许可证，并因动拆迁工作尚未完成造成土地闲置的，土地使用者应当按照本市的有关规定缴纳土地闲置费。具备开发建设条件的，可以适当延长不超过1年的开发建设期限或者重新确定动工日期。

(3)闲置土地在土地利用总体规划和城市总体规划确定的建设用地区域内的，可由镇政府制定置换方案，报区土地管理部门批准后，依法安排其他建设项目。闲置土地不在土地利用总体规划和城市总体规划确定的建设用地区域内的。如果耕种条件未被破坏，应当由镇政府组织恢复耕种；如果不适宜耕种的，应当改变为其他农用地。对退耕的面积经验收通过，存量用地指标经原批准机关批准，可以平移到符合土地利用总体规划和城市总体规划的建设用地区域内。

2. 收回闲置土地使用权

符合下列情形之一的，经原批准机关批准，应当采取收回闲置土地使用权的处置方式，确定新的土地使用者。

(1)闲置满2年以上(含2年)的。

(2)延长开发建设期限届满仍未动工开发建设的。

(3)重新确定动工日期后仍未动工开发建设的。

(4)自闲置土地处置方案批准之日起满3个月，土地使用者仍未执行闲置土地处置方案的。

(5)原土地使用者自愿交回土地使用权,与政府或者政府委托的土地储备机构达成补偿协议的。

## 7.5 土地利用动态监测

土地利用动态监测是指运用遥感、土地调查等技术手段和计算机、监测仪等科学设备,以土地详查的数据和图件作为本底资料,对土地利用的动态变化进行全面系统地反映和分析的科学方法。

### 7.5.1 土地利用空间动态监测内容

1. 土地利用变化的动态信息

包括区域土地利用变化的类型、位置和数量等信息,特别是耕地。居民点及工矿用地的变化以及闲置土地等。我国已经建立对全国重点城市建设用地规模扩展和耕地变化情况的监测体系,分析全国土地利用的变化趋势和全国年度土地利用平衡面积估计,有重点地核查地方上报的土地变更调查数据的真实程度。



2. 耕地总量的动态平衡情况

为实现耕地总量动态平衡的宏伟目标,必须有计划地进行土地整理、土地开发和土地复垦。为保证这些土地管理措施的正确实施及经费的合理利用,必须准确地掌握区域以及全国耕地变化的情况。

3. 农业用地内部结构调整情况

农业内部结构调整反映土地利用用途的变化,及时掌握这些信息可为土地利用用途管制及农用地的管理服务。

4. 基本农田保护区状况

基本农田保护区是国家为保证粮食安全而划定的一定数量的优质耕地,规定长期不得占用,基本农田保护区管理包括征地占用管理、地力补偿、占一补一等。

### 7.5.2 监测分析内容

1. 地类变更分析

主要对土地总面积变化的分析,耕地、园地等各类土地面积变动的分析。具体的指标为,各地类在变更中,变更涉及的增减面积,实际增减面积(及减去同地类之间变化的面积),净增减面积,变化量占同地类总面积的比重等。

2. 权属变更分析

该分析也具体落实到地类的变化,但其前提是权属性质的变化。包括国有土地、集体土地的所有权、使用权的变化,土地纠纷调解情况。

3. 耕地变化动态分析

耕地动态变化分析不仅要较详细地反映耕地减少的原因和耕地增加的来源,而且要分析减少原因的合理性和增加耕地的力度。这些分析不能单独从数量上做比较分析，应根据地区特点做出分析，为以后土地管理提供有价值的意见。

4. 土地利用结构变化分析

土地利用结构变化是反映土地资源在人类利用行为干预下，土地利用发展趋势。依据地域差异规律，选择好当地土地资源利用方向是社会经济发展中研究的重要问题。结构变化分析的重要指标是各类用地结构中所占的比重。

### 7.5.3 土地利用动态遥感监测

土地利用动态遥感监测是应用遥感技术，监测一定时间段、特定区域内的土地利用变化信息。基于基础控制资料和 2 个及以上时相的航天遥感影像制作数字正射影像图；结合土地利用数据库、土地利用规划与基础地理等相关信息，主要依据遥感影像纹理结构和光谱信息的一致性与差异性特征以及土地利用类型和分布区位等要素，采用变化信息自动识别与人机交互相结合的方法，对比发现、综合分析并提取土地利用变化信息；通过实地调查，掌握相应时段、监测区内的土地利用变化状况。



监测执行 GB/T 21010—2007《土地利用现状分类》标准。采用两级分类，统一编码排列。其中，遥感监测的建设用地指一级类商服用地(05)、工矿仓储用地(06)、住宅用地(07)、公共管理与公共服务用地(08)、特殊用地(09)、交通运输用地(10，不包括其二级类农村道路 104)和二级类水库水面(113)、水工建筑用地(118)与空闲地(121)。

## 7.6 开发区用地管理

开发区用地是以成片土地开发为特点的。具体过程是政府通过土地征收、收回土地使用权等措施取得土地后，委托开发区管委会组织或带有政府背景的企业对这些土地进行基础设施等开发，形成工业等项目的用地条件，再由政府分割供应给具体的用地单位。

### 7.6.1 分批次用地报批

2000 年，国土资源部允许开发区经市、县土地行政主管部门审核同意后单独上报批次用地。在今年国务院办公厅转发商务部等部门《关于促进国家级经济技术开发区进一步提高发展水平若干意见的通知》中，这一政策得到进一步重申。这对提高开发区取得土地的效率十分有利，开发区要充分用好这一政策。

1999 年 1 月 1 日起实施的新的《土地管理法》。改革了上一部《土地管理法》建设用地按项目审批的方法，实行了由国务院、省级人民政府对农用地转用依据权限分批次转用，具体建设项目用地(供地)由市、县政府批准的政策，形象地讲就是中央和省两级政府“批发”，市、县政府“零售”。这一审批制度的改革虽然说不是专门为开发区制定的，但与开发区的用地特点非常契合。

### 7.6.2 开发区用地审查原则

(1)经国务院或省(区、市)人民政府批准设立。

(2)按有关规定通过规划审核,土地行政管理机构设置符合法律法规要求。

(3)符合所在城市土地利用总体规划。

(4)依法用地,违法下放农用地转用、土地征收和供地审批权得到纠正。

(5)达到土地节约集约利用的标准。

### 7.6.3 开发区用地审查标准

(1)扩区审查的具体标准。土地集约利用程度高,土地利用结构合理,拟扩区用地规模适度,开发区用地布局集中。

(2)改变区位审查的具体标准。不超过原批准规模的条件下,对开发区进行区位调整;鼓励整合利用经清理整顿保留的其他开发区进行区位调整。

(3)升级审查的具体标准(省级开发区升级为国家级开发区)。土地利用结构合理,土地集约利用程度高。



### 7.6.4 用地申报材料

1. 开发区管理机构出具可行性分析报告

(1)开发区的基本情况。

(2)开发区土地开发利用情况。

(3)开发区土地集约利用评价情况。

(4)开发区拟扩区情况。

(5)开发区拟改变区位情况。

2. 省国土资源部门出具的确认文件

(1)对可行性分析报告的审查意见。

(2)开发区依法用地。

(3)所在城市土地利用总体规划图。

(4)原开发区土地利用评价表。

(5)界址点坐标表。

### 7.6.5 用地审批程序

(1)地方人民政府向国务院提出申请。

(2)向开发区主管部门征求意见。

(3)依据审核原则和标准进行审核。

(4)报请国务院审定。

(5)依据国务院批示,批复地方人民政府实施。

## 7.7 土地储备

### 7.7.1 土地储备的概念

土地储备是指市、县人民政府国土资源管理部门为实现调控土地市场、促进土地资源合理利用目标,依法取得土地,进行前期开发、储存以备供应土地的行为。

土地储备工作的具体实施,由土地储备机构承担。土地储备机构应为市、县人民政府批准成立、具有独立的法人资格、隶属于国土资源管理部门、统一承担本行政辖区内土地储备工作的事业单位。

1996 年,我国第一家土地储备机构在上海成立。至 2007 年全国已有 2 000 多个市、县相继建立了这项制度。为加强土地管理,规范土地储备管理行为,2007 年 11 月 19 日,国土资源部、财政部、中国人民银行联合印发了《土地储备管理办法》。



土地储备制度是调控土地市场的重要手段。土地储备制度建立后,市、县人民政府供地和管地方式发生了重大变革,从多个部门供应“生地”和协议出让为主,改变为集中统一供应“净地”(即产权清晰、配套完善、土地平整的土地)和招拍挂出让为主。

土地储备制度增强了政府调控土地市场的能力。各地政府可以根据城市发展和市场需求,有计划地适时适量供应土地,有效调控土地供应总量、结构和时序,同时促进了节约集约用地,增加了政府土地收益。

### 7.7.2 土地储备范围与程序

根据《土地储备管理办法》,下列土地可以纳入土地储备范围。

(1)依法收回的国有土地。

(2)收购的土地。

(3)行使优先购买权取得的土地。

(4)已办理农用地转用、土地征收批准手续的土地。

(5)其他依法取得的土地。

土地储备程序因土地等具体情况不同而不同,具体规定如下。

(1)市、县人民政府或国土资源管理部门依法无偿收回国有土地使用权的土地,由土地登记机关办理注销土地登记手续后纳入土地储备。

(2)因实施城市规划进行旧城区改建需要调整使用土地的,应由国土资源管理部门报经有批准权的人民政府批准,依法对土地使用权人给予补偿后,收回土地使用权。对政府有偿收回的土地,由土地登记机关办理注销土地登记手续后纳入土地储备。

(3)根据土地储备计划收购国有土地使用权的,土地储备机构应与土地使用权人签订土地使用权收购合同。收购土地的补偿标准，由土地储备机构与土地使用权人根据土地评估结果协商，经国土资源管理、财政部门或地方法规规定的机构批准确认。完成收购程序后的土地，由土地登记机关办理注销土地登记手续后纳入土地储备。

(4)政府行使优先购买权取得的土地，由土地登记机关办理注销土地登记手续后纳入土地储备。

(5)已办理农用地转用、土地征收批准手续的土地，由土地登记机关办理注销土地登记手续后纳入土地储备。

### 7.7.3 储备土地开发与利用

对纳入储备的土地，经市、县人民政府国土资源管理部门批准，土地储备机构有权对储备土地进行前期开发、保护、管理、临时利用及为储备土地、实施前期开发进行融资等活动。

土地储备机构应对储备土地特别是依法征收后纳入储备的土地进行必要的前期开发，使之具备供应条件。前期开发涉及道路、供水、供电、供气、排水、通讯、照明、绿化、土地平整等基础设施建设的，要按照有关规定，通过公开招标方式选择工程实施单位。

土地储备机构应对纳入储备的土地采取必要的措施予以保护管理，防止侵害储备土地权利行为的发生。

在储备土地未供应前，土地储备机构可将储备土地或连同地上建(构)筑物，通过出租、临时使用等方式加以利用。设立抵押权的储备土地临时利用，应征得抵押权人同意。储备土地的临时利用，一般不超过两年，且不能影响土地供应。

### 7.7.4 储备土地的土地供应

储备土地完成前期开发整理后，纳入当地市、县土地供应计划，由市、县人民政府国土资源管理部门统一组织供地(主要通过招标、拍卖和挂牌等出让方式供应)。

依法办理农用地转用、土地征收后的土地，纳入储备满两年未供应的，在下达下一年度农用地转用计划时扣减相应指标。

## 【基本知识练习】

**一、判断题**

1. 土地的供求机制和价格机制是土地市场运行机制的核心。(　)

2. 选择建设地点的要求不包括气候适宜。(　)

3. 房屋开发费属于新区开发所用费用。(　)

4. 我国土地资源现状具有土地总量多、人均占有量少、土地资源的地区分布不平衡等特点。(　)

5. 影响土地利用的因素中，自然因素不包括产业结构、投入水平。(　)

6. 土地整理开发规划的内容不包括安排土地生态建设和环境保护用地。(　)

7. 土地的面积有限性迫使人们必须节约、集约利用土地资源。（ ）

8. 未利用土地是指目前还未利用的土地，但不包括难利用的土地。（ ）

9. 对于一定区域来说，土地的总量是有限的，所以土地的供给是无弹性的。（ ）

10. 由于土地经济供给稀缺性的特性，对一块土地的利用，常常同时产生两个以上用途的竞争，并可以从一种用途转换到另一种用途。（ ）

答案：√√×√√√√×××

二、单项选择题

1. 下列关于国家实行土地用途管制制度，表述不正确的是（ ）。

A. 国家编制土地利用总体规划，规定土地用途，将土地分为农用地、建设用地和未利用地

B. 严格限制农用地转为建设用地

C. 控制耕地总量，对建设用地实行特殊保护

D. 使用土地的单位和个人必须严格按照土地利用总体规划确定的用途使用土地

2. 农用地中的精耕细作、高水肥等利用方式，建设用地中的高建筑密度、高容积率（但不能超过规划控制标准）等利用方式都属于（ ）土地利用方式。

A. 集约型　　B. 粗放型　　C. 集中型　　D. 混合型



3. 下列关于土地利用总体规划与国土规划的关系，说法正确的是（ ）。

A. 国土规划不涉及土地利用问题

B. 土地利用总体规划是最高层次的空间规划

C. 国土规划是土地利用规划的一项专项规划，并对土地利用规划起反馈作用。

D. 土地利用总体规划与国土规划是相互关联而不能相互取代的两项带有宏观战略性的规划

4. 土地开发整理规划的主要作用不包括（ ）。

A. 保障土地利用总体规划目标的全面实现

B. 是建立土地开发整理项目库的前提和依据

C. 是土地开发整理项目立项的科学依据

D. 是制订实施规划政策措施的依据

5.《中华人民共和国土地管理法实施条例》规定，土地利用年度计划不包括下列（ ）内容。

A. 农用地转用计划指标　　B. 耕地保有量计划指标

C. 土地计划指标　　D. 土地开发整理计划指标

6.《中华人民共和国草原法》规定，临时占用草原的期限不得超过（ ）年，并不得在临时占用的草原上修建永久性建筑物、构筑物。

A. 2　　B. 3　　C. 5　　D. 6

7. 土地利用现状调查是以（ ）为单位，查清各类用地的面积、分布和利用状况。

A. 省　　B. 县　　C. 乡　　D. 街坊

8. 土地用途管制的核心是（ ）。

A. 土地的国有化

B. 土地的经济价值

C. 土地管制过程中的多部门协作

D. 不能随意改变农用地特别是耕地的用途

9. 关于土地用途管制制度的说法，错误的是(　　)。

A. 各级政府的土地管理部门是实行土地用途管制的主体

B. 土地用途管制的核心是不能随意改变农用地特别是耕地的用途

C. 农用地转用需要经过有批准权的人民政府核准

D. 土地用途管制制度带有强制性

10. 将土地利用的分布状况加以重新调整，以使土地利用方式、强度和结构适应特定发展时期的特定目标指的是(　　)。

A. 土地规划　　B. 土地整理　　C. 土地编制　　D. 土地开发

答案：1～5　CADDC，6～10　ABDAB

**三、多项选择题**

1. 在城市规划区内改变土地用途的，应当办理的手续有(　　)。

A. 在报批前，应当先经有关城市规划行政主管部门同意

B. 在报批前，应当先经有关城市房管部门同意

C. 应当经有关人民政府土地行政主管部门同意

D. 报原批准用地的人民政府批准

E. 报原批准用地的人民政府土地行政主管部门批准

2.《土地利用年度计划管理办法》规定，土地开发整理计划指标依据(　　)确定。

A. 土地开发整理规划

B. 国务院向各省、自治区、直辖市下达的耕地保护责任考核目标

C. 土地利用总体规划

D. 建设占用耕地等耕地减少情况

3. 土地利用动态遥感监测常用的方法有(　　)等。

A. 实地调查　　B. 统计报表调查

C. 遥感监测　　D. 专项定点监测

E. 理论调查

4. 我国土地用途管制制度的特点包括(　　)。

A. 带有明显的强制性　　B. 需要多部门协作

C. 管制对象范围广泛　　D. 对职能部门依法行政要求很高

E. 各级人民政府是实行土地用途管制的主体

5. 编制土地开发规划的依据是(　　)。

A. 有关土地开发利用的法律、法规

B. 各级人民政府制定的有关土地开发利用的政策、措施

C. 当地国民经济和社会发展规划

D. 土地利用总体规划以及农业区域开发规划

E. 土地开发的可行性理由

答案:1. ACD 2. ACD 3. ABCD 4. ABE 5. ABCD

## 【延伸阅读】

### 北京市2016年度国有建设用地供应计划

为深入贯彻落实党的十八大、十八届三中、四中、五中全会、中央经济和城市工作会议及北京市十四届人大四次会议精神,按照“五位一体”总体布局和“四个全面”的战略布局,牢固树立和贯彻落实创新、协调、绿色、开放、共享的发展理念,准确把握新时期首都战略定位,主动适应首都经济发展新常态,积极推动京津冀协同发展,统筹“功能疏解、人口控制、用地减量、空间优化”的目标任务,努力打造国际一流的和谐宜居之都,努力实现“十三五”良好开局,保障首都经济社会持续稳步发展的合理用地需求,按照《国有建设用地供应计划编制规范》(试行)(国土资发〔2010〕117号)要求,结合《北京城市总体规划(2004—2020)》《北京市土地利用总体规划(2006—2020年)》和市政府2016年度工作部署,制定本计划。

一、计划指标

(一)总量

2016年全市国有建设用地计划供应总量4 100 $hm^2$,其中新增建设用地控制在1 850 $hm^2$以内,鼓励和引导利用存量建设用地2 250 $hm^2$。



(二)用地结构

2016年国有建设用地供应计划总量中,交通运输用地1 600 $hm^2$,水域及水利设施用地70 $hm^2$,特殊用地30 $hm^2$,公共管理与公共服务用地700 $hm^2$,工矿仓储用地100 $hm^2$,住宅用地1 200 $hm^2$,商服用地400 $hm^2$(表7-2)。

**表7-2 北京市2016年度国有建设用地供应计划用途结构表**

<table>
<tr><td rowspan="2">总计</td><td rowspan="2">交通运输用地</td><td rowspan="2">水域及水利设施用地</td><td rowspan="2">特殊用地</td><td colspan="3">公共管理与公用设施用地</td><td rowspan="2">工矿仓储用地</td></tr>
<tr><td>养老设施用地</td><td>研发用地</td><td>合计</td></tr>
<tr><td>4 100 hm²</td><td>1 600 hm²</td><td>70 hm²</td><td>30 hm²</td><td>30 hm²</td><td>100 hm²</td><td>700 hm²</td><td>100 hm²</td></tr>
<tr><td>100%</td><td>39.00%</td><td>1.70%</td><td>0.70%</td><td colspan="3">17.10%</td><td>2.40%</td></tr>
<tr><td colspan="7">住宅用地</td><td rowspan="3">商服用地</td></tr>
<tr><td rowspan="2">合计</td><td colspan="5">保障性安居工程用地</td><td rowspan="2">商品住宅(含自住型商品房)用地</td></tr>
<tr><td>小计</td><td>公租房用地</td><td>棚户区改造用地</td><td>定向安置房用地</td><td>其他(含中央军队)用地</td></tr>
<tr><td>1 200 hm²</td><td>350 hm²</td><td>15 hm²</td><td>112 hm²</td><td>143 hm²</td><td>80 hm²</td><td>850 hm²</td><td>400 hm²</td></tr>
<tr><td>29.30%</td><td>8.6%</td><td>0.40%</td><td>2.70%</td><td>3.50%</td><td>2.00%</td><td>20.70%</td><td>9.80%</td></tr>
</table>

（三）空间布局

严格落实"城六区、平原、山区"的区域功能定位，城六区的土地供应量不高于全市土地供应总量的20%，平原土地供应量不低于全市土地供应总量的65%，山区土地供应量不高于15%。

优化城市区域功能，统筹区域发展，形成城市功能由中心城和新城共同支撑的格局，其中规划新城范围内土地供应量占土地供应总量的70%以上，其中，重点新城规划范围内土地供应量约占土地供应总量的30%。

二、计划的执行

（一）计划指标

本着"减量发展、结构优化、有序疏解、节约集约"的原则，2016年国有建设用地供应计划指标继续实行分类管理。中央、军队单位用地和全市公共管理与公共服务、交通运输、水域及水利设施和特殊用地等指标2 380 $hm^2$，实行全市统筹安排；住宅用地（不含中央、军队单位用地）、商服用地和工矿仓储用地等指标1 720 $hm^2$，分解到各区并落实到具体地块。

（二）年度计划实施

市政府和各区政府各相关部门应采取有效措施，切实做好2016年度国有建设用地供应计划实施工作。

1. 达成共识、建立机制。
2. 协同联动、明确分工。
3. 加强研究、明晰规则。
4. 适度约束、考核监督。

三、闲置土地处理案例

## 三明市国土资源局梅列分局<br>闲置土地处理公示

根据《中华人民共和国土地管理法》《闲置土地处置办法》（国土资源部53号令）有关规定，我局拟定纺织品研发中心项目整改方案，报经区政府批准（梅政文〔2016〕118号）。现将闲置土地处置公示如下：

一、宗地基本情况

该宗地受让人为福建省三明纺织股份有限公司，位处翁墩物流园，面积1.268 7公顷，土地用途为商服用地，合同约定开、竣工时间为2013年10月22日之前开工，2015年1月21日之前竣工。

二、闲置原因：政府原因。

三、处置方式：有偿收回该宗地国有建设用地使用权。

三明市国土资源局梅列分局

2016年10月26日

## 收回国有建设用地使用权决定书
## 长国土规建收字〔2017〕1号

大连联发置业有限公司：

长海县国土资源和规划建设局与你方签订的国有建设用地使用权出让合同，合同电子监管号为2102242013B00316，宗地四至为长海县大长山岛外埠小泡子村大盐场长海一中东侧，面积为7 813平方米，土地用途为其他普通商品住房用地，出让价款为940万元。

我局认定上述宗地为闲置土地，已向你方送达了《闲置土地认定书》（长国土规建认字〔2016〕1号）。根据《闲置土地处置办法》（国土资源部第53号令）第十四条的规定，经报请长海县人民政府批准（批准文号：长政发〔2016〕39号），我局依法无偿收回上述闲置土地使用权。

对本决定不服的，可依据《行政复议书》的规定申请行政复议，或依照《行政诉讼法》的规定提起行政诉讼。

我局联系人：　　　　　联系电话：

长海县国土资源和规划建设局

2017年1月20日



资料来源：http://www.landchina.com/DesktopModule/BizframeExtendMdl/workList/bulWorkView.aspx? wmguid = 20aae8dc-4a0c-4af5-aedf-cc153eb6efdf&recorderguid = 179c4174-1b93-4dc7-b385-6204caff3952&sitePath=中国土地市场网.

Chapter 8

# 第8章 土地市场管理

## 【导入案例】

### 2016年第四季度全国主要城市地价监测总体情况

全国地价总体水平持续温和上行，综合、商服、住宅地价环比、同比增速均有所上升；工业地价环比增速略有放缓，同比增速上升。

2016年第四季度，全国主要监测城市地价总体水平为3 826元/$m^2$，商服、住宅、工业地价分别为6 937元/$m^2$、5 918元/$m^2$和782元/$m^2$（图8-1）。

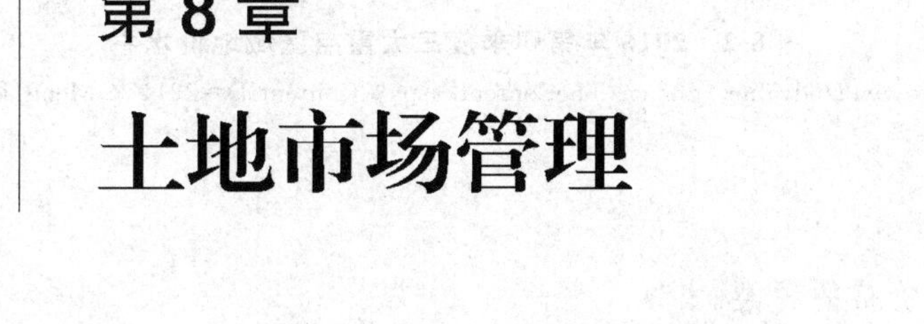


图8-1 全国主要城市分用途地价水平

各用途地价同比增速较上一季度均呈上升态势。第四季度，全国主要监测城市综合、商服、住宅、工业地价同比增速依次为5.31%、3.09%、7.91%、2.84%，较上一季度分别上升0.74、0.42、1.14、0.35个百分点。其中，住宅地价增长较快，综合保持低速增长，商服、工业地价平稳波动。

重点监测城市地价总体水平为5 680元/$m^2$，较上一季度增长1.77%，较去年同期增长7.27%。商服、住宅和工业地价水平分别为9 275元/$m^2$、8 625元/$m^2$和1 055元/$m^2$；

环比增速分别为1.35%、2.47%和0.86%;同比增速分别为4.60%、10.08%和4.15%。

三大重点区域住宅地价环比、同比增速均处于高位运行;除环渤海地区工业地价同比增速微降,三大重点区域各用途地价同比增速均呈上升态势。2016年第四季度三大重点区域地价水平值如图8-2所示。

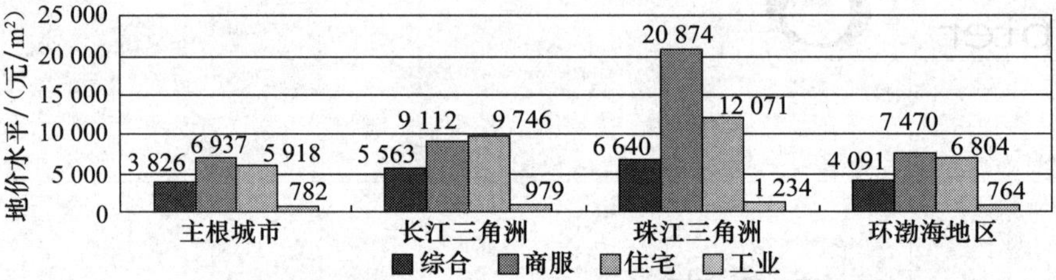


**图8-2　2016年第四季度三大重点区域地价水平**

资料来源:http://www.landvalue.com.cn/TheContent.aspx? ContentID=22117&Menu_ID=13.

## 【讨论】

1. 土地市场价格的种类。
2. 如何分析市场价格变化。



## 【学习任务】

1. 掌握土地市场价格内涵、类别。
2. 掌握土地市场价格管理内容。
3. 了解土地价格指数含义和计算。
4. 了解地价动态监测体系。

## 【知识内容】

## 8.1 土地市场概述

### 8.1.1 土地市场的内涵

市场是伴随人类社会分工和商品生产而产生的,初期的市场主要是指商品交换的场所。随着社会经济发展,商品交易内容和交换关系越来越广泛和复杂,市场的含义也在不断扩大。因此,市场可有广义和狭义之分,狭义的市场指商品交换的具体场所。广义的市场则指商品交换过程中发生的经济关系的总和。广义的市场不仅包括商品交换的各种有形市场,还包括无形市场以及市场中的交织的经济关系和市场机制。

土地市场是指土地作为一种特殊的商品在流通过程中所发生的经济关系总和。在土地市场中，市场的主体是土地的供给者、购买者和其他参与者，市场的客体是交换的目的物，即土地权利。在土地的交换过程中，不只是市场的买卖双方参与土地交易，而是有众多的参与者，要发生多方面的经济关系。

具体讲，土地市场的主体包括以下各方面：土地供给主体、土地需求主体、土地市场中介机构、土地市场经营主体、土地市场管理主体。土地市场的客体表面上是指交易的对象或标的物，即土地。但事实上土地市场交换的客体，并不是土地本身，而是各种内涵不同的土地权利。土地的交易就是将土地的某些或全部权利从一方转移到另一方。

### 8.1.2　土地市场的特点

土地作为一种特殊商品，其市场交易一般有以下特点。

(1)权利主导性。在一般商品市场中，商品可以流转，商品交易完成，商品及其相关权利一起转移。而在土地市场中由于土地的位置固定性，土地市场的交易只能是对相关土地权利的转移或变更，土地交易的实质是土地权利的交易。

(2)交易客体的差异性。一般的商品都可以按照统一的标准进行批量生产，可以在市场上进行批量交易。而在土地市场上，由于土地的自然条件和空间区位的差异性，因而土地市场上的交易只能是个别估价、个别成交。



(3)地域性。土地市场的地域性很明显。一般商品尽管在一定程度上也存在着市场的地域性，但随着交通的发达、运输效率的提高，相距较远的地区也会形成统一的市场供需圈，形成全国性的乃至世界性的统一市场。然而在土地市场上，由于土地自身的不可移动性，不同地域之间土地供需状况以及土地价格的可比性很小，因而难以形成统一的市场和统一的市场价格。

(4)不完全竞争性。有市场必有竞争，竞争机制是市场的最基本运行机制之一。土地市场作为一种商品市场，必然离不开竞争。但由于土地市场的供求主体的数量有限，土地的差异性、稀缺性、不可移动性等，土地市场的竞争不像一般市场竞争那样自由和广泛。同一般商品市场相比较，虽然土地市场都有一定竞争局限性，但竞争性相对较弱。

(5)供给弹性小。从总体上说，土地资源一般不可再生，土地的自然供给没有弹性。但当土地价格发生变化时，土地的经济供给会发生变化。例如，有些肥沃的土地既可种植农作物也可用于建设，当非农地价升高、没有严格的用途限制时，部分农业用地就转变成非农用地，市场上的土地供给会增加。但由于土地的有限性，土地供给的弹性小，土地价格主要由需求来决定。

(6)供给滞后性。在现实的土地市场中，因为土地供给量的变动存在时滞，即当土地市场需求变化时，土地供给很难及时做出相应变化，两者之间存在时间差。这是因为：第一，土地投资资金占用量大，少则几百万元，多则几亿元，筹措如此多的资金需要相当长的时间；第二，土地用途难以改变，农用地改为非农用地有着诸多限制；第三，土地开发工程量大、工期长、程序复杂，每一阶段都需要相当长时间，因而使得土地供给存在着一定的滞后性。

(7)政府管制较严。土地是一个国家重要的资源，其分配是否公平有效，对经济的发展和社会的稳定具有十分重大的作用,因而各国政府都对土地的权利、利用、交易等作较多的严格限制。如土地利用指标的控制、土地转让条件的控制、土地用途的控制等等。

### 8.1.3 我国城市土地市场构成

从土地市场交易角度,我国城市土地市场构成包括城市土地一级市场和城市土地二级市场。

(1)城市土地一级市场。城市土地一级市场主要指的是城市土地出让市场或土地批租市场,即国家以城市土地所有者的身份将从土地所有权中分离出来的土地使用权在一定年限内让渡给土地使用者,并由土地使用者向国家支付土地使用权出让金的市场。城市土地一级市场体现的是土地所有者与使用者之间的关系,是由国家或政府垄断的。城市土地一级市场的主体,一方是受国务院委托的各地市、县人民政府,另一方是符合规定条件的用地单位和个人。城市土地一级市场的客体是国有建设用地使用权。

土地使用权出让在我国实践中有多种方式,包括:招标出让、拍卖出让、挂牌出让、协议出让、划拨土地补缴出让金方式出让、划拨土地作价入股出让和授权经营方式等。

除城市土地出让市场外,城市土地一级市场也包括土地年租制市场,即国家将国有建设用地使用权租赁给土地使用者,并按年向土地使用者收取地租的市场。如前所述,国有建设用地使用权年租制与国有建设用地使用权出让制的实质是一致的,二者都应属于一级市场。



(2)城市土地二级市场。城市土地二级市场指的是出让土地使用权转让市场,包括土地使用权转让、出租和抵押市场等。城市土地二级市场体现的是土地使用者之间的关系。我国城市土地二级市场是一个竞争性市场,转让方式和转让的价格主要由市场决定。当然,为规范土地二级市场,国家要对其进行管理。

需要说明的是,我国城市土地使用权租赁市场根据不同情况可以分属一级市场、二级市场,即国家作为城市土地所有者,将国有建设用地使用权租赁给土地使用者的市场行为属于一级市场,而土地使用权人将土地使用权出租给承租人使用,由承租人向出租人支付租金的行为则属于二级市场。

## 8.2 土地市场价格管理

### 8.2.1 土地价格内涵

土地价格是土地经济作用的反映,也叫地价,是土地权利和预期收益的购买价格,即地租的资本化。土地价格存在的根源是绝对地租,决定土地价格高低的主要因素是级差地租。我国的地价是以土地使用权出让、转让为前提,一次性支付的多年地租的现值总和,是土地所有权在经济上的实现形式。完整的土地价格定义应当包括估价期日、实际与设定开发程度、实际与设定用途、现状或规划利用条件、实际与设定使用年期、价格类型等内容。

### 8.2.2　土地价格类型

从不同目的的出发，可以将地价分成不同种类，各地价种类之间会有所交叉，同一块土地之上可能会有多种价格。

1. 按土地权利

土地所有权价格、土地使用权价格、土地租赁权价格、土地抵押权价格和其他他项权利价格等。土地权利是多个权利的集合；包括土地的所有权及使用权、租赁权、抵押权等。相应地，土地价格可以划分为所有权价格、使用权价格、租赁权价格、抵押权价格等。土地所有权价格：是一种土地所有权转移价格，或称为卖断价格。土地使用权价格，是在一定期限中拥有土地的使用权、收益权所形成的一种价格。同样，租赁和抵押权会形成租赁权价格和抵押权价格。

2. 按土地价格的形成

按土地价格形成方式可分为：交易价格、理论价格和评估价格等。交易价格是通过市场交易形成的土地成交价格。理论价格指经济学假设的“经济人”的行为和预期是理想的，或是真实需求与真实供给相等的条件下形成的价格，评估价格是由专门的机构和人员，按照一定的程序和方法评定的土地价格，包括交易底价、基准地价、课税地价等。①交易底价：在土地交易之前参与土地交易的各方，政府、购买者、租赁者、抵押者等都要对土地进行评估，形成各自底价。②基准地价：是政府为管理土地市场，由专业部门、专业人员评定的土地等级和区域的平均价格。③课税价格：是政府为征收有关土地税收而评定的土地价格。

3. 按政府管理手段

按政府管理手段可分为：申报地价、公告（示）地价等。申报地价是指由土地所有人或使用人向有关机关申报的地价。公告（示）地价是政府定期公布的地价。它一般是征收土地增值税和征用土地补偿的依据。

4. 按土地价格表示方法

按土地价格表示方法可分为：土地总价格、单位面积地价、楼面地价等。土地总价格是指一宗土地的整体价格，一般不能反映土地价格水平的高低。单位面积地价又称土地单价，是指单位土地面积的价格，一般可以反映土地价格水平的高低。单位面积地价＝土地总价格/土地总面积。楼面地价又称单位建筑面积地价，是平均到每单位建筑面积上的土地价格，楼面地价更能反映土地价格水平的高低。楼面地价＝土地总价格÷总建筑面积＝土地单价÷容积率。

5. 按土地的存在形态

按土地的存在形态可分为：生地价格、熟地价格、毛地价格、净地价格。生地价格指已完成土地使用批准手续而未进行或部分进行基础设施配套开发和土地平整的正常市场条件下一定年期的土地使用权价格。熟地价格指完成了土地开发等基础设施建设，具备建设条件的正常市场条件下一定年期的土地使用权价格。毛地价格是指已完成基础设施配套开发而未进行宗地内拆迁平整的正常市场条件下一定年期的土地使用权价格。净地价格指已完成基础设施配套、场地内达到开工条件且没有设定他项权利的正常市场条件下一定年期的土地使用权价格。

6. 按土地的交易方式

按土地的交易方式可分为:拍卖价格、招标价格、协议价格、挂牌价格。

7. 按土地价格使用目的

按土地价格使用目的可分为:买卖价格、租赁价格、抵押价格、课税价格、征地价格等。

### 8.2.3 我国土地价格体系

地价体系是在土地市场中,由若干个既相互联系,又互有区别的地价构成的,共同满足土地市场管理和运行需要的价格系列。地价体系的构成,与国家的经济政策和土地管理政策直接相关,在这些政策的影响下,会形成客观需要的各种形式的地价。因此,构成体系的各种地价,不是人为提出的,而是在土地市场运行和管理过程中客观存在的,是按土地市场管理和运行的需要进行归纳总结形成的。



在我国的土地制度中,各级政府国土资源管理部门既要作为国有土地的产权代表,代表国家出让土地和收回土地使用权,行使国家土地所有权的权利;又要作为政府管理部门,代表国家对地产市场中的交易行为进行宏观调控和微观管理。我国的地价体系应包括以下几种价格。

(1)反映城镇整体地价水平,作为政府对地价实行宏观管理和控制标准的基准地价。

(2)反映宗地在一般市场条件下正常地价水平,作为政府对地价和地产市场进行具体管理的依据的标定地价。

(3)反映宗地在不同市场条件和不同交换形势下地价水平,供土地交换或交换各方作为交易最低价或期望价参考的交易底价或交易评估价。

(4)反映具体宗地在地产交易或交换活动中现实价格,由土地交易双方认可并据此支付地价款的成交地价。

(5)由以上四种类型的地价衍生和派生的供抵押贷款、土地税收、资产核算、土地出让等方面使用的地价。上述地价系列相互影响,相互联系,共同组成了我国的地价体系,同时也在体系中起到不同的作用,具有不同的地位,显示出各自不同的特点。

### 8.2.4 地价管理的内容

1. 基准地价和标定地价定期公布制度

我国《房地产管理法》规定,基准地价和标定地价要定期公布。

基准地价是对城镇各级土地或均质地域及其商业、住宅、工业等土地利用类型评估的土地使用权单位面积平均价格。基准地价评估以城镇整体为单位进行,由政府组织或委托评估,评估结果须经政府认可。基准地价的作用一是宏观控制地价,反映地产市场中的地价水平和变动趋势，为政府制定管理措施和投资者投资决策提供依据。二是国家征收土地使用税等的依据。三是确定新增建设用地土地有偿使用收益中央与地方分成标准的依据之一。四是进一步评估宗地地价的基准，起到估算基值和修订初始值的作用。五是对土地利用、流动进行引导。六是制定协议出让国有土地使用权最低价的依据和参考标准。

标定地价是政府根据管理需要，评估的具体宗地在正常土地市场和正常经营管理条件下某一期日的土地使用权价格。标定地价是宗地地价的一种，由政府组织或委托评估，并被政府所认可，作为管理土地市场的依据。标定地价的作用一是政府出让土地使用权时确定出让金额的依据。二是清产核资中核定单位占用的土地资产和股份制试点企业土地作价入股的标准。三是行使土地优先购买权的衡量标准。四是核定土地增值税和管理地产市场的具体标准。五是划拨土地使用权转让、出租、抵押时，确定补交出让金的标准。

2. 协议出让国有土地使用权采取最低限价

按照《城市房地产管理法》第十二条的规定，采取双方协议方式出让土地使用权的出让金不得低于按国家规定所确定的最低价。1995年原国家土地管理局为了加强政府对出让国有土地使用权的宏观调控和管理，保障国有土地资产的收益，促进土地市场的健康发展，发布了《协议出让国有土地使用权最低价确定办法》。

协议出让国有土地使用权最低价是指上级人民政府为了宏观调控土地市场，防止低地价协议出让国有土地使用权而实施的出让金最低控制标准。



国家对协议方式出让土地使用权的出让金采取最低限价的主要作用是：一是防止地方政府在出让土地使用权过程中，为了局部和短期利益，采取不正当的竞争方式，随意压低地价，造成国家土地收益的流失；二是增加土地使用权出让中的透明度，便于上级政府对下级政府出让行为监督；三是便于土地使用者了解国家对不同地区，不同行业实行的地价优惠幅度，确定合理的投资方向。

协议出让最低价由省、自治区、直辖市人民政府土地管理部门会同有关部门拟定，报同级人民政府批准后下达市、县人民政府土地管理部门执行。确定协议出让最低价应当综合考虑征地拆迁费用、土地开发费用、银行利息及土地纯收益等基本因素，根据商业、住宅、工业等不同土地用途和土地级别的基准地价的一定比例确定，具体适用比例由省、自治区、直辖市确定。但直辖市计划单列市及省、自治区人民政府所在地的城市的具体适用比例，须报国家土地管理局核准。国家支持或重点扶持发展的产业及国家鼓励建设的项目用地，可以按行业或项目分类确定不同的协议出让最低价。

以协议方式出让国有土地使用权的出让金不得低于协议出让最低价。以协议方式出让国有土地使用权的，出让合同签订后，市、县人民政府土地管理部门应当将协议出让国有土地使用权出让金向社会公布。以协议方式出让国有土地使用权时，其出让金低于协议出让最低价的，由负责监督检查的人民政府土地管理部门责令限期改正；逾期不改正的，土地使用权出让合同无效，由此造成的损失由出让方承担，有关责任人员由其所在单位或者上级机关视情节给予行政处分。

3. 土地使用权的转移有优先购买权

按照《城镇国有土地使用权出让和转让暂行条例》第二十六条的规定，土地使用权转让价格明显低于市场价格的，市、县人民政府有优先购买权。

优先购买权有两个主要作用:一是对转移土地使用权的宗地,当政府实施土地利用规划,为公共福利等建设需要此宗地时,可以采取优先购买权,以保证建设需要的土地为政府得到;二是防止土地转移中,交易双方为逃避国家税收,采取虚报、瞒报地价的方式,达到少交税费的目的。

我国当前实施土地优先购买权的目的,主要是防止交易双方应报、瞒报地价,扰乱土地市场的行为发生,以维护一个稳定良好的土地市场环境。

根据我国现有政策规定,在土地使用权转移活动中,转让者需交纳的与地价有关的税费主要有:土地使用权转移中需交的增值税、城市维护建设税、教育费附加和土地增值税,而受让者需交纳契税。因此,政府实施土地优先购买权,其直接影响的将是土地转让者的经济利益,这将促进土地转让方如实申报成交价。

4. 政府对地价上涨进行干预

按照《城镇国有土地使用权出让和转让暂行条例》第二十六条的规定,土地使用权转让的市场价格不合理上涨时,市、县人民政府可以采取必要的措施。政府对地价上涨进行干预的作用:一是使土地价格的上涨速度,同整个经济发展的速度相协调,促进地区经济持续稳定地发展;二是满足社会各部门发展对土地的需求,防止土地资源和资产的浪费,发挥出土地的综合效益;三是促进正常土地市场的建立,使土地的转移、流动正常化。



政府控制地价上涨的主要手段有如下几种。

(1)对地价上涨不合理的地区,实行地价冻结,对一些按规划需要建设的地区,为防止地价上涨影响到规划的实施,也采取冻结地价和限制交易进行控制。

(2)对保有土地的数量进行限制,防止土地囤积与垄断造成供不应求而引起地价的不合理上涨。

(3)实行土地资产的累进税率,防止个人囤积和无效占用土地。

(4)适时开发新建设用地,增加城市土地供给量,以调整供求关系,影响地价的升降。

(5)增加土地市场的透明度,保证交易双方有获得等量市场价格信息的机会。

5. 实行土地登记和土地交易价格申报制度

根据《中华人民共和国城市房地产管理法》第三十四条的规定,国家实行房地产成交价格申报制度,要求房地产权利人转让房地产时,应当向县级以上人民政府规定的部门如实申报成交价,不得瞒报或者做不实的申报。

加强对土地转移价格的申报管理,有利于加快我国土地市场的建立和完善,克服虚报、瞒报土地成交价对土地市场的不良影响。虚报、瞒报土地成交价对土地市场的影响主要表现为:一是虚报、瞒报土地成交价造成土地市场中的成交地价偏离正常、合理的地价水平,使政府无法了解市场的真实行情,难于对土地市场的地价实施有效管理;二是虚报、瞒报地价影响正常、合理土地市场的建立和发展,使土地使用者难于真正掌握自己土地资产的数量,不利于土地资产的利用和效益的发挥;三是虚报、瞒报地价造成国家土地收益、税费的流失。

国土资源管理部门对土地交易价格申报的管理和制度建设,应与健全土地登记制度配合进行,通过完善土地登记制度,加强对土地出让、转让、出租、抵押等活动的登记,来掌握土地交易价格,实施地价管理。凡涉及土地权属、面积、界址等变化的社会经济活动,都必须向国土资源管理部门申请土地登记，同时申报土地资产价格或土地交易价格。在登记时，国土资源管理部门要以基准地价和标定地价为依据，加强对申报地价和租金的审核，完善对基准地价、标定地价、地价优惠额、成交地价、租金、抵押及土地他项权力状况的登记，并通过计算土地增值，收取相关税费、行使优先购买权和规定最高限价等措施。调控地价，维护合理的价格水平，保证土地市场的正常运行。

国土资源管理部门在对土地成交价申报管理工作中，要充分说清瞒报或做不实申报地价对土地受让方的影响，促使其如实申报。按国家有关法规的规定，涉及土地使用权转移的，不如实申报成交价属于违法行为，土地使用权将不受法律保护。同时，虚报、瞒报土地成交价后，当国家征收土地增值税时，受让方将支付更多的土地税，承担不必要的支出。因此，土地交易双方的虚报、瞒报地价行为，将使土地使用权受让人承受很大的风险，促使其如实申报成交价。

6. 征收土地增值税

征收土地增值税是将社会经济发展造成的地价上涨收益收归政府的主要手段，也是有效防止交易双方有意压低申报交易价的地价管理政策之一。

按照《中华人民共和国土地增值税暂行条例》的规定，征收地增值税的目的是为了规范土地、房产市场秩序，合理调节土地增值收益，维护国家权益；同时，科学合理地征收土地增值税，还可以达到防止土地交易双方虚报、瞒报交易价，使受让者在面临承受今后多交土地增值税的情况下，公开自己的成交价格和防止土地使用者屯积土地进行土地投机，减少土地资源浪费。



不同国家征收土地增值税的目的有所差别，征税标准也不一致。按照我国土地增值税征收条例的规定，只对转让国有土地用权及其附着物等，并取得收入的单位和个人征收。征税标准以转让人取得的收入扣减国家规定的取得土地使用权的有关成本费用和建筑成本后所获得的土地增值额进行征税，按累进税率计征。

征收土地增值税对交易双方的影响：当交易双方申报的地价低于实际成交价时，土地下次转移时，以前申报交易价作为计费基数时，两次之间的增值幅度就会比实际的增值幅度大，则受让人将要多支付不应承担的增值税，造成自己的财产的损失，从而促使其正确申报其成交价。

7. 土地估价制度

我国土地估价制度主要包括执业管理制度、土地估价机构的资格认证与管理制度、土地估价的管理与审核制度、土地估价的行业管理制度等。

土地估价师资格实行注册登记制度，有效期为五年。获此资格者应于期满之前，到主管部门申请办理注册登记，否则资格将自行失效。取得土地估价师资格者，可受聘于具有土地评估资格的合法机构，并在其中独立承担土地估价业务。

从事土地价格评估的中介服务机构，应依照有关规定，向工商行政管理部门申请登记，领取营业执照后方可开业。申请成立土地价格评估机构，除具备国家法律、法规规定的条件外，还需具有与其经营范围相适应的注册资金和专业人员。各级土地管理部门已批准设立的土地价格评估机构，以及国家核拨经费的事业单位、科技性的社会团体设立的土地价格评估机构，也应根据有关规定申请企业法人开业登记或申请非独立法人的营业登记。经工商行政管理部门登记注册的土地价格评估机构,应在规定的日期到土地管理部门备案。

土地估价的行业管理组织是中国土地估价师协会。中国土地估价师协会是由具有土地估价资格和从事土地估价工作的组织和个人自愿结成,依法登记成立的、全国非营利性的行业自律性社会团体法人。协会的宗旨是联合全国土地估价组织和土地估价人员,进行自律管理;引导从业人员遵守国家的法律、法规,遵守土地估价执业道德,执行专业守则和估价规范,规范从业人员执业行为;促进土地估价师专业知识及专长技能的发展和深造;保障从业人员独立、客观、公正执业,维护支持中国土地估价师独特的专业特点、地位及利益;增进行业交流;调解执业中产生的争议;维护国家、企业和个人在土地方面的权益,为社会主义市场经济服务。

8. 实行城市地价动态监测管理

地价动态监测是根据城市土地市场的特点,通过设立地价监测点,收集、处理并生成系列的地价指标,对城市地价状况进行观测、描述和评价的过程。监测目的是调查城市地价的水平及变化趋势,向社会提供客观、公正、合理的地价信息,为政府加强地价管理和土地宏观调控提供基础数据和决策依据。

监测对象。城市地价动态监测的对象是城市土地的价格状况。城市土地价格状况包括城市地价的水平状况、变化状况、结构特征,以及地价与相关指标协调程度等。



监测周期。城市地价动态监测在设定的周期进行。全国范围、全省范围和城市范围的地价监测周期按照年度和季度进行;重点区域和重点城市、重点区段,以及专题性监测等,周期根据具体情况设置。

监测地价类型。城市监测地价分为商业、居住、工业三种基本类别,各类别地价的内涵应与城市基准地价内涵一致。为了反映城市地价的综合状况,设立综合地价指标,由商业、居住和工业三种用途地价综合形成。根据不同的目的和需要,可以在三种基本类别的基础上再下设亚类用途的地价。

监测地价基准日。监测地价具有统一的基准日。季度监测地价基准日分别为各季度的最后一日,年度监测地价基准日为每年的12月31日。

## 8.3 地价动态监测

城市地价动态监测体系分中央和城市两个层次。中央需要完成的任务主要是根据建立城市地价动态监测体系的原则和方法完成城市地价动态监测体系的总体设计,制定统一的城市地价监测体系技术规范;在全国范围内选择监控城市,确定具体监控范围和监测内容,明确城市地价动态监测体系的目标,对地价监测资料进行地价分析、应用和维护,编制并发布全国和各城市地价指数。城市需要完成的任务主要是按照地价动态监测体系技术规范,开展城市土地价格调查,选择确定地价监测点和市场交易样点,定期对地价监测点进行维护和更新,定期采集地价监测资料,进行资料处理、分析和应用,发布地价信息并定期将有关地价监测资料上报中央。

## 8.3.1　城市地价动态监测范围

1. 监测范围确定

城市地价动态监测的范围根据不同监测目标设置。城市内部按照城市某一种标准(如规划区红线、建成区界限等)界定地价动态监测范围。跨城市区域按照行政区划或者宏观经济区域划分城市地价动态监测范围。

城市地价动态监测分为国家级城市地价动态监测、省级城市地价动态监测和城市级地价动态监测三个层次。国家级城市地价动态监测、省级城市地价动态监测属于区域性城市地价动态监测，城市级地价动态监测属于城市内部地价动态监测。

2. 国家级城市地价动态监测范围

国家级城市地价动态监测范围包括，全国范围的城市地价动态监测、跨省区域的地价动态监测、重点城市地价动态监测等。全国范围的城市地价动态监测是指对全国范围内的直辖市、省会城市、计划单列市等大城市，以及主要中、小城市进行全面地价动态监测。跨省区域地价动态监测是指对跨省经济区域(如长江三角洲、珠江三角洲等地区)的大城市和主要的中、小城市进行地价动态监测。重点城市地价动态监测范围是指对在重要区域，或全国范围内有重要影响的城市进行地价动态监测。



3. 省级城市地价动态监测范围

省级城市地价动态监测范围包括，全省范围的城市地价动态监测、省内分区域的地价动态监测等。全省范围的城市地价监测动态是指对全省范围内的大城市、中等城市、小城市进行全面地价动态监测。省内分区域的地价动态监测是指对省内一定区域的大城市、中等城市、小城市进行地价动态监测。

4. 城市级地价动态监测范围

城市级地价动态监测范围包括城市主城区或建成区整体地价动态监测、城市各区域和重要区段地价地态监测等。

## 8.3.2　地价动态监测信息发布

1. 国家级信息发布

国家级地价动态监测发布的主要信息内容如下：全国总体城市地价水平值、区域城市地价水平值、重点城市地价水平值，全国总体城市地价增长率、区域城市地价增长率、重点城市地价增长率，全国总体城市地价指数、区域城市地价指数、重点城市地价指数，全国城市地价动态监测年度报告、季度报告，其他相关信息。

2. 省级信息发布

省级地价动态监测发布的主要信息内容如下：全省总体城市地价水平值、省内重点区域和重点城市的地价水平值，全省总体城市地价增长率、省内重点区域和重点城市的地价增长率，全省总体城市地价指数、省内重点区域和重点城市的地价指数，全省总体城市地价动态指数、省内重点区域和重点城市的地价指数，其他相关信息。

3. 城市级信息发布

城市级地价动态监测发布的主要信息内容如下：城市整体地价水平值、市内各级别用各区段地价水平值，城市整体地价水增长率、市内各级别及各区段地价增长率，城市地价指数，城市地价动态监测年度报告、季度报告，其他相关信息。

4. 信息发布方式

地价监测信息发布方式如下：公告发布，通过广播、电视、报刊、网络等媒体，刊登公告；新闻披露，通过广播、电视、报刊、网络等媒体，发布新闻；信息系统查询，通过建立计算机查询系统，提供网上查询信息服务。

## 8.3.3 建立地价动态监测体系的方法选择

建立地价监测体系有两种途径：①以具体宗地为监测对象，首先在各城市设立若干地价监测点（即标准宗地），然后对监测点的地价监测资料进行调查和评估，对若干地价监测点资料分析得出整个城市的地价情况，通过若干城市地价资料来反映全国地价情况。②以均质区域为监测对象，根据地价高低划分均质区域，在均值区域内调查市场交易样点地价，以求取均值区域的平均地价提高对各区域的分析来反映城市地价情况。



1. 以宗地为地价监测对象

标准宗地是在城市一定土地级别、一定地价区段、一定土地用途的特定区域内设置的宗地地块，其地价水平、宗地形状、宗地面积、临街状况、土地利用状况、土地开发程度等方面能代表该区域土地的一般水平，除标准宗地发生用途改变、地块合并或分割、土地低效利用等情况外，地价监测点对应的标准宗地不会发生变化，因此地价监测体系具有相对的稳定性。国外的研究和实践表明，设立标准宗地为调控市场、地价管理以及地价评估等提供了很好的信息。日本、韩国的成功经验表明，建立以标准宗地为核心的地价监测体系是一种行之有效的技术手段和地价监测方法。

2. 以均质区为地价监测对象

以均质区域作为地价监测对象可以反映区域平均土地价格水平，但由于每年在区域内选取的市场交易样点数目的不确定性（均质区内土地交易样点与交易个数是不确定的），造成各年间的地价结果缺乏时间纵列的连贯性，容易造成均质区域的平均地价年际间不具有可比性。此外，由于地价均质区的划分比较模糊，其功能与基准地价功能基本相同，不利于发挥地价监测体系的作用，无法真正反映城市地价的动态变化。因此，本书选取以具体宗地作为地价监测体系的监测点来阐述城市地价监测体系的设立过程及其各方面的功能应用。

## 8.3.4 地价动态监测体系设立

城市地价监测体系的设立是一项系统的工作。这其中包括三方面的含义：①城市地价监测体系是一项统筹全局的工作，因此为使地价监测体系符合市场经济的需要，必须遵循一定的原则。②监测城市的选取与分布要遵循一定原则。③具体每一城市中地价监测点的选取同样要遵循一定的原则。以下将分别阐述。

1. 建立城市地价监测体系的原则

先进性原则。城市地价动态监测体系的建立采用先进的地理信息系统技术和因特网技术，实现了地价管理的科学化、科技化，使整个地价监测体系能够符合市场经济发展的需要，同时符合现代科技发展的要求。

系统性原则。地价监测与管理工作从中央到地方是一项系统协调的工作。在建立城市地价监测体系过程中，不仅需要考虑地价影响因素、地价运行的市场特征、地价监测资料采集与整理、地价的分析和应用等，而且需要考虑中央与城市开展地价监测工作的组织管理与协调等工作，综合多方面的因素，进行系统设计。

规范性原则。建立城市地价监测体系目的之一就是对全国城市地价进行统一管理与监测，重要的是能够实现对城市地价变化的确切了解；各地方城市可以进行城市间地价的横向对比，以制定相应的地价管理政策，适应经济的发展。因此在建立地价监测体系过程中，必须针对地价内涵界定、地价监测点标准、地价监测资料采集的技术要求、地价监测资料库的技术要求等制定统一的规范，使整个工作有法可依、有章可循。

持续性原则。城市地价监测体系的建立是一项长期的工作，需要进行动态维护和实时更新，建立时间纵列的地价监测数据有利于对地价的管理与引导。对地价监测资料定期采集、更新和归档管理，建立连续性地价监测资料库，为地价的长期市场动态变化进行地价监测提供依据。



2. 地价监测点设立原则

所谓地价监测点，是指在城镇一定土地级别、一定地价区段域内设置的，其他地价水平、宗地形状、宗地面积、临街状况、土地利用状、土地开发程度等方面能代表该区与同类用途土地一般水平(或平均水平)的宗地。地价监测点可以是未发生交易的具体宗地，也可以是已经发生交易的市场交易案例。交易案例包括出让、转让、股份制改造、租赁、地价入股、授权经营等类型。

地价监测体系设立原则是地价监测工作总的指导原则，地价监测点设立原则是建立地价监测体系过程中应遵循的具体原则。二者有宏观和微观之分。

代表性原则。地价监测点的作用就是能够代表一定范围内的地价水平。其确切的含义是指地价监测点在一定土地级别、一定地价区段、一定土地用途的特定区域内，在土地质量、形状、面积、临街状况、土地利用状况、地价水平等方面具有代表性。

一般性原则。指地价监测点为地价区段(或均质区域)内地价、形状、面积、临街状况、宽度、深度、土地利用状况、环境条件、土地开发程度等都属于正常、一般水平的宗地。

确定性原则。指地价监测点为一具体宗地，即宗地周围条件及自身条件都比较确定，其地价是该宗地的土地使用权价格。

稳定性原则。指地价监测点的个别条件、土地利用情况以及周围土地的利用条件应比较稳定，在较长时间内应不会发生分割、合并或重新规划等情况。

易操作性原则。指地价监测点空间上易于识别、易于选择，地价监测资料比较容易获取。

合理分布性原则。指地价监测点在地域分布上要尽量均衡、合理，能广泛代表城镇内的各个均质区域，全面反映城市地价水平。

3. 地价监测点设立

(1)地价监测点设立标准。设立地价监测点的具体标准主要考虑宗地的面积、形状、土地利用状况、临街状况、土地开发程度、土地权利状况等因素。

土地面积。根据同一地价区段内不同宗地的面积大小,选择面积适中的宗地作为地价监测点,面积过大或过小的宗地不适宜作为地价监测点。面积大小的标准以该地价区段内各宗地面积的众数为参照,即要符合地价监测点设立的代表性原则与一般性原则。

土地形状。地价监测点的形状应以长方形为主,宽深比的确定应参照该地价区段内各宗地宽深比的众数或该城市内宗地宽深比的众数。应尽量避免选取不规则形状的宗地作为地价监测点。

土地利用状况。容积率是衡量土地利用状况的一个重要标志。当地价监测点的容积率与城市平均容积率不一致时,应进行容积率修正,即将宗地容积率修正到地价内涵下的容积率。

临街状况。临街状况是指宗地几面临街,根据地价监测点选取的一般原则,应避免选取街角地、多面临街地等特殊宗地。

土地开发程度。土地开发程度是指宗地开发利用的水平,主要是宗地通电、通煤气、通路、通暖、通讯、通上水、通下水等市政设施状况,以及宗地内和宗地外场地是否平整等。根据对城市平均土地开发程度的调查,在选择地价监测点时,应尽可能选择平均土地开发程度条件下的宗地作为地价监测点。如地价监测点的土地开发程度高于或低于平均价开发程度,则应根据地价内涵对土地开发程度进行修正。



地价监测点的土地开发程度是以到达宗地红线外的基础设施条件界定其土地开发程度。

土地权利状况。土地权利状况是指土地的权属状况。地价监测点可以是国有划拨土地,也可以是国有出让土地、国家租赁土地或国家入股土地和其他土地。

(2)地价监测点的数量与分布。地价监测点的数量确定主要取决于城市规模的大小。在建立城市地价动态监测体系的工作中,根据城市市区内非农业人口数量、城市经济发展状况、市区面积和城市建设状况,将城市分为三类:一类城市,市区非农业人口在200万以上以及城市建成面积在400 $km^2$ 以上的超大城市;二类城市,所有省会城市以及市区非农业人口在800万以上、建成区面积在100 $km^2$ 以上的城市;其他所有城市。

根据分层抽样和数理统计方法的要求,不同用地类型的地价监测点数量应达到表8-1中的要求,但每一个地价区段至少应有一个地价监测点。市场交易样点的选取原则及标准同上,选取数量见表8-1。

**表8-1 市场交易样点数目表**

| 城市类别 | 用地类型 | 不同土地级别选取的地价样点数目 | 选取的市场交易样点 |
|---|---|---|---|
| 一类城市 | 商业 | 至少50个 | 至少120个 |
| | 住宅 | 至少40个 | |
| | 工业 | 至少30个 | |

续表 8-1

| 城市类别 | 用地类型 | 不同土地级别选取的地价样点数目 | 选取的市场交易样点 |
|---|---|---|---|
| 二类城市 | 商业 | 至少 30 个 | 至少 120 个 |
| | 住宅 | 至少 20 个 | |
| | 工业 | 至少 10 个 | |
| 三类城市 | 商业 | 至少 10 个 | 至少 120 个 |
| | 住宅 | 至少 10 个 | |
| | 工业 | 至少 5 个 | |

资料来源：国土资源部，《城市地价动态监测体系技术规范》。

## 8.3.5　地价监测体系设立程序

1. 地价监测点设立的准备工作

根据城市地价监测的目标和任务，组织工作的实施、落实设备和工作人员安排，完成设立地价监测点之前的组织准备工作，使工作开展有条不紊地进行。

技术准备主要包括城市土地分等、定级成果和相关资料，准备建立城市地价监测体系的表格及图件。表格主要用于土地价格调查和采集地价监测点宗地资料；图件是建立城市地价监测体系的工作底图，采用城镇土地级别图、城镇地籍图合伙其他辅助图件，并同时选好工作底图的比例尺。

2. 划分地价区段

地价区段是指同一土地级别内选择的，在地价水平以及地形、地质、土地利用状况、行政区划、城市规划、基础设施条件、环境条件等方面相近或比较一致的一个特定均值区域。地价区段按商业、住宅、工业用地类型分别进行划分。地价区段作为一个特定均值区域，主要为地价监测点的选择和确定提供依据，在同一土地用途级别内，可以划分若干地价区段。地价区段内选取的地价监测点更具代表性，使地价监测体系更趋完善，地价监测更加准确。

具体步骤如下：①根据不同用地类型的分布位置或地价、土地利用状况、环境条件、基础设施条件等的差异，在同一土地级别内城市地价定级图或基准地价图上按地价差异划分出若干地价区段。②地价区划划分的正确与否要通过实地勘察，根据实地勘察结果对划分出的地价区段的范围进行调整。③通过调整确定地价区段范围。地价区段的划分是设立地价监测点的基础，因此在划分地价区段时要采取定性与定量相结合的方法，灵活掌握地价区段的划分数量与分布。同一土地级别内不同地价区段的划分应基本反映该级别内地价变化的主要区间；对于地价差异明显、交易案例集中的区域应适当增加地价区段的数量。

商业用地、住宅用地、工业用地由于经营性质不同，影响地价区段划分的因素有很大区别。一般情况下，商业用地的地价区段以街道为商业路线区段。由于商业繁华街道的地价受区位影响极为明显，在商业比较繁华的区域，需要将一条街道划分为若干地价区段；在商业不很繁华的区域，同一地价区段可延伸数条街道。

住宅用地是人类居住活动集中的地方，划分住宅地价区段主要考虑以下因素：距市、区商业中心的距离及相应位置、基础设施状况、交通道路条件、商店、学校、公园、医院等配套设施状况，噪声、污染、景观、日照等环境因素，住宅区人口密度、建筑物质量与年代，公共交通状况、娱乐条件、卫生条件等。住宅地价区段划分受区位的影响明显弱于商业路线价。所以具体土地利用类型的地价区段划分，要具体分析而定。

工业用地是工业生产经营活动的集中地段。根据土地最佳利用原则，工业用地一般分布在城市边缘，而城市中心的工业用地很少。对于分布在城市中心的工业用地应注意与城市规划相结合，对于近期即将搬迁或不符合城市规划的工业企业不应划为工业用地的地价区段。

3. 地价监测点初选

地价监测点初选采用分层抽样技术，在不同土地级别、不同用地类型的不同地价区段内初步选择若干标准宗地。所谓标准宗地是指在不背离地价监测点设立原则的情况下，根据地价监测点设立的标准所设立的宗地。初选的地价监测点由于经过多极筛选会剔除部分不合格的点，所以初选点要多于将来要确定的监测点个数的20%～50%。

4. 地价监测点资料的采集

地价监测点初步选定后，要组织相关人员对初选定的监测点做外业的实际调查。调查内容见表8-2。



5. 地价监测点的确立

根据实际工作需要，对初步选定的地价监测点外业调查资料进行整理分析，对不符合地价监测点设立标准的，给予剔除。根据地价监测点均匀分布及其他原则，按照所在城市的具体规模，合理确定地价监测点的数量（一般情况下，监测点的数量是由具体项目确定的），最后确定地价监测点。

**表8-2　地价监测点资料登记表**

| | | | |
|---|---|---|---|
| 地价监测点编号 | | 所在城市名称 | |
| 土地使用者 | | 土地使用权类型 | |
| 国有土地使用者编号 | | | |
| 宗地位置 | | | |
| 土地面积 | | 所在土地级别 | |
| 土地用途 | | 宗地形状 | |
| 土地用途 | | 距市中心距离 | |
| 临街状况 | | 宗地主要建筑物 | |
| 地质条件 | | 规划建筑容积率 | |
| 建筑面积 | | | |
| 规则及其限制条件 | | | |
| 周围环境条件 | | 周围交通条件 | |
| 实际土地开发程度（宗地内、外基础设施条件宗地内平整情况） | | | |

续表 8-2

<table>
<tr><td>设定土地开发程度（宗地外基础设施条件及宗地内平整情况）</td><td colspan="2"></td><td colspan="3"></td></tr>
<tr><td>城市平均土地开发程度（宗地外市政基础设施条件及场地平整情况）</td><td colspan="2"></td><td colspan="3"></td></tr>
<tr><td colspan="6">地价评估与成果确定</td></tr>
<tr><td>评估方法</td><td>实际土地开发程度下的价格/（元/m²）</td><td>设定土地开发程度下的价格/（元/m²）</td><td>城市平均开发程度下、平均容积率下的土地价格/（元/m²）</td><td colspan="2">估价人员</td></tr>
<tr><td></td><td></td><td></td><td></td><td colspan="2"></td></tr>
<tr><td colspan="6">设定地价内涵条件的单位面积土地价格：　　　　　　　　（元/m²）</td></tr>
<tr><td>地价内涵</td><td colspan="5"></td></tr>
<tr><td>土地使用年限</td><td></td><td>城市平均容积率</td><td></td><td>基准日</td><td></td></tr>
<tr><td colspan="6">附图：宗地图</td></tr>
<tr><td>登记人员</td><td></td><td>登记时间</td><td colspan="3"></td></tr>
<tr><td>审核人员</td><td></td><td>审核时间</td><td></td><td>项目单位</td><td></td></tr>
</table>

资料来源：国土资源部，《城市地价动态监测体系技术规范》。

6. 地价监测点维护

确定后的地价监测点作为长期的监测对象，需要对其进行定期维护。变动比较大的监测点须按照地价监测点的更新要求进行更新。地价监测点更新维护工作主要包括每年各城市开展的土地价格调查和地价监测点资料变动状况的调查，更新结果要上报中央，然后由中央统一发布全国各城市地价状况信息。地价监测点的更新与维护保证了中央及时了解全国地价变化情况，掌握城市及全国地价水平和地价动态分布规律，揭示地价在城市经济发展中的地位和作用。所以说，建立城市地价监测体系是一个长期的过程。

## 8.4 地价指数编制

### 8.4.1 地价指数定义

地价指数是反映土地价格随时间变化的趋势与幅度的相对数。它是反映一个城市(或地区)各类土地(商业、住宅、工业等)价格变化及其总体综合平均变化趋势的相对数。它能够直接或间接地透射出土地市场的有关价格、数量的变动信息,是政府管理、调控土地市场的重要依据,也是企业投资决策的重要参考;它对于城市基准地价调整、土地估价的期日修正、土地增值税的征收等都具有重要的意义。

### 8.4.2 指数的分类与地价指数体系



指数按其反映的对象复杂程度可以分为个体指数和总指数(即综合指数)。按照基期的不同可分为定基指数和环比指数。要全面地反应地价的变化动态就必须构建完整的地价指数体系。一般而言,地价指数体系应能反映商、住、工三类不同用途的土地的价格和总体价格的变化情况。为了全面了解地价变化的趋势与幅度,还应分别编制定基和环比指数。因此,地价指数可按图 8-3 所示指数体系构建。

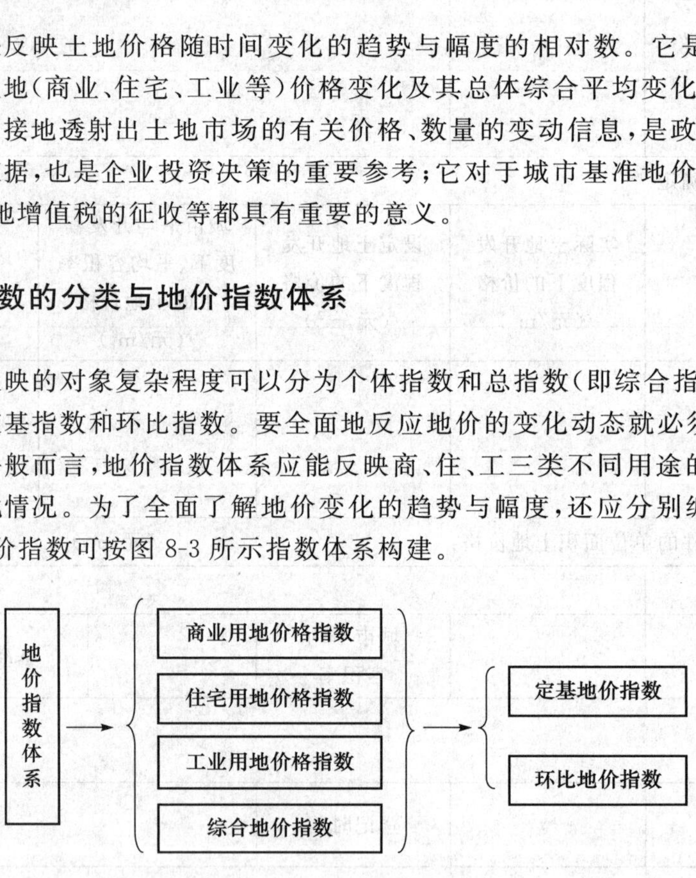


图 8-3 地价指数体系

### 8.4.3 城镇地价指数编制

城镇地价指数编制涉及大量的实地调查和计算工作,其主要实施步骤如下。

1. 地价样点的获得

地价样点的获得是地价指数编制中的关键步骤。地产市场交易资料的取得途径多种多样,市场调查是其主要方式,它又包括全面调查、抽样调查、深入调查和跟踪调查等。

2. 地价样点资料取得的原则

对于地产市场发育较早、发育较成熟的城市(或地区),宜采用抽样调查方式,辅以深入调查；对于地产市场欠发达城市（或地区），宜采用全面调查方式；选定的地价样点具有一定的典型意义，应对其进行跟踪调查。

3. 抽样调查具体步骤

抽样调查是一种非全面调查，它是从研究对象中抽取其中部分单位进行调查，并用调查结果来推断总体的一种调查方法。

4. 地价内涵的统一（样点地价的修正）

由于不同样点，有着不同的土地使用年限、容积率、土地开发现状和交易时间，所以他们的地价有着不同的经济内涵。编制地价指数需要对样点地价进行修正，把上述这些差别因素分别修正到一致的水平，使得修正后的样点地价具有统一的地价内涵。

5. 平均地价的求取

平均地价的求取按以下公式。

$$\bar{V}=\sum P_i\times S_i/\sum S_i$$

其中：$\bar{V}$——经修正的平均地价；

$P_i$——各宗地土地单价；

$S_i$——各宗地的面积。

6. 地价指数公式

(1)分类地价指数的求取。

①定基指数计算公式如下。

$$K_n=V_n/V_o\times 100$$

其中：$K_n$——第 $n$ 年的定基指数；

$V_n$——第 $n$ 年的平均地价；

$V_o$——基年的平均地价。

②环比指数的计算公式如下。

$$K_n'=V_n/V_{n-1}\times 100$$

其中：$K_n'$——第 $n$ 年的环比指数；

$V_n$——第 $n$ 年的平均地价；

$V_{n-1}$——第 $n-1$ 年的平均地价。

(2)综合地价指数的求取。综合地价指数的求取先由分类平均地价求出各年的综合平均地价，再计算综合指数。我们采用拉氏指数计算方法。综合平均地价的求算公式如下。

$$V_{\mathrm{At}}=(V_{\mathrm{Ct}}S_{\mathrm{Ct}}+V_{\mathrm{Ht}}S_{\mathrm{Ht}}+V_{\mathrm{It}}S_{\mathrm{it}})/(S_{\mathrm{Ct}}+S_{\mathrm{Ht}}+S_{\mathrm{it}})$$

其中：$V_{\mathrm{At}}$——综合平均地价；

$S_{\mathrm{Ct}}$、$S_{\mathrm{Ht}}$、$S_{\mathrm{It}}$——基期的用地结构决定的商业用地、住宅用地和工业地价的面积；

$V_{\mathrm{Ct}}$、$V_{\mathrm{Ht}}$、$V_{\mathrm{It}}$——各年的平均商业地价、住宅地价和工业地价。

定基综合地价指数公式如下。

$$K_{\mathrm{An}}=V_{\mathrm{An}}/V_{\mathrm{Ao}}\times 100$$

其中：$K_{\mathrm{An}}$——第 $n$ 年的定基指数；

$V_{\mathrm{An}}$——第 $n$ 年的平均地价；

$V_{\mathrm{Ao}}$——基年的平均地价。

环比指数的计算公式如下。

$$K'_{An} = V_{An}/V_{An-1} \times 100$$

其中：$K'_{An}$——第 $n$ 年的环比综合指数；

$V_{An}$——第 $n$ 年的平均地价；

$V_{An-1}$——第 $n-1$ 年的平均地价。

③基期的选择。基年的选择原则应是选择地产市场发展相对稳定、规范的年份。但由于我国地产市场发展较晚，交易案例相对少，各城市发展不平衡，因此，基年的选择应根据各城市的地产市场发展具体情况而定。等到地产市场发展相对稳定时(无大起大落时)，可根据指数编制的需要再移动基期。

基日的选择与期日修正是价格指数的计算一般选择年中为基准日。这是因为计算各年地价时必须把各年中1—12月的地价资料修正到基日，若以6月30日为基日，最大修正的量为6个月的地价变幅；如样点是在1—12月均匀分布，则不需进行基日修正，以保证数据的准确性。

## 【基本知识练习】

**一、判断题**



1. 地价监测点总数应综合考虑城市规模等级、建成区面积等因素确定，直辖市不应低于120个。(　　)

2.《招标拍卖挂牌出让国有土地使用权规定》规定，房地产开发商应当根据招标拍卖挂牌出让地块的情况，编制招标拍卖挂牌出让文件。(　　)

3. 两个规模、档次、经营品种、经营水平等相同，而所处位置不同的商场，由于位置上的差异也会带来销售净收入的差异，这种差异也是一种地租现象。(　　)

4. 在有基准地价的地区，协议出让最低价不得低于出让地块所在级别基准地价的60%。(　　)

5. 区片基准地价是在级别基准地价的基础上，在空间上将同一级别进一步划分成更小的若干均质区域，然后评估出区片的基准地价。(　　)

答案：1～5　××√×√

**二、单项选择题**

1. 在下列地价形式中，与地价监测点价格内涵相近的是(　　)。

A. 出让地价　　B. 转让地价　　C. 标定地价　　D. 基准地价

2. 在自由竞争情况下，土地价格是由(　　)决定的。

A. 土地市场　　B. 土地供给　　C. 土地需求　　D. 供求关系

3. 对地产市场而言，土地作为一种特殊形态的商品，其区别于一般商品市场的特征表现为(　　)。

A. 土地供给弹性大　　B. 交易实体的非移动性

C. 流通方式的多样性　　D. 垄断性

4. 土地使用权的出让市场是土地(　　)级市场。

A. 一　　B. 二　　C. 三　　D. 四

5. 根据国发〔2006〕31 号文件的有关精神，国家统一制定工业用地出让最低价标准。这里的“工业用地出让最低价标准”是指（　　）。

A. 工业用地评估价不得低于的数值

B. 工业用地出让底价和成交价均不得低于的数值

C. 工业用地出让底价的实际数值

D. 工业用地出让成交价的实际数值

6. 市、县人民政府确定工业用地出让价格时，必须执行《全国工业用地出让最低价标准》，以下情况正确的是（　　）。

A. 在工业用地出让前，可以不进行土地估价，直接根据最低价标准确定出让底价

B. 在土地利用总体规划确定的城市建设用地范围外的工业项目，且自行完成前期开发的，可按不低于所在地土地等别相对应的最低价标准的 90％执行

C. 在使用未列入耕地后备资源的未利用地建设工业项目的，可按不低于所在地土地等别相对应的最低价标准的 80％执行

D. 对各省确定的优先发展产业且用地集约的工业项目，在确定土地出让底价时可按不低于所在地土地等别相对应的最低价标准的 70％执行

7. 城市地价动态监测是政府宏观管理中（　　）的主要内容。

A. 土地市场动态监测制度　　B. 土地价格评估制度国家征收

C. 土地交易申报制度　　D. 土地利用动态监测制度



8. 土地使用权转让价格明显低于市场价格的，（　　）有优先购买权。

A. 被转让宗地的邻宗土地使用者　　B. 市、县人民政府

C. 国土资源管理部门　　D. 土地收购储备机构

9. 对已竣工验收的房地产项目，凡转让的房地产的建筑面积占整个项目可售建筑面积的比例在（　　）％以上的，应进行土地增值税的清算。

A. 80　　B. 90　　C. 85　　D. 70

10. 土地增值税是对（　　）的单位和个人征收的一种税。

A. 有偿转让集体土地使用权及地上建筑物和其他附着物

B. 有偿转让国有土地使用权及地上建筑物和其他附着物

C. 有偿转让国有土地所有权及地上建筑物和其他附着物

D. 有偿转让国有土地使用权，不包括有偿转让地上建筑物和其他附着物

答案：1～5　CDBAB，6～10　DABCB

**三、多项选择题**

1. 下列不符合监测点地价评估要求的有（　　）。

A. 监测点地价为土地使用权价格，且考虑他项权利限制

B. 监测点设定内涵条件下评估地价所对应的年限均为相应用途的法定最高年限，监测点现状条件下评估地价所对应的年限是相应用途的剩余使用年限

C. 应采用两种或两种以上的评估方法，并可采用基准地价系数修正法

D. 每一个监测点应由两名注册土地估价师评估并签字

2.《中华人民共和国城市房地产管理法》规定，（　　）应当定期确定并公布。

A. 基准地价　　B. 标定地价

C. 各类房屋的重置价格　　D. 各类房屋的市场价格

3. 城镇土地市场有如下基本特征(　　)。

A. 市场交易主体的特殊性　　B. 市场交易的非物流性和权利主导性

C. 市场竞争的不完全性　　D. 对银行和中介机构的依赖性

E. 交易客体的特殊性

4. 按土地权利分类:土地价格可以划分为(　　)

A. 所有权价格　　B. 使用权价格

C. 租赁权价格　　D. 抵押权价格

E. 处置权价格

5. 评估基准地价或利用基准地价评估宗地价格,必须明确基准地价的内涵。基准地价的内涵包括(　　)。

A. 基准日期　　B. 土地开发程度

C. 基准地价修正体系　　D. 土地用途

E. 基准地价公布日期

答案:1. AC　2. ABC　3. BCDE　4. ABCD　5. ABD



## 【延伸阅读】

### 案例1

全国工业用地最低限价

| 土地等别 | 最低限价(元/m²) | 代表区域 | 隶属省(直辖市) | 隶属市(县) |
|---|---|---|---|---|
| 一等 | 840 | 黄浦区 | 上海 | 上海市 |
| 二等 | 720 | 东城区 | 北京 | 北京市 |
| 三等 | 600 | 越秀区 | 广东 | 广州市 |
| 四等 | 480 | 和平区 | 天津 | 天津市辖区 |
| 五等 | 384 | 通州区 | 北京 | 北京市辖区 |
| 六等 | 336 | 顺义区 | 北京 | 北京市辖区 |
| 七等 | 288 | 门头沟区 | 北京 | 北京市辖区 |
| 八等 | 252 | 怀柔区 | 北京 | 北京市辖区 |
| 九等 | 204 | 平谷区 | 北京 | 北京市辖区 |
| 十等 | 168 | 宁河县 | 天津 | 辖县市 |
| 十一等 | 144 | 新乐市 | 河北 | 石家庄市 |
| 十二等 | 120 | 晋州市 | 河北 | 石家庄市 |
| 十三等 | 96 | 灵寿县 | 河北 | 石家庄市 |
| 十四等 | 84 | 行唐县 | 河北 | 石家庄市 |
| 十五等 | 60 | 张北县 | 河北 | 张家口市 |

## 案例 2

**青岛地价水平**

元/m²

| 年度 | 综合 | 商业 | 居住 | 工业 |
|---|---|---|---|---|
| 2001 | 1 561 | 4 285 | 2 244 | 588 |
| 2002 | 1 631 | 4 563 | 2 351 | 593 |
| 2003 | 1 755 | 5 039 | 2 501 | 628 |
| 2004 | 1 967 | 5 819 | 2 781 | 662 |
| 2005 | 2 063 | 6 116 | 2 922 | 687 |
| 2006 | 2 198 | 6 377 | 3 115 | 711 |
| 2007 | 2 345 | 6 794 | 3 371 | 737 |
| 2008 | 2 524 | 7 332 | 3 665 | 764 |
| 2009 | 2 588 | 7 402 | 3 818 | 764 |
| 2010 | 2 730 | 7 748 | 4 091 | 764 |
| 2011 | 2 824 | 8 045 | 4 244 | 775 |
| 2012 | 2 833 | 8 090 | 4 257 | 775 |
| 2013 | 3 050 | 8 642 | 4 681 | 783 |
| 2014 | 3 395 | 9 896 | 5 254 | 783 |
| 2015 | 3 832 | 10 926 | 6 152 | 783 |

**青岛地价指数**

| 年度 | 综合 | 商业 | 居住 | 工业 |
|---|---|---|---|---|
| 2000 | 100 | 100 | 100 | 100 |
| 2001 | 105 | 108 | 105 | 103 |
| 2002 | 110 | 115 | 110 | 104 |
| 2003 | 118 | 127 | 117 | 110 |
| 2004 | 132 | 147 | 130 | 116 |
| 2005 | 139 | 154 | 137 | 120 |
| 2006 | 148 | 161 | 146 | 125 |
| 2007 | 158 | 171 | 158 | 129 |
| 2008 | 170 | 185 | 171 | 134 |
| 2009 | 174 | 187 | 179 | 134 |
| 2010 | 184 | 195 | 191 | 134 |
| 2011 | 190 | 203 | 199 | 136 |
| 2012 | 191 | 204 | 199 | 136 |
| 2013 | 206 | 218 | 219 | 137 |
| 2014 | 228 | 249 | 246 | 137 |
| 2015 | 258 | 275 | 288 | 137 |

chapter 9

# 第9章 土地法制管理

## 【导入案例】

1. 1996年至1998年,云南省江川县原龙街乡(后改为镇)政府擅自批准宅基地88亩,其中耕地61亩,违法收取土地收益29万元。原乡长山国富决定非法印制"龙街乡人民政府使用土地证明书"和"龙街镇人民政府使用土地证明书"。2000年4月至6月,在龙街乡原党委书记郭树仁的授意下,龙街、云岩、西河、侯家沟4个村民委员会非法转让集体土地17.3亩,其中耕地13.67亩,违法收取土地收益117万元。2000年10月至12月间,江川县委、县政府已给予原龙街乡乡长、现任江川县林业局副局长山国富撤销现任行政职务处分,给予原龙街乡党委书记、现任江川县交通局局长郭树仁党内严重警告处分并免除现任行政职务,给予原龙街乡人大主任、现任龙街镇镇长杨金用党内严重警告处分,给予龙街镇党委副书记王荣华党内警告处分,给予龙街镇土地矿产管理所所长杨玉平行政记大过处分,给予龙街镇西河村党总支书记马云腾党内严重警告处分,给予龙街镇西河村村委会主任史路常党内严重警告处分。非法转让的集体土地已及时清退,未造成耕地破坏;对非法印发的"使用土地证明书",由县土地矿产管理局和镇政府收回销毁;乡政府违法收取的土地收益金,除部分用于有关公益事业外,其余没收上缴县财政。

2.2000年7月四川省夹江县广泰瓷业有限公司向甘江镇政府提出在该镇建年产350万平方米的地砖厂。甘江镇党委书记罗江全、镇长李学元、副镇长李治国承诺本镇有小城镇建设用地指标,建厂用地可由投资方任选。同月,在镇长李学元主持下,广泰瓷业有限公司与被占地村组签订了征用耕地83.5亩的协议。随后,广泰瓷业有限公司分4次向甘江镇企业办公室缴付征地费29万元。9月,在罗江全、李学元、李治国的参与下,广泰瓷业有限公司进场施工,毁坏耕地20.7亩。甘江镇政府非法批地,并造成耕地被毁的严重后果。2000 年 12 月中共夹江县纪委已给予李学元撤销镇党委副书记、党委委员职务的处分,给予李治国撤销镇党委委员职务的处分,给予罗江全党内严重警告处分;夹江县政府已撤销李学元、李治国的镇长、副镇长职务。非法批准的土地已依法收回。

## 【讨论】

土地法制管理的主体和方式。

## 【学习任务】

1. 了解土地执法监察。
2. 了解违法案件查处程序。

## 【知识内容】

## 9.1 土地执法监察



### 9.1.1 土地执法监察的含义

土地执法监察,是指县级以上人民政府国土资源行政主管部门按照法定程序和方式,依法对本行政区域内土地管理法律、法规的执行情况进行监督检查,并对违法者实施法律制裁的活动。

土地执法监察是国土资源管理工作的法定职责和重要组成部分,是防止国家土地资产流失、维护土地管理和土地市场秩序、促进土地资源可持续利用的重要手段。改革开放以来,随着我国经济的不断快速发展,土地的供需矛盾日益突出。在贯彻落实"十分珍惜、合理利用土地和切实保护耕地"这一基本国策,实现土地资源的优化配置、合理开发和可持续利用,促进经济、社会和生态可持续发展的宏观目标过程中,加强土地执法监察工作具有十分重要的现实意义。

### 9.1.2 土地执法监察的主体

土地执法监察的主体是国家依法设立的代表国家依法行使国土资源执法监察行使职权的县级及以上各级人民政府国土资源行政主管部门,具体指国土资源部,省、自治区、直辖市国土资源行政主管部门,设区的市、自治州国土资源行政主管部门以及市、县国土资源行政主管部门。需要指出的是,国土资源执法监察的主体和原《土地管理法》相比,土地执法监察的主体有所改变。原《土地管理法》规定的土地执法监察主体是县级以上地方人民政府土地行政主管部门和乡级人民政府(仅限于老《土地管理法》第四十五条规定的农村居民违法占地的处罚),这一规定不包括中央人民政府土地行政主管部门。新《土地管理法》规定的土地执法监察主体包括了从县级人民政府到中央人民政府的各级土地行政主管部门，不包括乡级人民政府和其他部门，体现了新《土地管理法》对土地执法监察主体规定的单一性、统一性和有序性。除了县级以上人民政府土地行政主管部门以外，任何部门和机构均不是土地执法的主体。

### 9.1.3 土地执法监察的对象

土地执法监察的对象是土地管理的相对人。在行政管理学上，依法行使行政管理权的称之为管理者(人)，与管理者相对应的(习惯上称被管理者)称之为管理的相对人。土地执法监察的对象，即土地管理的相对人是指单位和个人。根据新《土地管理法》第八十五条的规定，中外合资经营企业、中外合作经营企业、外资企业使用土地的，适用新《土地管理法》。因此，土地监察的对象应该表述为单位和个人，包括境内外的法人、经济组织和个人。

### 9.1.4 土地执法监察的内容



土地执法监察的内容可分为三方面。

(1)对单位和个人下列行为的合法性进行监督检查。

①土地利用总体规划行为。

②农用地转用审批行为。

③土地征用审批行为。

④土地开发利用行为。

⑤土地权属变更和登记发证行为。

⑥土地复垦行为。

⑦耕地保护行为。

⑧土地使用权出让行为。

⑨土地使用权转让、出租、抵押、终止行为。

⑩房地产转让和其他行为。

(2)对抽象行政行为进行监督检查。

(3)对下级土地行政主管部门履行职责情况的监督检查。

### 9.1.5 土地执法监察的目的

土地执法监察的目的是实现国家的土地管理职能，保证土地管理法律法规的全面实施。在土地管理、土地利用的过程中，土地执法监察机构依法对其过程进行监督检查，预防、制止、查处土地违法行为，从而维护土地的社会主义公有制和土地管理的正常秩序，保证土地管理法律、法规全面实施，最终实现土地管理的总目标。

## 9.1.6　土地执法监察的形式

(1)按照监察时间的不同划分

按照监察时间的不同,可将土地执法监察划分为事前监察、事中监察和事后监察。事前监察是在监察对象进行某一行为之前所做的监察,目的是为了预防土地违法行为的发生。事中监察也可称作日常监察,是在监察对象实施某一行为的过程中所做的监察。事后监察是指土地违法行为发生后,依法对违法者进行惩处的活动。

当前,最积极、最科学的办法是加强土地执法监察活动中的事前监察和事中监察,尽最大可能预防和杜绝土地违法行为的发生,把土地违法现象消灭在萌芽状态。

(2)按照监察的活动范围划分

按照监察的活动范围,可将土地执法监察划分为普遍监察与专门监察。普遍监察也称一般监察,是指监察主体对其工作管辖范围内的机关、团体、单位和个人遵守土地管理法律法规的情况和土地使用、保护、权属变更的情况实行普遍的监督检查,并不针对特定的对象。专门监察也称重点监察或特定监察,是监察主体对特定的监察对象所进行的监察。

普遍监察适用于对某项法律、法规、规章等普遍性的规范性文件的遵守与执行情况或者带有普遍性管理而检查内容又较为简单的行政监察领域;专门监察多适用于某个组织或个人可能有不符合法律的情形或是否执行具体决定、命令情况的监察,或者带有特定性而专业性又较为复杂的行政事项的监察。



(3)按照监察的对象划分

按照监察的对象,可将土地执法监察分为内部监察和外部监察。内部监察是指上级国土资源行政主管部门和下级国土资源行政主管部门对贯彻、执行土地管理法律、法规情况所进行的双向监督检查。

外部监察,是指国土资源行政主管部门依法对本系统外使用土地的机关、团体、单位和个人以及审批用地的机关(主要是指政府)、人员(主要是指政府领导)遵守土地管理法律、法规的情况所进行的监督检查。

(4)按照监察的系统关系划分

按照监察的系统关系,可将土地执法监察分为自力监察和他力监察。自力监察也就是自我监察,有两种情形:对使用土地的单位、个人使用土地的单位、个人的申报;同一土地管理机关内部各部门之间对贯彻执行土地管理法律、法规的情况进行互检互查。

他力监察,是指土地执法监察主体对组织上不隶属于他们的监察对象实施的监察,即与前面所述的外部监察含义相同。

(5)按照监察的目的划分

按照监察的目的,可将土地执法监察分为守法监察和执法监察。守法监察包含对监察对象遵守土地管理法律、法规的情况实施监督检查和对违法者实施行政制裁的全过程。

执法监察是指对监察对象执行国土资源行政主管部门的行政制裁决定的情况所做的监督检查。

### 9.1.7 土地执法监察的方法

土地执法监察的方法有超前控制方法、跟踪检查方法、目标管理方法以及协作处理或公开处理等项处理方法。

超前控制方法是通过实行“政务”公开的制度，对可能出现的各种土地违法现象，超前控制，预防其发生。这是实现土地执法监察防范职能的重要途径。具体做法包括：①公开用地审批制度。②各项用地实行顺序排队制度。③公开土地执法监察办法和制度。

跟踪检查方法就是通过各种途径，对各项建设用地实行全过程的跟踪管理，及时发现和制止违法行为的方法。具体做法包括：①实行建设用地挂牌制度。②实行定期现场察看制度。③实行巡回检查制度。④实行土地利用动态监测制度。⑤建立群众举报制度。

目标管理方法是将依法管理土地和干部目标管理挂钩，防止和杜绝管理者违法行使土地管理权。这是对管理者实施监察的有效方法。

协作处理方法是指某些土地违法案件因为案情复杂、涉及面广，根据不同情况，需要与行政监察机关、党的纪检机关、经济监督部门、政府其他部门以及司法机关等，组成联合调查组进行调查和处理的方法。



公开处理方法是指对一些在本地区有重大影响的土地违法案件，实行公开处理的制度。在处理时，组织干部和部分群众到场，请新闻、舆论界公开报道。

## 9.2 土地违法案件的查处

### 9.2.1 发现土地违法案件的主要途径

国土资源主管部门发现土地违法线索的主要途径有两种：一是通过土地卫片执法检查(面)、巡查(线)、执法监察视频监控(点)等日常执法监察手段，主动发现土地违法线索；二是通过接受群众举报、媒体反映等途径，掌握土地违法线索。

1. 执法监察巡查

巡查指国土资源主管部门及其派出机构通过巡回检查的方式，及时发现国土资源违法行为，并依法予以制止和报告的工作制度。巡查即巡回检查，是指用包括实地查看、口头询问、核对批文等相对比较简单的方式，对国土资源开发利用行为进行的检查。

巡查的主体。根据国土资源部《关于在土地执法监察工作中实行动态巡查责任制有关问题的通知》规定，市(地)、县(市)土地行政主管部门和基层土地管理所是巡查的主体。《巡查工作规范》(试行)(以下简称《规范》)将巡查的主体界定为地方国土资源主管部门及其派出机构。地方国土资源行政主管部门指省、市、县三级国土资源主管部门。派出机构则包括国土资源管理分局和国土资源管理所。

巡查的一般程序。主要包括巡查准备、实地巡查、发现违法、现场处置和巡查信息记录等五个阶段。

巡查准备。在实施巡查工作前，巡查人员应当做好相关准备工作，包括准备巡查工作所需的相关图件，如巡查责任区域的土地利用现状图、土地利用总体规划图、宅基地管理“两图一表”、近两年出让（划拨）国有建设用地明细表、新开工项目清单等。同时，携带巡查工作需要的装备，如通讯工具、GPS、照相摄像等设备。

实地巡查。巡查人员按照巡查工作计划进行实地巡查，对巡查责任区域内的拟建、在建、新建或用地项目和矿产资源开发活动进行检查。检查对象既包括合法行为，也包括违法行为，目的是从中发现违法行为。

巡查人员在巡查工作中发现《规范》所列国土资源违法行为时，应当对有关情况进行初步核查，并依法收集相关证据材料。

现场处置。巡查人员对经初查确认的国土资源违法行为，应当按照规定及时予以制止，填写违法行为报告单，向上级报告。违法行为报告单要简要说明发现国土资源违法行为的有关情况，以便于国土资源主管部门对违法基本事实进行审核或核查，确认是否属于国土资源违法行为，为后续相关工作做好准备。

巡查的内容。根据相关规定，巡查应当及时发现以下违法行为：未经批准非法占用土地的；在临时用地上修建永久性建筑物、构筑物的；占用耕地建窑、建坟、采石、采矿、取土的；占用基本农田建窑、建坟、采石、采矿、取土、对方固体废弃物或者从事其他活动破坏基本农田的；无证勘察、开采矿产资源的。



应注意的是，巡查的内容限于《规范》所列的国土资源的违法行为，具体涵盖了土地和矿产资源两方面。需要注意的是，通过巡查应当发现的国土资源违法行为，不是指所有的国土资源违法行为，而是限定在《规范》所列范围之内，这主要基于两方面考虑：一方面，巡查只是发现国土资源违法行为的一种相对有效的方式，但通过巡查不可能发现所有的国土资源违法行为；另一方面，如果对巡查内容不加限定，基层巡查工作任务将过于繁重，同时也将无限增加巡查人员和巡查实施主体的责任，有关部门将有可能据此进行问责。

巡查的方式。包括全面巡查和重点巡查两种方式。对巡查区域实行全覆盖的全面巡查方式、对国土资源资源违法行为多发时段和高发区域实行有针对性的重点巡查方式。县（市、区）国土资源行政主管部门结合本地实际不定期实施重点巡查，国土资源管理所定期全面巡查。

对巡查发现的违法行为的制止方式。制止违法行为主要有两种方式，即口头制止和书面制止。

巡查人员采取口头方式制止国土资源违法行为时，应注意向违法当事人宣传国土资源法律法规和政策，告知其行为违法及可能为此承担的法律责任，督促其立即停止或改正违法行为，并对后续整改情况进行跟踪检查。

采取书面方式制止，主要是向违法当事人下达责令停止违法行为通知书或责令改正违法行为通知书。

巡查报告制度。巡查报告制度包括零报告、专项报告和定期报告三种报告。零报告，参照的是“非典”时期的做法。强调巡查人员每次巡查任务结束后，无论是否发现国土资源违法行为，均应当巡查实施主体，即县级国土资源行政主管部门或国土资源管理所报告巡查结果。专项报告是指县级国土资源主管部门和国土资源管理所及时向本级人民政府和上一级国土资源主管部门报告巡查中发现的重大、突发国土资源违法行为。定期报告是指各级国土资源主管部门和国土资源管理所按时报告巡查工作的开展情况。

2. 专项报告制度

违法行为报告工作是制止和查处行为的重要环节和有效措施，也是地方各级国土资源主管部门的重要职责。

为进一步加强和规范对违反国土资源管理法律法规行为的报告工作，2010 年 11 月 11 日，国土资源部办公厅印发《关于进一步加强和规范对违反国土资源管理法律法规行为报告工作的意见》，要求完善零报告制度和定期报告制度，改进专项报告制度。

根据相关规定，要求进行专项报告的情形包括：地方各级国土资源主管部门从各种途径发现违法行为后，应当核实并按照有关规定及时予以制止；符合立案条件的，应当及时立案查处。对于制止无效、查处无法实施的违法行为和案件应当专项报告，专项报告必须以依法履行对违法行为的发现、制止和查处职责为前提。

另外，根据《关于进一步加强对违反国土资源管理法律法规行为发现、制止、报告和查处工作的通知》，对于本辖区内重大、突发及其他可能造成严重后果的违法行为，以及国家和省级重点项目违法用地行为，也应当进行专项报告。



专项报告的时限和对象。对于制止不了、查处不了的违法行为，应当自情形出现之日三日内，向本级人民政府和上一级国土主管部门专项报告，视情况抄送本级人民政府监察机关和其他有关部门。

对于因违法用地行为可能引起地址灾害、造成重大经济损失、重大环境污染和社会不稳定因素以及一些重大项目违法用地的，应当自发现之时，向本级人民政府和上一级国土资源主管部门专项报告，视情况抄送其他有关部门。

专项报告的形式。专项报告要求采取书面形式，经本级国土资源主管部门负责人签字并加盖本部门印章；情况紧急的，经本级国土资源主管部门负责人同意后可采用电话等方式口头报告，但要在三日内补交书面报告。

专项报告包括以下主要内容：违法行为的基本情况、已采取的措施、制止查处中遇到的困难、存在的问题以及相关建议等。

接到专项报告后的处置。上级国土资源助管部门接到下级国土资源主管部门的专项报告后，应当及时协调当地政府或者会同有管部门，采取措施，及时制止和查处违法行为。同时，对违法行为的制止、查处情况随时进行跟踪、了解。

省（区、市）国土资源主管部门对下级国土资源主管部门专项报告的违法行为，仍然制止不了、查处不了的，应当向省（区、市）人民政府和国土资源部专项报告。其中属于违反土地管理法律法规行为的，同时报告派驻地方的国家土地督察局。

不按规定进行报告的责任。对不按规定报告的，国土资源主管部门应负相关责任。上级国土资源主管部门可以约谈下级部门的主要负责人，指出问题，限期改正，并按照有关规定追究责任。

地方人民政府接到本级国土资源主管部门的报告后，对违法行为不制止、不组织查处、隐瞒不报、压案不查的，按照《关于实行党政领导干部问责的暂行规定》《违反土地管理规定行为处分办法》,依法追究政府负有责任的领导人和直接责任人员的责任。已经切实依法履行制止、查处职责,并按规定报告但仍然制止无效、查处无法实施的,视为履行了监管职责,原则上不应承担相关责任。

### 9.2.2　违法案件查处一般程序

对受理的各类违法线索,国土资源主管部门应当及时组织核查,属于本部门管辖和职责范围,依法应当给予行政处罚的,要立案进行查处。土地违法案件查处的一般程序主要包括立案、调查取证、审理、拟定处理意见、告知和听证、做出行政处罚决定、执行、结案等若干环节。

1. 立案条件

一是要有明确的违法主体,二是要有违反土地管理法律法规的行为,三是违法行为是依法应当追究法律责任的行为,四是属于本级国土资源主管部门管辖,五是未超过追溯时效。对于违法行为轻微或及时纠正,没有造成危害后果的,可以不予立案。

符合立案条件决定立案查处的,调查人员应填写《立案呈批表》,并附前期调查所收集到的相关材料,按照程序报国土资源主管部门主管负责人同意后立案。立案后,由执法检查机构负责人指定案件承办人员,及时开展调查取证工作。对不具备管辖权、不属于土地违法案件查处范围及不具备立案条件的线索,应向有关部门和人员做出说明,或移交有管辖权的部门处理。



2. 调查取证工作要注意的问题

调查取证工作开始之前,要认真分析举报信等相关资料,对调查工作各个环节可能遇到的问题进行认真研究,在此基础上列出详细的调查提纲,或者起草调查方案。对于需要了解的具体问题,要逐一列出,包括需要查阅哪些材料、找什么人谈话、需要问什么人问题、需要提取哪些证据等,确保案件调查取证工作有条不紊地进行,提高效率,避免出现疏漏。具体来说,要注意以下几方面。

一是调查的内容。具体包括当事人的基本情况,违法行为是否存在,违法行为是否为当事人实施,实施违法行为的时间、地点、目的、经过、后果以及其他情节,有无法定从重、从轻、减轻以及不予处罚的情节,与案件有关的其他事实。

二是证据的种类。证据是只能够证明案件事实的各类材料,包括书证、物证、证人证言、视听资料、当事人陈述、鉴定结论、勘验笔录、现场笔录等。

三是取证方式和方法。对于证人证言的收集,要考虑证人与案件的利害关系和心理状态,分析证人能否提供真实情况,会不会毁灭、藏匿证据。对于书证的收集,既要合法,又要策略。一般来说,当事人对土地转让合同、收据等一般不会主动提交,对这类证据的采集要特别耐心细致。收集书证时,应尽量要求被调查人提供原件,提供原件有困难的,可以提供复印件,复印件须经调查人确认与原件一致后,由被调查人在复印件上写明"此复印件与原件无异"并签署姓名,或盖单位公章,并签署日期。对于当事人陈述,在取证中如遇到当事人拒绝询问,或拒绝签字等情况,在这种情况下要在笔录上注明当事人拒签,并尽可能收集其他可用的证据。在证据可能灭失或者以后难以取得的情况下,可根据《行政处罚法》的有关规定，经国土资源主管部门负责人批准现行登记保存。

四是调查取证工作的基本要求。调查取证应当全面、客观、公正地进行调查，收集有关证据；调查人员不得少于两人，并应当向被调查人出示执法证件；调查人员调查案件时，与当事人有直接利害关系的，应当自行回避，当事人认为调查人员与被调查的案件有利害关系或者其他关系可能影响公正处理的，有权申请调查人员回避。在做出回避决定前，不得停止对案件的调查；调查取证工作应当注意办案期限。

五是调查取证可采取的措施。根据相关规定，调查人员可以要求被调查的单位或者个人提供有关文件和资料，进行查阅或者予以复制；要求被调查的单位或者个人就有关问题做出说明；询问当事人、嫌疑人和证人；进入涉嫌违法现场进行勘测、拍照、录像。

国土资源主管部门在案件调查过程中，一般应自行调查取证，也可以委托其他国土资源主管部门调查、取证，受委托的国土资源主管部门应当积极予以协助；根据案件调查工作需要，也可以请公安机关、纪检监察机关协助调查、取证。

3. 土地违法案件现场核查

现场核查是指调查人员进入土地违法现场进行实地踏勘，记录占地、施工等现场情况，进行拍照或者摄像，采集地块坐标数据，取得相关证据。

现场照片拍摄要注意采取远景近景相结合的方式，远景相片反映违法现场总体情况，近景相片反映违法现场细节情况。



对违法现场进行勘测可以自行进行，也可委托专业机构进行勘测。现场勘测是应当告知当事人参加；当事人拒绝参加的，应当邀请违法发生地乡(镇、街)基层政府和村委会等基层组织相关人员作为见证人参加，见证人不得少于两人。现场勘测应当制作《现场勘测笔录》，勘测笔录内容包括：案由、勘测内容、勘测时间、勘测地点、勘测人、当事人、勘测情况。勘测笔录应由勘测人、调查人、当事人(或见证人)签名或者盖章。当事人拒绝签名或者不能签名的，应当注明原因。必要时，可以同时采取拍照、录像等方式记录现场勘测情况。

4. 当事人和证人询问

调查人员询问当事人、证人要分别进行，并制作《询问笔录》。被询问人拒绝回答的，不影响根据其他证据对案件有关事实的认定。

《询问笔录》的内容主要包括基础信息、询问记录及信息核对三部分。

基础信息部分包括询问时间、询问地点、询问人、记录人、被询问人基本情况(姓名、性别、年龄、单位及职务、住址及电话等)等，并核对被询问人的身份。

询问记录应当客观、真实地反映询问过程，一般包括询问告知、案件事实、被询问人补充三部分。询问开始前，调查人员应当出示《国土资源执法监察证》表明身份，告知被询问人要如实反映情况、协助配合调查等法律义务，以及隐瞒事实、做伪证将承担的法律后果。案件事实包括违法行为发生时间、终了时间、具体地点、实施主体、实施过程、后果、相关手续办理情况、处理情况，以及其他需要询问的内容。调查人员询问结束后，应提醒被询问人是否对案件事实还有补充说明，被询问人有补充说明的，应做好记录。

5. 案件查处相关鉴定

为查明违法案件事实，需要认定耕地破坏程度等专门性问题，国土资源主管部门应当组织开展鉴定工作。其中，按照规定国土资源主管部门能够自行进行鉴定的，可以由本部门组织鉴定；不能自行进行鉴定的，可以申请上级主管部门进行鉴定，或委托有资质的机构进行鉴定。受委托进行鉴定的机构须具有鉴定资质。

在查处土地违法案件中，需要对耕地破坏程度进行鉴定的，由市（地）级或省级主管部门组织进行鉴定，并出具鉴定结论。

6. 违法案件调查报告的撰写

土地违法案件调查报告是各级国土资源主管部门进行案件调查情况的文字记载，是对问题事实进行客观分析的书面标书，是对是否追究责任的初步认定。

土地违法案件调查报告的撰写，应当把握“结构清晰、表述完整、事实清楚、定性准确”的基本原则。

调查报告一般分为引言和正文两个部分。在引言部分，应概要介绍违法线索的来源（上级交办、领导批示、群众举报、媒体披露等）、受理违法线索后开始调查工作的情况、对违法问题的基本认定（属实、部分属实、不属实）。

调查报告的正文部分，主要由基本情况、存在的主要问题、处理意见建议三部分组成。如一个调查报告涉及多个违法线索，应按上述格式分别进行表述。

基本情况包括用地主体、实践、面积、地类、符合规划情况、现状（建设占地情况）等；存在问题是指经调查后，就是否构成违法行为、构成哪一类违法行为进行认定；处理意见是在前述基础上，依据违法事实认定相关责任，根据法律法规的有关规定对事、对人提出处理意见，处理意见落实到位的，应分别说明拆除、没收、罚款、移送、处分建议等行政处罚或行政处理意见的落实情况。



对于有上级国土资源主管部门交办的违法线索，下级国土资源主管部门调查后，应当以正式文件形式上报调查报告（情况紧急来不及盖章的，经部门负责同志签字后可上报非正式报告，并及时补报正式报告）。

另外，将上级国土资源主管部门交办的违法线索转下级国土资源主管部门核查的（如国土资源部交办省厅，省厅再交办市县局），原则上不得将下级国土资源主管部门报送的调查报告直接转报上级国土资源主管部门。

7. 案件审理

案件调查工作结束，承办人员要形成调查报告，拟定处理意见，国土资源主管部门要组织相关人员对承办人员上报的调查报告进行审查，提出书面意见。

案件审理是国土资源资管部门做出给予行政处罚、不予行政处罚、撤销立案、移送纪检监察和司法机关等处理决定的前提和基础。

按照《国土资源行政处罚办法草案》的规定，重大、疑难案件的处理，应当由国土资源主管部门负责人召集会议进行集体讨论。国土资源主管部门在审理案件时，应当就是否符合国土资源违法案件立案标准、是否属于本部门管辖、当事人的基本情况是否清楚、案件是否清楚、证据是否确凿、定性是否准确、理由是否充分、适用法律是否正确、处理建议是否适当、程序是否合法等进行审理。审理实行行政首长负责制，并制作笔录，由参加审理的成员签名。不同意见应当如实记入笔录，并将笔录归入案卷。

国土资源违法案件符合下列情形之一的，应当由国土资源主管部门有关负责人进行集体讨论、审议，并提出处理意见，即进行会审。具体包括以下六种情况。

涉及对有关责任人提出行政处分建议的；依法需要向司法机关移送的；经过行政复议或者诉讼程序，需要重新做出具体行政行为的；经过听证程序，需要对原拟行政处罚决定做出原则性修改的；案情复杂，难以定性的；国土资源主管部门的主要负责人认为应当进行会审的。

案件经审议后，视不同情况分别予以处理。

①认定问题不实或证据不足，未发现违法事实的，撤销立案；

②对有事实不清、证据不确凿、定性不准确、程序不合法等情形的案件，要求调查人员补充调查或者重新调查。

③认定违法事实清楚，证据确凿的，依法做出行政处罚决定，送达当事人。

④认定国家工作人员违法，依法应当给予行政处分的，应当提出书面建议并提供有关证据，移送当事人所在单位或者上级机关处理。

⑤认定违法行为构成犯罪的，应当将案件及时移送司法机关依法追究刑事责任。

8. 告知和听证

告知是指行政机关在做出行政处罚决定之前，以书面形式告知当事人做出行政处罚决定的事实、理由及依据，并告知当事人依法享有的权利。另外，行政机关在做出责令停产停业、吊销许可证、较大数额罚款等行政处罚决定之前，还应当告知当事人有要求举行听证的权利。因此，告知实际包括处罚前告知和听证告知两种情况。在做出行政处罚决定之前，不依照规定向当事人告知基于行政处罚的事实、理由和依据，或者拒绝听取当事人的陈述、申辩、行政处罚决定不能成立；当事人放弃陈述或者申辩权利的除外。



听证过程中，当事人有权进行陈述、申辩，行政机关必须充分听取当事人的意见，对当事人提出的事实、理由和证据，应当进行复核；当事人提出的事实、理由或证据成立的，行政机关应当采纳，并根据听证笔录依法做出行政处罚决定。行政机关不得因当事人申辩而加重处罚。

根据《行政处罚法》的规定，听证依据以下程序组织：当事人要求听证的，应当在行政机关告知后3日内提出；行政机关应当在听证的7日前，通知当事人举行听证的时间、地点；除涉及国家秘密、商业秘密或者个人隐私外，听证公开举行；听证由行政机关指定的非本案调查人员主持；当事人认为主持人与本案有直接利害关系的，有权申请回避；当事人可以亲自参加听证，也可以委托1至2人代理；举行听证时，调查人员提出当事人违法的事实、证据和行政处罚建议，当事人进行申辩和质证；听证应当制作笔录，笔录应当交当事人审核无误后签字或者盖章。

9. 制作行政处罚决定书

行政处罚决定书是最重要的行政处罚文书，具有严肃性、强制性，也是人民法院强制执行当事人财产的依据之一。行政处罚决定书的拟制应当注意以下事项：对被处罚人的描述应当详尽，主要包括姓名或者名称、地址（住所）等，不得使用简称或别称。违法事实的表述要完整、客观、真实、准确，包括案件来源，违法行为发生的时间、地点、经过、情节和结果等要素，列举的证据要全面、具体，行政处罚前的告知情况要详尽说明。法律使用的理由应全面表述，对违法事实认定后实施处罚的理由和处罚的法律依据，应当结合具体个案事实，对具体适用某一法律条款做为处罚依据的理由进行解释，必要时要对法律条款进行法理解释；引用法律条款要准确，符合法律适用原则，并且应当根据条、款、项、目的顺序写明；自由裁量权的形式要规范，要按照《行政处罚法》的规定，阐述做出具体行政处罚的理由，包括依法从重或者从轻、减轻情节的适用。处罚决定的内容应当表述具体、明确，如拆除或者没收地上建筑物和其他设施的，要具体描述建筑物位置、形态、面积等内容；处罚决定中需要责令被处罚人限期履行义务的，要明确时限，行政处罚决定书不能出现"限期"这种不明确的内容；责令恢复原状的，要明确恢复成什么状态，如原来是耕地的，应该恢复耕种条件。救济权利要交代清楚。主要是表述逾期不履行的法律后果，告知当事人不服行政处罚的救济途径时要写明复议机关的诉讼法院的具体名称（地址）、申请复议、提起诉讼的期限。《行政处罚决定书》制作主体只能是依法行使国土资源执法监督职权的各级国土资源主管部门，派出机构、内设机构不能以自己的名义制作《行政处罚决定书》。

10. 送达行政处罚决定书

国土资源主管部门在向当事人送达行政处罚法律文书时，应按以下方式送达。

(1)直接送达。行政处罚法律文书应当直接送交受送达人。受送达人是自然人的，由本人签收，本人不在的，可交其同住成年家属签收，并在送达回证的备注栏内注明与受送达人的关系；受送达人是法人或其他组织的，应当由法人的法定代表人、其他组织的主要负责人、代理人或书面指定的代收或者该法人、组织的办公室、收发室、值班室等负责收件的人签收或盖章；上述有关人员在送达回证上的签收日期为送达日期。



(2)留置送达。受送达人是自然人的，受送达人或其同住成年家属拒绝签收行政处罚法律文件的，送达人应当邀请有关基层组织等其他单位人员到场，对送达情况和过程予以见证，在送达回证上记明拒收事由和日期，由送达人、见证人签名或盖章，将行政执法文书留在受送达人的住所，即视为送达。受送达人是法人或其他组织的，拒绝签收或盖章的，按照上述程序使用留置送达。

(3)邮寄送达。直接送达行政处罚法律文书确有困难的，可以采用邮寄送达。邮寄送达应通过国家法定邮政部门，采用挂号信或特快递方式，并将邮寄回执留存放入档案。

11. 行政处罚决定的执行

国土资源行政处罚的执行主要有当事人主动履行、督促履行、申请强制执行等几种方式。根据《行政处罚法》第四十五条的规定，当事人对行政处罚决定不服申请复议或者提出诉讼的，行政处罚决定不停止执行，法律另有规定的除外。

(1)当事人主动履行。是指行政处罚决定生效后，当事人在行政处罚决定的期限内，主动履行。或者经国土资源主管部门催告后，主动履行。

(2)督促履行。是指行政处罚决定生效后，当事人逾期不履行的，国土资源主管部门采取向当事人所在单位或主管部门通报案情、暂停办理当事人的国土资源审批和确权事项、加处罚款等方式，督促当事人自觉履行。按照《行政强制法》的规定，加处罚款的数额不得超过金钱给付义务的数额。

(3)申请强制执行。指经国土资源部门催告后，当事人仍不履行行政处罚决定的，做出行政处罚决定的国土资源主管部门可以申请人民法院强制执行。

(4)关于中止执行。行政处罚决定生效后，在未申请强制执行前，出现作为当事人的自然人的死亡，需要等待继承人继承权利或者承担义务；作为当事人的法人或者其他组织中止，尚未确定权利义务承受；当事人失踪或被拘禁，无法执行；行政处罚可能有错误，已经决定重新审查；复议机关决定或人民法院裁定停止执行等情形时，做出行政处罚决定的国土资源主管部门可以中止执行，中止执行的情形消失后，应当恢复执行。

(5)关于终结执行。如果出现行政处罚决定书被依法撤销；执行标的灭失；作为当事人的自然死亡，无继承人；作为当事人的法人或者其他组织被依法终止，又无权利义务承受人，也无其他财产可供执行；因不可抗力导致无法执行；处罚已经执行完毕，附加罚无法执行等情况出现时，在未申请强制执行前，做出行政处罚决定的国土资源行政主管部门可以终结执行。

12. 结案条件

符合以下条件之一的违法案件，可以结案：执行完毕的，包括当事人自动履行、经国土资源主管部门督促完毕的；终结执行的，符合终止执行条件终止执行的；已依法申请人民法院强制执行的；涉及需要移送有关部门追究刑事责任、纪律处分，已经依法移送的。执法实践中，对于立案以后，处罚决定做出之前，违法行为得到纠正且违法状态消除，违法后果轻微，依法可以不予行政处罚的，可以结案；立案以后，因责任主体灭失致使行政处罚无法实施的以及案件移送管辖的，也可以结案。



13. 行政处罚卷宗的归档

土地违法案件行政处罚卷宗归档材料一般包括如下内容。

(1)行政处罚决定书。依据材料及附件包括：执行笔录及送达回证，涉及强制执行的，强制执行申请书及强制执行笔录代替执行笔录；行政处罚告知书、行政处罚听证告知书及送达回证；被处罚单位的监察或要求从轻处罚的申请报告等，案件审理表，案件讨论笔录。

涉及听证的，听证意见书放在处罚告知书之前。

(2)国土资源违法案件立案呈批表。依据材料及附件包括：案源材料，如举报信、转办文等；责令停止土地违法行为通知书及送达回证。

(3)案件调查报告。依据材料及附件包括证据索引表和各类证据材料。

(4)责令改正或限期完善手续通知书及完善手续登记表。

(5)监察建议书等其他相关材料。

(6)罚没款收据存根。

(7)结案报告。

(8)图件。如现场勘测图、土地利用现状图、土地利用总体规划图等。

设计行政复议或行政诉讼且改变原处罚决定的，相关材料放在原处罚决定书之前，排列如下：重新做出的行政处罚决定书、行政复议决定书或行政诉讼判决书。

维持原处罚决定的，将行政复议决定书或行政诉讼判决书放在处罚书之后，处罚告知书之前。

土地违法案件行政处罚卷宗归档要注意几方面：一是卷内材料排列是应按结论、决定、裁决性文件在前，依据性材料在后的原则，即批复在前、请示在后，正文在前、附件在后，印件在前、草稿在后。二是能够反映违法事实或案件查处过程，内容完整且真实有效。三是办文要求行为规范，文件书写、材料、用笔、纸张等均符合文件材料归档要求。四是字迹清楚、图标清晰、数字准确、责任者明确、日期齐全。五是使用黑色或蓝黑色墨水的钢笔书写，禁止使用铅笔、圆珠笔、彩笔、复写纸、红色及纯蓝墨水书写、修改和签名。

## 【基本知识练习】

### 一、单项选择

1. 2008年4月，国土资源部发布了(　　)，将土地违法的查处进一步地规范化。

A. 基本农田保护条例

B.《关于基本农田保护有关问题的整改意见》

C.《国有土地使用权出让和转让暂行条例》

D.《土地违法案件查处办法》

2.《土地管理法》第16条规定，土地使用权争议由当事人协商解决，协商不成由(　　)处理。

A. 村民委员会　　B. 人民政府　　C. 乡以上人民政府　D. 县人民政府

3. 违反规定出让土地造成国有土地资产流失的，要依法追究责任；情节严重的，依照《中华人民共和国刑法》的规定，以(　　)追究刑事责任。

A. 非法低价出让国有土地使用权罪

B. 非法占用耕地罪

C. 非法批准征用土地罪

D. 以上都不是

4. 建立国土资源与监察等部门(　　)制度，既查处土地违法行为，又查处违法责任人。

A. 联合办案　　　　　　　　B. 案件移送

C. 联合办案和案件移送　　　D. 以上都不是

5. 对非法批准占用土地、征收土地和非法低价出让国有土地使用权的国家机关工作人员，依照《监察部国土资源部关于违反土地管理规定行为行政处分暂行办法》给予行政处分；构成犯罪的，追究刑事责任。对非法批准征收、使用土地，给当事人造成损失的，还必须依法承担(　　)责任。

A. 经济　　　B. 民事　　　C. 赔偿　　　D. 刑事

6. 禁止擅自通过“村改居”等方式将农民集体所有土地转为国有土地。禁止农村集体经济组织非法出让、出租集体土地用于非农业建设。改革和完善宅基地审批制度，加强农村宅基地管理，禁止城镇居民在农村购置(　　)。

A. 国有土地　　B. 宅基地　　C. 农用地　　D. 四荒地

7. 临时使用土地期满拒不交还的，由县级以上人民政府责令交还土地，处以罚款，罚款标准为(　　)。

A. 非法占用土地每平方10元以下

B. 非法占用土地每平方10元以上30元以下

C. 非法占用土地每平方30元以下

D. 临时用地使用费的1倍

8.《土地管理法》规定:农村村民出卖、出租住房后,再申请宅基地的,(　　)。

A. 不予批准　　B. 可以批准

C. 处以罚款后才能批准　　D. 各省自行确定

9. 认定侵犯土地所有权或者使用权的,土地管理部门依法做出处理决定,发出(　　),送达当事人。

A.《土地违法案件调查报告》　　B.《土地违法案件行政处罚决定书》

C.《土地侵权行为处理决定书》　　D.《土地违法案件行政处分决定书》

10. 对农村村民住宅建设利用村内空闲地、老宅基地和未利用土地的,由村、乡(镇)逐级审核,批量报县(市)批准后,由(　　)逐宗落实到户。

A. 县(市)　　B. 集体组织　　C. 村组　　D. 乡(镇)

答案:1～5　DBACD,6～10　BBACD

**二、多项选择**

1. 土地利用总体规划按照下列原则编制:(　　)。

A. 严格保护基本农田,控制非农业建设占用农用地

B. 提高土地利用率

C. 统筹安排各类、各区域用地

D. 保护和改善生态环境,保障土地的可持续利用

E. 占用耕地与开发复垦耕地相平衡

2. 有下列情形之一的,由有关人民政府土地行政主管部门报经原批准用地的人民政府或者有批准权的人民政府批准,可以收回国有土地使用权:(　　)。

A. 为公共利益需要使用土地的

B. 为实施城市规划进行旧城区改建,需要调整使用土地的

C. 土地出让等有偿使用合同约定的使用期限届满,土地使用者未申请续期或者申请续期未获批准的

D. 因单位撤销、迁移等原因,停止使用原划拨的国有土地的

E. 公路、铁路、机场、矿场等经核准报废的

3. 国土资源执法监察的工作方针:(　　)。

A. 预防为主　　B. 预防和查处相结合

C. 惩处为主　　D. 惩前毖后,一劳永逸

4. 国土资源巡查工作应当遵循的原则:(　　)。

A. 依法原则　　B. 及时原则　　C. 有效原则　　D. 惩处原则

5. 下列可以追究刑事责任的土地违法行为有(　　)。

A. 拒不履行土地复垦义务的

B. 不按照批准的用途使用国有土地的

C. 未经批准或者采取欺骗手段骗取批准,非法占用土地的

D. 占用耕地建窑、建坟或者擅自在耕地上建房、挖砂、采石、采矿、取土等,破坏种植条件的

答案:1. ABCDE　2. ABCDE　3. AB　4. ABC　5. CD

三、判断题

1. 一般说来，普遍监察适用于对某项法律、法规、规章等普遍性的规范性文件的遵守与执行情况或者带有普遍性管理而检查内容又较为简单的行政监察领域。（　　）

2. 对县级上地方人民政府依法设立的派出机关的具体行政行为不服的，向设立该派出机关的人民政府申请行政复议。（　　）

3. 征用土地应当由县、市人民政府拟订征收土地方案。（　　）

4. 执法监察动态巡查工作按照快速、及时、全面和高效的原则进行。（　　）

5. 县级以上人民政府土地行政主管部门是所辖行政区域内法定的土地登记机构。（　　）

6. 划定的基本农田，适当情况下可以占用，或改变用途。（　　）

7. 县级以上人民政府国土资源行政主管部门负责本行政区域内临时用地的管理工作。（　　）

8. 非法批准征用、占用土地的行为，属违法行为，不存在犯罪。（　　）

9. 未经批准或者采取欺骗手段骗取批准，非法占用土地的，由县级人民政府土地行政管理部门责令退还非法占用的土地。（　　）

10. 行政机关违法实施行政许可而给当事人的合法权益造成损害的，应当依照民法通则的规定给予赔偿。（　　）

答案：1～5　√√×√×，6～10　×√×√×

## 【延伸阅读】

1. 1998 年 6 月，安徽省蚌埠市政府就建设该市行政办公中心综合楼立项和用地问题曾分别请示省计委和省土地管理局，在未获批准的情况下，违反中央关于严格控制新建办公楼和“冻结”非农业建设占用耕地的规定，以所谓“土地置换”方式，非法占用 15.8 亩耕地建设市行政办公中心综合楼。9 月至 12 月，蚌埠市政府及市建委弄虚作假，采取欺骗手段将包括综合楼在内的整个市行政办公中心用地，以经济适用房项目的名义，向省政府申请建设用地，并获批准。1999 年 8 月，市行政办公中心全面开工建设，实际占用耕地 206.739 亩。

鉴于蚌埠市政府在违法占用的土地上新建的建筑物符合土地利用总体规划，2000 年 1 月，安徽省国土资源厅决定将该建筑物予以没收。2001 年 4 月，安徽省监察厅已给予主要责任人蚌埠市原市长李迅行政警告处分；6 月，蚌埠市监察局已给予主要责任人蚌埠市建委主任许有雄行政降级处分。

2. 1994—1999 年，王正元在任甘肃省武威市大柳乡土地管理所所长期间，非法将 18.1 亩耕地批准给 52 户村民建房。王正元在批地过程中，向建房户收取耕地占用税和土地管理费 35 865 元，对所收费用不上缴、不记账，除 5 238 元用于乡政府开支外，其余 30 627 元被其侵吞挥霍。王正元滥用职权，非法批地，侵吞耕地占用税、土地管理费等国家财产，已构成非法批地罪和贪污罪。1999 年 10 月，武威市纪委已给予其开除党籍的处分。2000 年 4 月，武威市人民法院对王正元所犯非法批地罪和贪污罪两罪并罚，判处有期徒刑 5 年。

# 参考文献


[1] 马克思,恩格斯.马克思恩格斯选集:第二卷[M].北京:人民出版社,1972.

[2] 潘树荣等.自然地理学[M].北京:高等教育出版社,1985.

[3] 宗树森,任红.土地概念与土地利用总体规划[J].自然资源研究,1983(3):6.

[4] 马克思.资本论:第二卷[M].北京:人民出版社,1975.

[5] 马歇尔.经济学原理[M].北京:商务印书馆,1964.

[6] 伊利,莫尔豪斯.土地经济学[M].腾维藻,译.北京:商务印书馆,1982.

[7] 巴洛维.土地资源经济学:不动产经济学[M].谷树忠,译.北京:北京农业大学出版社,1989.

[8] 王克强,王洪卫,刘红梅.土地经济学[M].上海:上海财经大学出版社,2005.

[9] 毕宝德等.土地经济学.4版[M].北京:中国人民大学出版社,2001.

[10] 周诚.土地经济学原理[M].北京:商务印书馆,2003.

[11] 陆红生.土地管理学总论[M].北京:中国农业出版社,2002.

[12] 李尚杰.土地出让和转让的理论与实务[M].北京:科学技术文献出版社,1992.

[13] 慎刚,张锐.中外土地集约利用理论与实践[J].山东师范大学学报(自然科学版),2006(1):90-93.

[14] 马克伟.土地大辞典[M].长春:长春出版社,1991.

[15] 肖梦.城市微观宏观经济学[M].北京:人民出版社,1993.

[16] 陶志红.城市土地集约利用几个基本问题的探讨[J].中国土地科学,2000(5):1-5.

[17] 杨树海.城市土地集约利用的内涵及其评价指标体系构建[J].经济问题探索,2007(1):27-30.

[18] 吴正红,叶剑平.城乡建设用地节约集约利用的路径选择[J].城市问题,2007(5):60-64.

[19] 金学惠.城市土地集约节约利用内涵[J].上海房地,2007(10):34-35.

[20] 毕宝德.中国地产市场研究[M].北京:中国人民大学出版社,1994.

[21] 曹振良.房地产经济通论[M].北京:北京大学出版社,2003.

[22] 张凤和.城市土地需求的四大决定因素[J].中国房地产,2003(4):26-28.

[23] 刘彦,王晓霞.土地政策与宏观调控[J].中国地产市场,2005(8):83.

[24] 孟祥舟.土地供应与宏观调控[J].中国土地,2004(7):7.

[25] 马万里,陈玮.城市化与耕地保护——对我国城乡建设用地合理流转机制的构想[J].经济社会体制比较,2009(3):140-144.

[26] 吴晶晶.当代中国政府耕地保护政策研究[D].武汉:华中师范大学,2007.

[27] 贾文涛.土地整治有了新目标——《全国土地整治规划(2011-2015年)》解读[J].中国土地,2012(4):12-14.

[28] 何欢乐,姜栋,张鹏.切实推进中国不动产统一登记的新思路——解决分散登记问题

的过渡期方案[J]. 中国土地科学,2013(7):10-14.
[29] TD/T 1001—2012 地籍调查规程.
[30] TD/T 1029—2010 开发区土地集约利用评价规程.
[31] TD/T 1018—2008 建设用地节约集约利用评价规程.
[32] TD/T 1014—2007 第二次全国土地调查技术规程.
[33] 谭峻,林增杰. 地籍管理. 4 版[M]. 北京:中国人民大学出版社,2008.
[34] 陆红生,王秀兰. 土地管理学[M]. 北京:中国经济出版社,2000.
[35] 朱道林. 土地管理学[M]. 北京:中国农业大学出版社,2007.
[36] 张军连. 土地法学[M]. 北京:中国农业大学出版社,2007.
[37] 杨香泉,陈玉明,冯金祥. 土地权属争议成因及处理原则[J]. 科技资讯,2007(32):164-165.
[38] 罗思荣. 土地权属争议的界定和调处[J]. 黑龙江社会科学,2007(6):152-156.
[39] 孔凡文. 城市土地利用管理[M]. 大连:大连理工大学出版社,2011.